Сергей Чесноков

МНЕ ИНТЕРЕСЕН ЧЕЛОВЕК КАК ЧЕЛОВЕК

Интервью, воспоминания, персонажи

1997—2014
Избранные тексты

2024

«Пойми меня, мне страшно, я боюсь
Улыбок темных, внешних пониманий
Мне кажется, что ты еще не знаешь
Чем платит жизнь за право быть собой...»

Из «Песенки входящего», 1982 г., Театр на Таганке,
спектакль Юрия Погребничко по пьесе А. В. Вампилова
«Старший сын», где Сергей Чесноков играл камео.

«В 1980-м, в Тбилиси, я окончательно решил, что
пора завязывать с этим унизительным «музыкант
среди ученых, ученый среди музыкантов». Надо было
по-серьезному пройти гуманитарную часть пути».

Сергей Валерианович Чесноков
«Мне интересен человек как человек»

Филадельфия, 2024 год, - 338 с.
Составитель: Кирилл Резник
Вёрстка: Анна Бродская
Фото из архивов автора и составителя.
Фото на обложке: Борис Ашкинадзе
Издатель: Павел Мостинский
Все права защищены

Sergey Chesnokov
«I am Interested in a Man as a Man»

Philadelphia, 2024, 338 pp.
Compiled by Kirill Reznik
Computer Design: Anna Brodsky
Photos from author's and compiler's archives
Photo on the back cover by Boris Ashkinadze
Published by Paul Mostinski, Philadelphia

Library of Congress Control Number: 2024914062
ISBN: 978-1-7347862-7-9

Этот сборник текстов Сергея Чеснокова, с его полного одобрения, я посвящаю памяти моей мамы

Лины Чесноковой (Искевич-Рубинштейн, Резник) (10.12.1943 — 03.12.2019)

Эта книга — также дань памяти всем тем, кого Сергей встречал и продолжает встречать в своей чрезвычайно насыщенной и яркой жизни, и о ком он писал свои тексты, часть из которых вошла в этот сборник.

Кирилл Резник

Содержание

От составителя

Сергей Валерианович Чесноков родился в 1943 году в Грузии. В школу пошел в Корсакове, на Сахалине. Семилетку закончил в Петропавловске-Камчатском, а 8-й класс уже начинал в Измаиле (на Дунае), там и окончил школу. Высшее образование получил в Москве. Такая жизненная география очень сильно повлияла на отношения Сергея с миром физическим и миром людей. Сначала, в детстве и юности, был интерес к воплощению человеческих мыслей в материальных предметах, — отсюда и страсть к точным наукам, учеба в МИФИ. Но потом Сергей понял, что больше всего его «не предметы, а люди интересуют». Так в жизни Сергея появились «*песенки как переживания, тексты, речь*». С ними он вырастал, входил в жизнь:

«Все, что касается песен, непосредственные человеческие переживания, ощущение уходящего времени, невозвратимых потерь, краткости мгновений, все, что пропитано чувствами без подделки, жизнью, как она идет у человека, — это все я впитывал, как губка. Эти вещи на меня производили колоссальное впечатление. Они, в сущности, определили все. Всю мою судьбу. Из-за этого потом внутри себя мне было так легко, по-свойски, соотноситься с социологическими теориями. Некоторые были очень интересны как факты сознания их творцов, особенно когда эти творцы во мне вызывали уважение. Вполне серьезный интерес. В нем продолжалась линия на внимание к судьбам человеческим, и как их сами люди выбирают» (См. <u>Раздел I. Песенки в жизни персонажа</u>).

Сергей всегда был и до сих пор остается чрезвычайно активным в своем персональном жизненном поиске. Учеба в МИФИ, аспирантура в Институте электрохимии, математические исследования в Институте социологии и Институте системных исследований. Активнейшее участие в песенном движении и событиях художественного и литературного андерграунда. Работа в Театре на Таганке. Активная концертная и лекционная жизнь. Фундаментальная научная деятельность в течение более 60 лет: детерминационный анализ и детерминационная логика, обобщение силлогистики Аристотеля, работы по созданию медицинских регистров и программного обеспечения для обработки и анализа данных, исследования и прикладные работы по социологии, лингвистике, генетике, медицине. (О жизненном пути Сергея — в большом интервью Геннадию Батыгину и Ларисе Козловой для «Социологического журнала» в Разделе II. Биографические тексты и интервью).

Именно эта открытость к миру и людям приводили в его жизнь самых разных персонажей, о некоторых из которых Сергей написал свои очень яркие, запоминающиеся тексты. Часть воспоминаний о встречах, общении и сотворчестве с художниками, музыкантами, поэтами и учеными писалась еще в докомпьютерную эпоху — с середины 1980-х до середины 1990-х — для большой книги «Люди, Наука, Логос», которая так и не была опубликована, но некоторые ее тексты представлены в этом сборнике — в Разделе III. Персонажи в искусстве и науке.

Большинства из этих очень разных людей уже нет с нами, но именно благодаря Сергею сегодня мы можем услышать их голос, сделать так, чтобы они продолжали жить дальше уже через нас, читателей текстов Сергея Чеснокова.

Хельсинки, апрель 2024 года

I. Песенки в жизни персонажа. Сергей Чесноков и тексты его песен

Персонаж это я. Песенки были в моей жизни как переживания, тексты, речь. С ними я вырастал, входил в жизнь. Коммунизм — явление в языке, экономика — следствие. В 1960-х в СССР подавление языка оставалось основой государственной политики. Тогда песенки и стали экстерриториальным по отношению к официальной идеологии анклавом, где жила прямая речь, создавались свободные тексты. Там действовали Галич, Высоцкий, Визбор, Окуджава, Матвеева, Ким. Тексты песен были обращены персонально ко мне, к ним, к тебе. Они про меня, про мир. Было ли это способом создания персональной социальной теории? Конечно!

Но путь не прямой. Слушаешь песню, она начинает жить внутри тебя своей жизнью. А думаешь о словах, — чувство уходит. Разум и ощущения — по разные стороны бытия, — это старая история. Но интересно, что одни песни выдерживали испытание, становились ближе, больше трогали. Другие не выдерживали. Наивное восприятие укреплялось либо разрушалось.

Жизнь дается в ощущениях. Мозг думает, значит существует. А сердце живет. За словами политологов, экономистов, психологов эмоции неразличимы. Когда оценивают время в целом, чувства умирают, их как бы не было. А в песенках они остаются. Песенки приближены к бытию. Они как губка впитывают и хранят эмоциональную историю.

Песни были оформлением окружающего меня мира. Этот процесс и определил мое жизненное амплуа.

Юлий Ким: «*Серёжа Чесноков — классик бардовского жанра, его манера, его интонация — это голос нашей молодости, с её пафосом и иронией, это сегодня редко где услышишь. Недаром он провёл в Театре на Таганке несколько лет, на самом взлёте этого легендарного коллектива, и это тоже слышно в том, что и как он поёт!*».

Игорь Губерман: «*Математик Сергей Чесноков не только известный учёный. Он ещё замечательно поёт под гитару песни, баллады и романсы многих авторов, среди которых — Галич, Окуджава, Ким, Матвеева, Лещенко-Сухомлина, Вертинский и другие. Со своим песенным репертуаром он много выступал в разных городах и странах. Никогда в жизни я не слышал такого талантливого исполнения песен Вертинского и Галича. Мне даже жалко, что Сергей тратит время на математику*».

Песенки Сергея Чеснокова

Вот наконец и приблизился...

Вот наконец и приблизился Богом назначенный срок
Знак, подаваемый небом-астрологом выверен строго
Мерную песню завел, проверяя по тактам, сверчок
Снова пророча дорогу

У каждого свой путь. Для каждого свой бег
И конь, бредущий шагом иль покрытый рваной пеной
А что осталось мне на мой короткий век
Сказать о том не может мне никто

Каждое утро пчелу привлекает безвестный цветок
Рыба стремится на верную гибель, не зная сомнений
Бедное сердце никак не усвоит банальный урок
Тщетности всех устремлений

У каждого свой путь. Для каждого свой бег
И конь, бредущий шагом иль покрытый рваной пеной
А что осталось мне на мой короткий век
Сказать о том не может мне никто

Ночь за окном, но пока еще выхвачен светом наш круг
Нити судьбы заплелись словно ноты волшебных мелодий
Горло должно быть готово к тому, чтобы выдержать звук
Тот, что из сердца выходит

У каждого свой путь. Для каждого свой бег
И конь, бредущий шагом иль покрытый рваной пеной
А что осталось мне на мой короткий век
Сказать о том не может мне никто

1981 г.

Нам нечего делить…

Нам нечего делить, нам солнышко с избытком
Несет свой теплый свет двоим
И вечная Луна, бездомная улитка
Ползет без нас путем своим
    Она в ночной тиши нас дарит бледной тенью
    Твоею и моей
    И живы мы пока, для нас её движенье
    Царит в тиши ночей
Но нам судил Господь отдельную погибель
Отдельное рожденье и житье
Он каждого из нас заставил сделать выбор
Заставил обрести свое
    И каждому из нас Он отпустил в награду
    По вкусу, без вранья
    И искренность, и ложь, и горечь, и досаду
    И радость бытия
И выбором святым, без лишних предисловий
Мы отвергаем путь одних
И отдаем другим звучанье дымной крови
В распластанных сердцах живых
    Мы обретаем власть над душами усопших
    Им быть в нас, или же не быть
    И вечности вина потёртый старый ковшик
    Испить им в нас иль не испить
Нам нечего делить под Солнцем и Луною
Где и без нас хватает драк
Обетами любви равно для нас обоих
Бессмысленно понятье «враг»
    Но видишь, оглянись, идет немая битва
    За гранью рубежа
    Где выросшая здесь негромкая молитва
    Острее, чем кинжал

1981 г.

Когда Господь обламывает душу

Когда Господь обламывает душу,
Она болит и рвется на куски,
Она кричит, что никогда на сушу
Не возвратятся с моря рыбаки.

Не запылает ветреное пламя,
Не запоют отвесные дожди.
Но кто-то шепчет темными губами:
«Будь терпелив, не бойся, подожди».

*«Этот романс написан в Грузии в 1981 году,
Юлику Даниэлю он понравился,
это хорошая память».*

Бабка Верико
(Посвящение моему близкому другу и
музыканту Сергею Ракитченкову, США)

Где-то далеко бабки Верико крыша
Заросли травы, алычи, айвы, вишен

В холодке поспать бабка на кровать ляжет
«Дорогой Сергей, приезжай скорей», — скажет

«Память прежних дней без вниманья к ней глохнет!
Старое вино по тебе давно сохнет!

Бросишь на часок тело на песок пляжа
Сквозь узор ветвей насладишься пейзажем»

Где-то далеко бабки Верико крыша
Заросли травы, алычи, айвы, вишен

Что сулит нам год, кто же наперёд знает
В памяти Сухум, как рахат-лукум, тает
Что сулит нам год, кто же наперёд знает
В памяти Сухум, как рахат-лукум, тает

Грузия, Сухуми, 1981 г.

Танго старого сада*

Старый дом, при доме сад, мир запущенной сирени
Где свиданье босых ног с прохладой росы
Я когда-то назначал, принимая дар волненья
От того, кто цветы моих минут сплетает в часы

Этот «кто-то» был в саду, но его никто не видел
Всевозможных чудаков большая семья
Утверждала, что он миф, потому что он невидим
Но сад весь являл собою знак его бытия

Я уверен, это он гибких ящериц узором
Оплетает серый сон прогретых камней
И штрихами тёплых трав оттеняя косогоры
Забытых мелодий тайный след направляет ко мне

У ограды жил паук, мастер серых гобеленов
На безжизненный сюжет их жизни мух
Разрывая иногда власть проклеенного плена
Они всё равно в конце концов возвращались к нему

Ароматами любви перевитые тропинки
Уводили в старый сад и ночью и днем
И со мной, пока я жив, кончик маленькой травинки
Что застрял глубоко в душе моей как память о нем

Грузия, 1981 г.

* *«Танго старого сада» — воспоминания о жизни на Сахалине, в Корсакове, в начале 1950-х*

Кроны вашей души...

Кроны вашей души никогда не бывают спокойны
Это значит Господь их избрал для любви и тревог
Во вселенной надежд небеса ненадежны и знойны
В них во веки веков не бывает путей и дорог

Ваше сердце звучит как струна обнаженной гитары
Невозможно не внять напряженному голосу век
Что удары судьбы, что ее роковые удары
Если бабочкой мак задрожал на зеленой траве

Если вечно поет одинокий и трепетный голос
В перепутье любви заплетая мелодии трав
Если ласточки век еще держит тот тоненький волос
На котором парит нашей жизни живая игра

Кроны вашей души никогда не бывают спокойны
Это значит Господь их избрал для любви и тревог
Во вселенной надежд небеса ненадежны и знойны
В них во веки веков не бывает путей и дорог.

Грузия, 1981 г.

Она была со мной

Она была со мной всего лишь только вечер
Прикосновенье рук и теплые глаза
Казалось мне она летела мне навстречу
И я навстречу ей наполнил паруса

Мой розовый корабль причалил этой ночью
В оранжевом окне за кухонным столом
Минуты и часы из скважины замочной
Просачивались прочь, скрываясь за углом

Я сдался, сдался сразу, я весь у ваших ног
Но я тогда не знал обычаев Кавказа
В то время я, увы, еще их знать не мог

Из вашего двора потертые ступени
Вели меня наверх, куда-то в синеву
Где вечностью вершат прекрасные мгновенья
Соединенье губ и грезы наяву

На матовых камнях дрожат ночные блики
На небе облака пронизаны луной
Но утро унесло волшебные улики
Шуршанием метлы пройдясь по мостовой

Я сдался, сдался сразу, я весь у ваших ног
Но я тогда не знал обычаев Кавказа
В то время я, увы, еще их знать не мог

Она была со мной так шатко, так непрочно
Прикосновенье рук в чудесном визави
Но Грузия сама явилась этой ночью
Мне в облике ее, как в облике любви

Я знаю в этот раз проиграно сражение
Я счастлив, я сдаюсь, я весь у ваших ног
Я благодарен вам за это пораженье
Оно дает мне жизнь, а вам: Храни вас Бог

Я сдался, сдался сразу, поверженных не бьют
Но мне теперь ясней обычаи Кавказа
Здесь любят побеждать, но пленных не берут!

Грузия, 1981 г.

Песенка входящего

Откуда ты, зачем ты к нам пришел
Когда зима расхлебывает слякоть
Когда лицо устало жить в оправе
И вещий сон остался вдалеке

Оставь отца, отец уже не знает
Откуда к лужам прилетает ветер
Откуда в почках остаются силы
Весной взорваться бешенным листом

Ты здесь чужой, ты вырос где-то там
Твое лицо покрыто темной пеной
Твоих ботинок крепкие подошвы
Привыкли мять покров иных дорог

Тебе пятно над притолокой двери
А мне глаза утраченного брата
Тебе охрипшей охры переливы
А мне печаль его больной души

Моих сестер тебе не разгадать
Их огоньки живут в оконных стеклах
Их голоса в невидимых деревьях
Себе сплетают на зиму гнездо

Пойми меня, мне страшно, я боюсь
Улыбок темных, внешних пониманий
Мне кажется, что ты еще не знаешь
Чем платит жизнь за право быть собой

Так кто же ты, откуда ты пришел
Что ищешь ты и где твои родные
И почему расплавленное время
Тебя прибило к мосму огпо?

Москва, Театр на Таганке, 1982 г.

Первое публичное исполнение «Песенки входящего»: Театр на Таганке, спектакль Юрия Погребничко по пьесе А. В. Вампилова «Старший сын», где Сергей играл камео — самого себя (в программке спектакля в разделе «Роли и исполнители» было сказано: «Сергей Чесноков, играет Сергей Чесноков»).

Вальсок про время

Завтра, сегодня, день, месяц, год
Время привыкло лететь только вперед
А когда Вечность вручит нам ключи
И время исчезнет, тогда помолчим

Все твои речи вернутся к тебе
Все твои встречи сойдутся в судьбе
Губы прозрачны, и песенки нет
И только полёт на пронзительный свет

В этом полёте не надо дышать
Воздух не нужен, он будет мешать
Но есть еще время, и надо успеть
И самое время тихонечко спеть

Что завтра, сегодня, день, месяц, год
Что время привыкло лететь только вперед
И что когда Вечность вручит нам ключи
И время исчезнет, вот тогда и помолчим

Москва, 1985 г.

Сергей Чесноков. КСП «Восток», Ленинград, 1967.
Из архива С. Чеснокова

Состоявшийся диалог, которого не было

Несколько слов о серии
«Из эмоциональной истории 1960—1980-х»

Путь к дому

В текстах историков, социологов 1960-е — 1980-е это «время застоя», «тоталитаризм», «репрессии», «перестройка». Все так. Но есть история жизни. История эмоциональная, пристрастная и потому человечная. Она помогает лучше понять современные бедствия, постигшие Россию. Ее хранят песни тех лет. Жизнь не укладывается в полярности «диссиденты-КГБ», «трусость-мужество», «умные-дураки», «порядочные-мерзавцы». Искусство андерграунда 1960–1970–1980-х развивалось благодаря коллизиям, порожденным вечными темами. Собирание разных начал в искусстве тех лет и нынешних в единую картину без прикрас и фальши — дело будущего. Своими программами под девизом «**Состоявшийся диалог, которого не было**» я пытаюсь сделать посильный вклад в этот процесс.

В полуконцертах-полуспектаклях я сталкиваю на одном сценическом пространстве песни разных планов, которые вместе звучали и звучат редко. Песни следуют одна за другой в диалоге, для которого пока нет других слов, кроме самих песен. Песни и стихи соседствуют, они рядом. Но в жизни они, их персонажи и лирические герои как жили, так и живут в разных мирах. Были и остались разъединенными. В этом смысл слов «Состоявшийся диалог, которого не было». Это путь от разрозненного мира к целому. К соединению начал, которые кажутся несоединимыми, но сходятся в глубине, не на поверхности. Сходятся не за счет победы одного над другим. Такие победы больше похожи на поражения — всегда, во все времена. Не за счет «правильно организованных мыслей». Не за счет объятий и взаимных комплиментов. А за счет понимания нашей равноположенности как смертных существ, у которых в жизни есть минимум две главных задачи — не потерять себя и не навредить другим. Потому что мы все очень разные. И самая сложная проблема для нас — проблема оркестровки наших жизней. Я не верю в сладкозвучность. Не верю в комплименты. Они оборачиваются фальшью и в конечном счете — жертвами. Мне больше нравятся поиски гармонии в диссонансах, построенных на искренности, горечи и пристрастности. Это и есть путь к дому.

Сергей Чесноков, Фестиваль в новосибирском Академгородке, 1968.
Фотография Владимира Давыдова

Сергей Чесноков, 2014 год. Автор фото: С. Воронин

II. Биографические тексты и интервью

2001 «Мне интересен человек как человек...».
Интервью Геннадия Батыгина и Ларисы
Козловой с Сергеем Чесноковым

2003 «Человек, который слез с поезда».
Предуведомление к тексту «Мне интересен
человек как человек...»

2003 «Он был изящен во всем».
В память о Геннадии Батыгине (1951—2003)

«МНЕ ИНТЕРЕСЕН ЧЕЛОВЕК КАК ЧЕЛОВЕК...»

Интервью Геннадия Батыгина и Ларисы Козловой
с Сергеем Чесноковым
«Социологический журнал». 2001. № 2, стр. 63–122

«Я помню тот Ванинский порт...»

Г. С. Батыгин: *Сергей, в какой семье ты воспитывался, кто и что оказали на тебя влияние? Как сформировался круг твоих интересов? Почему ты стал учиться на физика и стал социологом?*

С. В. Чесноков: Ну, как... Рос и рос. Отец был военно-морским инженером...

Г. С. Батыгин: *В каком городе?*

С. В. Чесноков: Вопрос не имеет смысла. Семья военного инженера — семья цыганская. Больше трех лет на одном месте не жили. Родился в сорок третьем году около Поти, в Колхиде, где греки руно искали. В селе Кулеви, в землянке. Была война, отец проектировал и строил причалы для подводных лодок. Он в сорок первом окончил Высшее военно-морское инженерное училище в Ленинграде и сразу война. В отставку вышел, когда Хрущев в начале 1960-х армию сократил. В чине полковника, для беспартийного это потолок.

После Кулеви жили в Новороссийске (еще война шла), в Симферополе. Малыш был, но, когда переехали в Севастополь, помню во дворе нашего дома немецкий автобус в воронке из-под бомбы. Пацаны из него всякие штучки доставали, я им завидовал. В 1947-м из Севастополя — во Владивосток. Из Владивостока на Сахалин, в Корсаков, на корабле «Михайло Ломоносов». Там в 1950-м пошел в школу. Жили в японском доме, стены из камыша, переложенного слоями глины, раздвижные жалюзи в окнах, раздвижные перегородки в доме. Крыша крыта тоненькими чешуйками деревянными, красиво уложенными, вместо черепицы. Красиво было, потрясающе... Корсаков... Эти дома жутко горели, как порох. Выгорали кварталами. Трупы обугленные складывали во дворах, потом убирали. Корсаков тогда только-только перешел к СССР. Много было от Японии. При доме сад с удивительными растениями. По виду сосна, например, но иголки плоские, широкие, а вместо шишек красные ягоды, очень сладкие. Красивые большие пауки с красными прожилками на спинках. Я про это потом песенку написал «Танго старого сада». Корейцы на углах торговали крабами в больших мешках. В одном мешке два краба помещалось — крабы огромные. Корейцы ходили по домам, пилили дрова. Сушились водоросли, вялилась рыба на веревках, запахи... Кое-что. В Корсакове в 1953-м услышал о смерти Сталина. Люди стояли возле репродукторов, погода зябкая, март, кто плакал, кто рыдал в голос, кто молчал себе, слушали Булганина, Маленкова, Берия. После Корсакова — Совгавань, поселок Заветы Ильича. Рядом город Ванино. «Я помню тот Ванинский порт...». Действительно, помню. В устье реки Тумнин. Шире Волги река, а там — ну река и река. По сравнению с Амуром мелочь. Через Татарский пролив добирались на ледоколе. Лед толстый, шли несколько дней, за три мили до входа в бухту Совгавани ледокол сломал винт и вернулся обратно в Корсаков. На военном американском «дугласе» перелетели в Заветы Ильича за три часа. Квартира в восьмиквартирном доме из крупного бруса. Угловая, на первом этаже...

Много лет спустя, когда прочел рассказ Шаламова про «отмену» воровского закона, как уголовники разделились на «сук» и «законников», вспомнил, как однажды вечером мама долго мыла пол, спать легла поздно, а утром... У нас была такая кладовочка, запиралась из комнаты на хлипкий крючок, тоненький. Папа с мамой там сложили офицерские пайки, полученные в Корсакове, и то, что накупили перед переездом, рыба да сгущенка, потому что говорили: на материке голод.

Г. С. Батыгин: *Извини, что перебиваю. У мамы какая была профессия?*

С. В. Чесноков: Она окончила техникум в Симферополе, по диплому технолог консервной промышленности. Не работала, вела семью. Урожденная Лосева, потомственная дворянка. У них было имение на Урале, под Белебеем, Мартыново. Рядом с землями Аксаковых, тех самых. Лишенцы были. До войны голодали, а началась война — подавно. Бежали с Урала на юг, под Анапой умирали уже, мать встретила военного, он спас семью от голодной смерти. То был мой отец.

Так вот, представляешь, кладовка вся забита едой. Сказали — на материке еды нет, надо брать. Взяли все, что было. Мама утром встает, открывает кладовку, а там нет ничего. Совсем. Кладовка узкая, не повернуться, вдоль стены медные тазы висят для варки варенья, от бабушки еще. Они же гремят. Кастрюли, сковородки, утварь. Ни звука не было слышно. Это о квалификации ночных гостей. Ни один таз не звякнул. Рама оконная аккуратненько выставлена и снаружи приложена к стене тут же. Недалеко был лесок, отделял дом от берега узкого залива, где затоплен фрегат «Паллада», тот самый, о котором Гончаров писал. Я бегал туда на берег, жарил крабов, медуз доставал, чилимов ловил (крупные креветки), заячью капусту рвал и ел на скалах. Долго потом в том лесочке находил там и сям разбросанные крышки от кастрюль наших. Лето пятьдесят третьего. «Это Клим Ворошилов и братишка Буденный даровали свободу и их любит народ». Еда людям была нужна, больше ничего. Ее и взяли.

Параллельно помню ночь, отец кричал нам с матерью (она грудью брата Сашку новорожденного кормила): «Ложитесь на пол!». По поселку солдаты бегали, зэков ловили. Пацаны сообщали друг другу, со слов взрослых, конечно, что «директора школы проиграли в карты» или зав. библиотекой, еще кого-то. Это было обычно. Просто новости и все. Отец кричал: «Ложись!» И мы ложились, потому что стреляли. Лето 1953 года, то самое. После Совгавани — Петропавловск-Камчатский в 1956 году. А 1955 год я проучился в Москве, в школе между Армянским переулком и проездом Серова. Мать уехала со мной и Сашкой на год к сестре в Москву.

Г. С. Батыгин: *Какой класс?*

С. В. Чесноков: Пятый. Потом снова в Петропавловск, там закончил семилетку.

Г. С. Батыгин: *Послушай, ты вундеркиндом был или как?*

С. В. Чесноков: Никаким вундеркиндом не был. Сорванец, но учился отлично. «По поведению» были проблемы. В Петропавловске закончил семилетку, а 8-й класс уже начинал в Измаиле на Дунае, там и школу окончил.

Г. С. Батыгин: *Были ли какие-либо обстоятельства, которые впоследствии привели тебя в науку? То, что называется интеллектуальными влияниями?*

С. В. Чесноков: Интеллектуальные влияния были только в том плане, что, если ты что-то делаешь, то должен делать хорошо.

Г. С. Батыгин: *А книги?*

С. В. Чесноков: Книги были, много. Минус две с половиной диоптрии у меня к третьему классу образовались — из-за книг. Приключения, граф Монте-Кристо, Майн Рид, Марк Твен... Там такая жизнь, а здесь... На стул сажусь, другой стул перед собой, на него чай, бутерброд, к спинке книгу, сижу, читаю, весь внутри. Просто еды было мало.

Много времени проводил на военных свалках. В Петропавловске-Камчатском были огромные свалки всякого военного хлама, грандиозные. Туда выбрасывали все: радиостанции, радиоприемники, детали всякие, машинки пишущие. На берегу Камчатской бухты за Сапун-горой была целая флотилия американских торпедных катеров, вынутых из воды. Отец устроил, что по этим катерам я мог лазить, как хотел. Смотрел моторы, трогал руками, все было новенькое, в масле. Мне было безумно интересно. Вспоминая те ощущения, понимаю — то был интерес к воплощению человеческих мыслей в материальных предметах.

Мне нравилось угадывать смысл того, почему люди что-то делали с материей, с металлом, с другими вещами. Тоненькая пленочка алюминиевая в конденсаторах — для чего? Какой-то паз, дырка где-то — зачем? Руки у меня всегда были на месте. Я вообще в ладу с материальным миром. Мысли сюда легко шли. Делал модели, корабли, самолеты, приемники. Корабли плавали, самолетики летали, приемники, правда, ничего не ловили. Так, шепот какой-то. Однажды сделал усилитель, он звук от адаптера усиливал, пластинки можно было слушать. Но звук ужасный. Треск, скрип. Меня волновало не это. Я переживал осмысленность действий над материальными предметами и тайну их превращения в то, чего раньше не существовало. Что-то ты сделал, какие-то штучки, закорючки. Как? Для чего? Как человеку самому дойти до того, чтобы придумать такую штучку хитрую? По-детски я много об этих вещах думал. Здесь я видел осмысленную связь с материальным миром, и мне это казалось очень привлекательным. Вот трансформаторы, шеллачный лак... Какой запах у них был! Я любил быть в мастерских. В любых — слесарных, столярных, сапожных. В радиомастерских так красиво паяли. Люди сидели в фартуках, чтобы олово не попало на одежду. Я тоже умел паять, все умел. Потом стал интересоваться книжками, где описывалось, как вообще устроен мир, как электрончики в радиолампах бегают, как сетки разные управляют этим движением... А потом понял, что меня больше всего не предметы, а люди интересуют.

«Это чей там смех веселый...»

На Камчатке я впервые столкнулся с «теплыми», «человеческими» механизмами советской идеологической политики. Шестой класс. Я отличник. Мне в школе говорят: тебя пригласили по камчатскому радио выступить. Прихожу на радио:

— Зарядку делаешь? — Нет. Во сколько утром встаешь? — За полчаса до начала занятий. Поем и в школу бегу. — Ну и ну, — говорят. — Вот текст, сейчас ты его прочтешь, а мы запишем.

Я посмотрел. Там написано, что я встаю рано, обливаюсь холодной водой, закаляюсь, зарядку делаю, это помогает мне учиться на отлично. — Я ничего этого не делаю. Это обман. — Ну и что? — говорят. – Представь, ты выступишь по радио. Зарядку не делаешь, просыпаешься поздно, какой это пример? Ты понимаешь, что делать зарядку это хорошо, что ее надо делать? — Понимаю (а сам думаю: уже здесь вру). — Ты же отличник, нам тебя в школе рекомендовали. Прочти это. Всем пример будет хороший. Пойми нас, мы же на радио помогаем людям правильно жить. Так и ты помоги нам.

Я прочел. Передача была утром и начиналась песней «Это чей там смех веселый, чьи глаза огнем горят». Я ее проспал. Хотел встать, чтоб услышать, но проспал. А в школе пацаны смеялись, рассказывали, как я зарядку делаю по утрам. И все было отвратительно. И я сам, и взрослые на радио, и шутки.

Л. А. Козлова: *А какие книги читал?*

С. В. Чесноков: Конечно, Мопассан, Золя. Меня жизнь на Марсе интересовала, книжку про это помню. Сами понимаете, ничего оригинального.

Л. А. Козлова: *Фантастика?*

С. В. Чесноков: Нет, не фантастика. Там описывалось, что конкретно люди знают про Марс, про другие планеты. Фантастику одно время читал, даже любил. Но в конце концов оказалось, что живой, непридуманный мир, отношения между людьми фантастичнее любой фантастики. Меня волновали книжки, где описывалось, как вещи устроены. Как в них атомы сидят невидимые. Как там все, к чему. Очень было интересно. Мир толкал меня по двум направлениям развития. Одно к внечеловеческому миру. Другое к человеческому. Я уйму времени торчал на свалках. Дитя свалок. Но и дитя рынков, например. Не то чтобы на рынках любил быть. Но именно на рынках тех послевоенных лет я видел людей, врезавшихся в память на всю жизнь. Безногие с немецкими аккордеонами, трофейными. «Хохнер», «Вельтмейстер». Культи привязаны к деревянным дощечкам-каталкам на подшипниках, укрепленных на деревянных штырях гвоздями. С деревяшками в руках, обитыми кожей или тряпками, чтобы от земли отталкиваться. Кто катался, а кто сидел на одном месте, играл и пел. Про то, как с фронта приехал безногий, его никто не встречает, — кому он нужен без ног? — Только дочь пришла. А другой выходит, и у него обе ноги на месте. И все ясно, кто есть кто. Это вообще фантастика. Высокое площадное искусство.

Все, что касается песен, непосредственные человеческие переживания, ощущение уходящего времени, невозвратимых потерь, краткости мгновений, все, что пропитано чувствами без подделки, жизнью, как она идет у человека, — это все я впитывал, как губка. Эти вещи на меня производили колоссальное впечатление. Они, в сущности, определили все. Всю мою судьбу. Из-за этого потом внутри себя мне было так легко, по-свойски, соотноситься с социологическими теориями. Некоторые были очень интересны как факты сознания их творцов, особенно когда эти творцы во мне вызывали уважение. Вполне серьезный интерес. В нем продолжалась линия на внимание к судьбам человеческим, и как их сами люди выбирают.

Что же до связи этих теорий с миром людей, то это абсолютно другой вопрос. По этой части к большинству из социологических теорий у меня нет доверия вообще. Чуть копни и обнажается то неотрефлексированная (и в этом смысле наивная) идеология, иногда респектабельная с виду, то неумение чувствовать людей, глухота человеческая. А то и неверие в то, что реальности человеческих судеб, только они могут составить основу стоящих социальных знаний. Или патологический коллапс языка. Обознатушки-перепрятушки, как говорят дети. Потом, когда уже в Москве я вошел в конфликт с наукой и основанной на ней квазикультурой сначала в институте, потом в занятиях математическими методами для социологии, для меня был очень острым вопрос: «Правильна ли исходная точка, на которой я стою?». Тот детский опыт помог мне выстоять. Если наука так относится к людям, как я это увидел в социологии, медицине, лингвистике, экономике, здесь что-то очень плохо. И никакие двусмысленные «и нашим, и вашим» здесь не уместны.

Когда, учась в МИФИ, узнал песни Галича сначала на какой-то пьянке в общаге, потом специально их слушал, я соединил с ними те моменты, на рынках. Да и не только на рынках. Галич — внимательный человек. У него слух, глаз, ум и сердце были на месте. Он прекрасно ощущал язык. То, о чем он пел, я знал изнутри. Все персонажи Галича мне были прекрасно знакомы. Я поэтому никогда не запоминал песни Галича, никогда их не учил. Один раз услышишь, потом два, три, а потом они входили в сознание и начинали жить там своей жизнью, как звери в своей норе. Не оттого, что есть пленка с записью, а оттого, что есть образы мира, невыраженные, которые нуждались в именах, в воплощении. Песни были их оформлением. Этот процесс и определил мое жизненное амплуа.

«...Ну что ты себе все портишь?»

Г. С. Батыгин: *А как тебя в МИФИ занесло?*

С. В. Чесноков: Неслучайная случайность. Мама поехала с отцом на пляж, приехали оттуда с куском газеты, в которую селедку дома заворачивали, когда собирались куда-нибудь. Там было объявление о наборе в МИФИ. Я по физике сдал вступительный экзамен на тройку. Хотя был серебряный медалист. Золотую географичка, секретарь парткома школы, запретила мне давать. Поставила четверку по географии. Ненавидела меня, несчастная была и злобная. Сказала перед выпускным экзаменом: «Извините, но перестаньте хоть напоследок гадить школе». «Я вас не извиняю», — ответил я. Вообще, в школе были конфликты с учителями. Как ни странно, эта конфликтность, за которой, в общем-то, было стремление к цельности, в конце концов и определила то, что я поступил в институт. Странный сюжет был. Меня выгнали из школы в десятом классе. Я сатанел от лжи. Классный руководитель всем говорил, что занимается нашим классом, но только делал вид. Ни хрена не занимался, нес при этом всякую ерунду, за которой ничего нет. Я ему это сказал прямым текстом. Через какое-то время вместо него пришел другой, еще хуже. Я и этому сказал, что думал, при всех. Он был физик, добрейший, в сущности, человек. Он не понимал, о чем я.

Его бесило все, что я говорил. Однажды он решил преподать урок двум практиканткам из педагогического техникума, они в нашей школе практику проходили. Вызвал меня в физкабинет, практиканток посадил, меня поставил перед собой и стал спрашивать, почему мне не нравится то, что он делает. Я ему сказал: «Раз, два, три, четыре. Вот это не нравится». Тогда он рассвирепел и заорал: «Откуда вам учителей выписывать прикажете?» Практикантки слушают внимательно, записывают. А я возьми и ляпни: «Из Америки». Просто так. Потому что на другой стороне земли. «Ах, — говорит, — из Америки!» Роман Павлович его звали. «Ах из Америки? Ну ладно...» И меня выгнали из школы. Враз. Приписали политику. Директриса сказала: «Забирай вещи и домой. Чтоб духу твоего здесь не было». А это была осень 1959 года. В Москве уже с «оттепелью» прощались, а до Измаила только-только докатилось, что о Сталине на XX съезде говорили. Как до жирафа по длинной шее. Я домой пришел, мать пол мыла. Я говорю: «Меня из школы выгнали». Мать тряпку уронила и заплакала. Отец надел китель военно-морской, с погонами подполковника, темно-синий, и пошел в гороно. Говорит: «Сына выгнали из школы, за что? Он же не хулиган — отличник». Тогда директрису вызвали к городскому начальству. Она вела историю, коронной ее фразой было: «Наши в том бою одержали поражение». Сама придумала. Наши всегда победы одерживают. И поражение, если уж случилось, не могут потерпеть, только одержать. Ей говорят: «Не валяйте дурака. Вы же знаете, что в Москве XX съезд прошел, все уже по-другому. Давайте-ка этого мальчика двигайте вперед. Нам такие люди нужны».

И меня сделали секретарем комитета комсомола школы.

То есть не то, что просто вернули в школу, а сделали секретарем комитета комсомола. Это перевоспитание такое возникло. Когда я был «комсомольским вожаком», мне вся чушь идеологическая еще виднее стала. Из горкома пришло задание всем школьникам выписать газету «Одесский комсомолец». Все должны были подписаться. Я выступил на городской конференции как секретарь школы и сказал: «Какая лажа эта ваша газета, никому она не нужна, зачем заставлять людей подписываться на нее? Что это за ерунда такая?». Представители школы чуть не умерли со страха. А городские чиновники партийные за эту мою речь меня сделали внештатным инструктором горкома комсомола. Сказали: «Молодец, критика нам нужна». Это уже было за три месяца до выпускного вечера. Я хорошо помню мои впечатления от контакта с властью. Там была женщина, инструктор, которая меня курировала. Она однажды мне без свидетелей сказала: «Ну, Сережа, ну что ты себе все портишь? Зачем тебе это надо? Повезло тебе, у тебя прямая дорога, иди по ней и все». Таким ужасом понесло на меня от ее слов! Ужас, ощущение дикой дисгармонии от слов, сказанных под маской бронебойной житейской логики, я запомнил навсегда. Это было приглашение к власти как приглашение на казнь — помните, у Набокова? По чувству, конечно. Набокова я тогда не читал. А по чувству было то самое.

«Я уже записался в джаз-оркестр»

Так вот, возвращаясь к поступлению в МИФИ. Думаю, что поступить туда мне удалось потому, что в характеристике моей было написано, что я был секретарем комсомольским в школе. Когда меня приняли, на первом же собрании нашей

учебной группы представитель комитета комсомола инсти-
тута сказал, что меня рекомендуют избрать комсоргом груп-
пы. А я сказал, что уже не могу. Как, почему? Я, говорю, уже
записался в джаз-оркестр. Все, у меня уже есть общественная
работа. Иван Николаевич Григорьев у нас математику читал,
эвенк. Он был куратором в моей группе и говорил на лек-
циях, вызывая дрожь у первокурсников: «Мало кому из вас
удастся сдать первый коллоквиум по математике. А те, кто в
джаз-оркестр ходят, и не надейтесь». Сдал. И больше никогда
ни ногой не ходил ни в какие комсомолы, ни, само собой, в
партию. Это был для меня колоссальный опыт. И очень хо-
рошо, что состоялся он вовремя. Но, повторяю, он каким-то
боком, как я понимаю сейчас, помог мне поступить в МИФИ.
Помню, как сдавал вступительный экзамен по физике. У
меня всегда было очень острое геометрическое восприятие
пространства. Геометрия давалась блестяще, с физикой было
труднее. Сложно было соединить математику и предметный
мир. Как они соединяются? Например, я с трудом восприни-
мал задачки на электричество.

Формальной памяти у меня никогда не было, эмоциональ-
ная — очень хорошая. Если меня что волновало, я запоминал
сразу. Если же не волновало, как английский язык, чувство-
вал себя полным кретином. Например, долбя английский,
запоминал кляксу на странице словаря, где находится сло-
во, запоминал, сколько раз я открывал этот словарь, сколько
лет я с ним сталкиваюсь, но так и не могу запомнить, что оно
означает. Все помнил, что по чувству было, но что слово зна-
чит формальное — не запоминал, хоть убей.

На вступительном экзамене по физике мне попалась за-
дачка на электричество. Самолет летит по меридиану попе-

рек магнитного поля под заданным углом к нему. Надо найти разность потенциалов между концами крыльев. Я сказал, не могу решить, не помню формулы и вывести не могу. Женщина, которая у меня принимала экзамен, Валентина Ивановна Кузнецова (это я потом узнал, как ее зовут)... Она так посмотрела на меня... Видно, среагировала на интонацию мою, без прикрас. А у меня пиджак провинциальный, с плечиками, выпускной, сшитый в Измаиле у лучшего портного, туфли, тоже выпускные, жали жутко. По лбу пот течет, жара — асфальт плавился. Она посмотрела на меня так долго-долго и говорит: «Давайте я вам дам другую задачу». И дала. А там вместо самолета с крыльями просто провод поперек поля движется. Тоже под углом. Я говорю, да это та же самая задача, я же не знаю формулы. И стал листки собирать, чтобы уйти. А она мне и говорит: «Останьтесь. Ответьте на несколько вопросов». И стала вопросы задавать на сообразительность. Простые вопросы. Первым был про стакан воды, в нем лед плавает и тает. Когда растает, как изменится уровень воды? Никак не изменится, говорю, сколько вытесняется, столько и натаявшей воды будет. Это было легко. Потом еще вопросы, я на все ответил правильно, и она поставила 3 балла. А должна была двойку поставить, если задача не решена. Это был чисто человеческий шаг. Я видел это по выражению ее лица. Благодаря ей я сдал экзамены. А уж потом, видимо, сработал сюжет с комсомольской характеристикой. Так и оказался на физико-энергетическом факультете МИФИ.

А когда стал учиться, понял, что думать про мир люблю, а то, что рассказывают преподаватели, полюбить не могу. Миллион вопросов внутри, а их и задавать вроде неприлично — все глупые. В институте науку впихивают в сознание навалом, причем это делают часто люди, которые не понимают, откуда что в науке по-простому взялось.

«Если ты не идиот, ты должен считать дураком себя»

Г. С. Батыгин: *И не было никаких преподавателей, которые могли бы тебя заинтересовать?*

С. В. Чесноков: Были, но уже когда я стал теоретиком, после третьего курса. Когда понял, что мне все это не нравится, испугался. Запрут на какой-нибудь реактор и стану крепостным. Мне же нужна была свобода. Тогда и решил, что лучший выход — попасть в теоретики. Там только фундаментальное образование, математика, физика, и это было трудно. Подумал, что раз я пока не знаю, чего по-настоящему хочу, надо делать самое трудное. Чтобы потом, когда пойму, что мне надо, не оказаться бессильным, и чтоб не врать потом детям, что, мол, «мог, но не сложилось, обстоятельства задавили». В МИФИ после третьего курса производится набор в теоретики. Брали со всего института, надо было досрочно сдать теорфизику, кванты. Это было фактически как бы второе поступление в «институт внутри института» с высоким конкурсом. Специализация в области разных разделов теорфизики и занятия исключительно физикой и математикой. Кто хотел, мог и научную работу делать. Это приветствовалось. Две группы студентов по десять человек со специальностью «теоретическая ядерная физика». Из преподавателей там были два человека, которые произвели на меня колоссальное впечатление. Это Исаак Яковлевич Померанчук и Аркадий Бейнусович Мигдал (нам он представился как Аркадий Бенедиктович). От них исходило нечто такое, что завораживало меня. Ближайшие ученики Ландау.

На одной лекции Ландау в МИФИ я был. Это еще до катастрофы, после которой Ландау фактически не стало. Однажды в зимний морозный день поехал в институт утром, зная, что там Ландау будет читать лекцию. Это было в большой лекционной аудитории, в здании ВХУТЕМАСа, напротив Почтамта на Мясницкой, Кировская тогда. Там был МИФИ, там я учился. У Ландау были совершенно красные руки. Как лапки голубей за окном. Я совершенно не понимал, что он говорит. Только чувствовал, что это великий человек и что он знает тайны, о которых я тоже хотел знать. Но слова его ни на йоту не приближали меня к этим тайнам. Из-за меня, конечно. Это на меня производило колоссальное впечатление. И он, разумеется, и моя непонятливость. Я не знал, что с этим делать.

У меня же эмоциональная память. Помню его руки, мел, которым он писал на доске, воркующих голубей с красными лапками и заснеженные карнизы крыш за окном. Это было очень остро. И тупое чувство непонятности. Он писал на доске экспоненты, это было понятно (я был на втором семестре), но я не понимал смысла его слов. А Ландау говорил о Вселенной, о мировых линиях звезд... Я силился представить себе звезды, которые прочерчивают во Вселенной мировые линии. Что это за линии? Как с ними жить, что делать? И ощутил чудовищное напряжение. Невероятно захотелось спать. Все время, пока он читал лекцию, я боролся со сном. Насмерть. В жизни никогда так спать не хотел. Мне было стыдно, неприятно за себя, но ничего не мог сделать, просто погибал. Это было смешно и печально. В итоге потом я поступил в теоретики. Там тоже конфликт был с собой. Сдавал все «на отлично», все было нормально, но я-то понимал, что знания мои номинальные. Не понимаю я, как устроен физический мир. Кстати, о критериях понимания. Вокруг я видел массу людей, которые выучивают науку формально, как идеологию. Я тоже так мог. С трудом большим, но мог. Но себе врать был не в состоянии. Мне было трудно отделить, — что в моем непонимании от моей неспособности, элементарной человеческой неспособности, а что от вещей, без понимания которых я не могу принять никакие знания. Кто виноват в моем непонимании? Я сам, преподаватели, которым не было дела до моей психологии, или в том, что есть знания о мире, понятные одним, но принципиально непостижимые для таких, как я?

Поскольку я себя не считал полным идиотом, я должен был обвинить прежде всего себя. Я полагал, что только амбициозный дурак в этой ситуации мог бы считать себя умным. Если что-то в тебе есть нормального, если ты не полный идиот, ты должен считать дураком прежде всего себя. Это был единственно приемлемый путь. Он требовал мобилизации личных усилий. Это было трудно, но делать было нечего. Успокоиться мне мешали мои собственные требования к органичности моих знаний. Желание быть в единстве с наукой о мире. Единства не было. Знания о мире не соотносились со знаниями о людях. Это было столь же тягостно, сколь очевидно. Корни этих требований были в детстве. В том, что дали мне Совгавань, Корсаков, Камчатка, Измаил. В плацкартных вагонах поездов Владивосток — Москва и Москва — Владивосток. В этих плацкартных вагонах я видел жизнь страны как в театре. Поезд шел десять дней. Мы с мамой раз двенадцать катались туда-обратно. Однажды я чуть не умер в пятьдесят втором. Скарлатина токсическая, заболел в поезде. Нас сняли на четвертые сутки в Улан-Удэ.

Я лежал сорок дней в больнице, мама при морге нашла каморку. Поезд шел вдоль Байкала прямо по берегу. Страна, как на сцене. Спектакль один от года к году, только актеры менялись. Диктор говорил: «Сейчас по правую сторону (если из Москвы едешь) вы увидите портрет великого вождя и учителя Иосифа Виссарионовича Сталина». Музыка, и на темном небе огромная светящаяся икона, заполненная светом, гигантский барельеф Сталина между небом и землей. Зэк вырезал. Тянул 25 лет, тайком убегал из лагеря и в скале вырезал двадцатипятиметровый барельеф друга и учителя. Когда узнали, дали свободу. Все друг другу эту легенду рассказывали. Поезд замедляет ход, медленно проходит. Все прилипли к окнам. Помню очень хорошо. Я тоже прилипал к окну носом в стекло. Когда потом я пел песню: «Вечер, поезд, огоньки, дальняя дорога, дай-ка, братец, мне трески и водочки немного... А на нем одна шинель, грубая, солдатская... Но тут шарахнули запал, применили санкции, я упал и он упал, завалил полстанции...» — все это было у меня в печенках.

«Говорить нужно не о способностях, а о любви»

Г. С. Батыгин: *На гитаре ты стал играть в институте?*

С. В. Чесноков: Нет, еще в школе. В 8-м классе бабушка подарила гитару семиструнную. Я тыкался в нее, аккордами бренчал, песенки пел козлиным голосом. Очень самому нравилось, а другим... Ставил палец левой руки на гриф, правой помогал. Потом правую руку переносил к розетке и струну цеплял. От звука сердце заходилось. Кайф ловил. А со стороны ужас какой-то был слушать, все довольно смешно выглядело. В институт, когда приехал, встретил человека, который на шестиструнной играл Альбениса, Таррегу — меня это заворожило. Перешел на шестиструнную. С гитарой у меня был классный эпизод. В МИФИ поступил в 1960-м. А через 20 лет, в 1981-м, пошел в Театр на Таганке осветителем сначала, потом пожарником. Все время играл и помногу, концертировал. Но только в театре возникла история, благодаря которой я смог по-настоящему соотнести себя с инструментом. Но это отдельный разговор.

Г. С. Батыгин: *У тебя была специализация в МИФИ?*

С. В. Чесноков: И да, и нет. И это было именно то, к чему я стремился. Дело в том, что у меня был эталон отношения к тому, что делаешь. Это надо любить. А что значит любить — это я понимал из-за гитары. Благодаря ей я очень хорошо понимал, что означает погружаться в то, что ты делаешь. Что значит целиком быть в чем-то. Ты живешь там — вот и все. Я думал: ведь надо же достичь чего-то в жизни. Прожить жизнь, чтобы что-то осталось. Что-то надо делать в жизни. А что? Я никак не мог понять это для себя. Наука так, как ею занимались другие, или что в институте преподавалось, это не то, что могло меня захватить. Я точно знал, что самое главное, — делать то, что любишь. Любить самое главное. А любви к науке не было, к той, что меня окружала. Это для меня была самая страшная трагедия, отсутствие любви.

Я любил, но что я любил? Свалки когда-то. Но быстро понял, что это обманка. Я становлюсь человеком, который оказывается вторичным, в хвосте каких-то вещей, которые сделаны другими людьми. Еще я понял, что первичное чувство с одной стороны может обмануть, а с другой, — что умнее и истиннее этого чувства ничего не бывает. Образ того, как нужно относиться к чему-то, был дан мне через гитару.

Я помню, как научился играть. Взял самоучитель, открыл на странице «Во саду ли в огороде...» Меня чуть не стошнило от этих «Во саду ли в огороде...». Я открыл последнюю страницу. Там было написано: «Лобзай меня, твои лобзанья мне слаще мирра и вина». Я подумал, что мирра с двумя «р» — это ошибка. Слаще мира, наверное, подумал я тогда и взял аккорд, который там был написан. Нота такая-то, посчитать до-ре-ми, здесь палец поставил, туда, дернул, получился звук. Я испытал колоссальное наслаждение. Это со стороны выглядело просто чудовищно, слушать было невозможно, мне не раз говорили. А мне наслаждение. Я понимал, что если так же относиться к тому, что я делаю в жизни, то как бы я ни был неспособен, у меня все равно что-то путное выйдет. Кругом меня все время люди говорили: «Ты способен или нет? Ты можешь оценить свои способности?» А я понял, что это неправильный разговор. Говорить нужно не о способностях, а о любви. Если ты что-то любишь, даже если кто-то будет считать, что ты не способен, ты все равно в этом найдешь что-то, что позволит тебе жить в этом так, как не живет никто. Если ты это будешь делать все время, что-то из этого выйдет обязательно. А если любви нет, ничего не получится. Это точно. Поэтому самое страшное для меня испытание в институте было — отсутствие любви к тому, чем я занимался.

«Я страшился бессилья в себе»

Л. А. Козлова: *Но любовь — не профессия, нужны были какие-то рациональные основания для жизненного выбора.*

С. В. Чесноков: У меня была такая философия. Я понимал, что не знаю, чего хочу. Стать гитаристом мне было мало. Стать музыкантом я бы хотел, но как единственное амплуа

— не мыслил. Чего я хочу? Я не понимал. И рассудил: сейчас не понимаю, но потом, если буду настойчив, может, пойму. Значит сейчас, когда молодой, я должен делать все, чтобы, когда пойму, не оказаться бессильным следовать тому, что нашел. Сейчас, через 35 лет, вижу: правильно думал.

Не хотел остаться с пустыми руками и несбывшимися надеждами. Иногда пожилые люди говорят: «В молодости я был такой, такой… эх… но жизнь так распорядилась, что…» и далее. Я ненавижу такой разговор. Потом у Высоцкого услышал точные строчки: «Когда я вижу сломанные крылья, нет жалости во мне и неспроста. Я не люблю насилье и бессилье, вот только жаль распятого Христа…» Я страшился этого бессилья в себе, и отдавал себе полный отчет в том, что сам все делаю, своими руками. Есть судьба, провидение, это правда. Но многое зависит от нас. Всем, что сейчас делаю, закладываю то, что будет потом. Так всю жизнь.

Тогда и рассудил, что надо бы пойти в теоретики. У теоретика нет привязанности к материальным вещам. Он не обременен необходимостью иметь подводные лодки, реакторы, приборы, взрывы. Бумага, ручка, карандаш — это все, что нужно теоретику. Плюс — хорошее образование в фундаментальных науках. Поэтому я и пошел в теоретики. Выучил Ландау, сдал экзамен, прошел конкурс, меня приняли в группу. Это было на 3-м курсе.

«Не убегать от внутренних проблем, а сделать их решение жизнью»

Психологически это было тяжелое испытание. Я сознавал, что это паллиатив. Все равно параллельно приходилось искать свое. Я делал все, в чем был хоть проблеск надежды приблизиться к себе. Специализируясь по теоретической физике, был активнейшим участником и одним из организаторов московского клуба песни. Год ходил на лекции по общей физиологии профессора Шидловского в Первый медицинский институт, там же прослушал курс психиатрии у профессора Банщикова в клинике на Россолимо.

Л. А. Козлова: *Зачем?*

С. В. Чесноков: Было интересно. Хотелось приблизиться к человеческим вещам. Искал единства с тем, что было в детстве. Когда поступил в институт, столкнулся с культурой, формирующейся под влиянием философии естественных наук. Получалось, что органичность моих отношений с миром, которой я отличался с детства, моих способов думать, ставить и решать проблемы, не стоит выеденного яйца. Внутренне я понимал, что это огромная ценность, но окружающей культуре было плевать на это. Она требовала проститься с этой органичностью. Волей-неволей я шел в чем-то на уступки и переживал это как тяжелую потерю. Словно от меня отрезали живое, чтобы оставить мертвое. Спасала игра на гитаре, песенки. В них я видел смысл, которого не хватало в науке. Я искал в них тот смысл и находил. И в этом был совершенно органичен, полностью. Лекции Шидловского и Банщикова, преподавание в школе — все в ту же сторону. Я к академику Анохину просился в аспирантуру после МИФИ. Меня Шидловский ему представил. Поговорил с академиком и понял, что обстановка вокруг него мне противопоказана. Интересно было преподавать. Преподавал детям физику в 145-й школе возле Ленинградского рынка, 18 часов в неделю — полная нагрузка.

Л. А. Козлова: *Твой круг общения уже сформировался?*

С. В. Чесноков: Во многом. При этом я еще ходил в походы, устраивал их сам. Каждое лето проводил с рюкзаком. Телецкое озеро, Карпаты. Я любил природу, любил путешествовать. Голод был на это. Отсюда друзья, компании. Костры ночные. «Мой костер в тумане светит...» Серьезным шагом было поступление на работу в институт социологии после аспирантуры. Это в 1969-м. А тогда — поиски соответствия и ощущение жуткого кризиса. Получалось, что все не мое. Культура физиков, математиков — не моя. Здесь нельзя было говорить «я», разговор от себя воспринимался как неуместный. Номинально я находился в этой среде, фактически же для моих ощущений жизни здесь места не было. В главном, что было во мне, я был в этой среде чужим. Я не понимал, отчего так происходит. То ли я такой урод, то ли жизнь так устроена.

Матвеева, Галич, Ким меня фактически спасали. Они давали чувство жизни, но будущего своего я с этим связать не мог. В 1967 году познакомился с Галичем, пригласил его на конференцию в Петушках. Там предложил создать федерацию клубов песни Москвы, Ленинграда и Новосибирска. Меня избрали президентом этой федерации. Это моя была идея — сделать фестиваль бардов, всесоюзный. Там же, в Петушках, Валера Меньшиков предложил Академгородок под Новосибирском, все согласились. Президент клуба «Под интегралом» Толя Бурштейн, Валера Меньшиков, Гера Безносов, Гриша Яблонский гениально провели организационные дела, и фестиваль состоялся в марте 1968 года. Я окончил МИФИ в 1965 году в декабре, на полгода раньше срока, досрочно. Валя Вакс и Толя Ларкин, шефы по диплому, предложили пойти в аспирантуру к Юре Чизмаджеву, в теоротдел Вениамина Григорьевича Левича — был такой ученик Ландау. Меня это спасло от распределения в Челябинск. Институт электрохимии находился неподалеку от Донского монастыря. Его организовал в свое время академик Александр Наумович Фрумкин (1895–1976), он тогда был директором. Знаменитый Фрумкин, который еще в 1919 году решил проблему Вольта. И я туда попал. Проучился в аспирантуре с марта 1966-го по март 1969-го.

Л. А. Козлова: *И защитился там же?*

С. В. Чесноков: Защитился там же, 12 июня 1969 года, но работал я в то время уже у Бориса Андреевича Грушина.

Г. С. Батыгин: *Почему тебя занесло туда?*

С. В. Чесноков: Потому что принял серьезное решение — разобраться, как люди получают знания о людях.

Г. С. Батыгин: *Как ты там появился?*

С. В. Чесноков: Сначала я появился в Президиуме Академии наук, мне сказали, что там должен был быть Грушин. Я пришел туда в один из апрельских дней 1969 года.

Г. С. Батыгин: *Ты с ним был знаком до этого?*

С. В. Чесноков: Нет, но я знал его через друзей в редакции «Комсомольской правды» и по книжке «Мир мнений и мнения о мире», она к тому времени вышла. Мне показалось, что к Грушину стоит пойти работать. Мне нужно было разобраться с ворохом различных амплуа, которые у меня сложились. Главное, я понимал, что не хочу быть таким, как многие из тех, кого видел в Институте электрохимии. Я боялся превратиться в закрюченного брюзгу, а это вполне могло меня ждать, потому что у меня не было любви к предмету, которым все они занимались. 1969 год был для меня не только годом окончания аспирантуры, но и годом, когда кризис личности, продолжавшийся фактически 10 лет, достиг кульминации. Я не жалею, что аспирантуру окончил. Она мне много дала, но это не относилось к тому, что было в учебных планах, и только косвенно было связано с темой диссертации. Окончив институт, я многого не понимал, все время наталкивался на какие-то вещи в науке, которые мне казались изначально недоступными для моего понимания. Мне уже казалось, что настоящая наука опирается на знания, которые для таких, как я, недоступны в принципе. Это было печально. К формальной успеваемости это не имело отношения. С ней было все в порядке. Речь шла о качестве моих знаний, о связи их с простыми вещами, со мной как личностью. Так вот, те люди, у которых я учился в аспирантуре, — Юра Чизмаджев, Слава Маркин, — были не только высокими профессионалами, но и в высшей степени цельными людьми. Они показали мне на примерах, что в основе самых рафинированных знаний лежат очень простые вещи. Что простота и фундаментальность накрепко связаны.

Допустим, теоретик, работающий в области биофизики мембран, не считает необходимым прослеживать связь своих результатов с фундаментальными представлениями о мире (с уравнениями Максвелла, например). Такой человек может стать кандидатом, доктором, профессором, академиком, но его след в науке не будет глубоким, а его труды, когда он уйдет, обречены на забвение. Теория только тогда хороша, когда она связывает неизвестное, которое, возможно, кажется сложным, с тем, что хорошо известно и, по существу, чрезвычайно просто. И мне было продемонстрировано на конкретных примерах, почему это так.

Март 1969 года был для меня критическим. Почему? Я закончил аспирантуру, закончил диссертацию, была назначена защита. Но я не стал умней, я не вырос. Все, что было непонятным, осталось непонятным. Получалось, что у меня есть набор знаний, связанных с точными науками, есть человеческое естество, а между ними нет связи. Это был путь к раздвоению личности, к шизофрении. Я понимал, что если не возьмусь за эту проблему всерьез, могу заболеть. Я очень хорошо понимал это. Надо было что-то делать. Я был как рыба на песке. Тогда у меня возник план, конструктивный и четкий. Суть его — не убегать от внутренних проблем, а найти способ сделать их решение жизнью. Я сформулировал тему, вокруг которой можно было надеяться собрать себя. Получение людьми знаний о людях — так она звучала. Как я узнаю о других и что такое эти мои знания? Как получаются знания о людях, которые можно считать научными? Как должно быть организовано мое знание о людях, чтобы оно не отделяло меня от людей, а соединяло с ними, оставляло меня открытым, а не отделенным от людей? Что должно быть для того, чтобы о знании, которое получено о людях, можно было сказать: «Да, это знание».

Совсем не отвлеченными тогда были эти вопросы. Вокруг меня бушевала марксистская идеология, в которой знаний о людях не было вообще. Я прекрасно понимал эти реки расщепленной семантики, я легко в них ориентировался. Здесь для меня не было никаких тайн. Я понимал, для чего люди говорят в стиле марксистской туфты, понимал ситуативную оправданность этой чухни, но я также понимал, что там нет той первичности и ответственности, которой отличались знания высокого класса, которые я получал от Померанчука, Мигдала, Ландау. Тогда я решил сделать следующее. Хорошо, я не понимаю ни хрена. Но я же видел, как устроен мир, видел кровь, страдания людей, я же пел песни Галича. Я все это видел с разных сторон. Меня не устраивали слова о мире, которые говорили ученые, мне они казались глупыми и пустыми. В то же самое время я понимал, что, может быть, я глуп, а не они, потому что не понимаю, о чем они говорят. Меня всегда интересовали люди в первую очередь, а не этикетки, которые обозначали формальную причастность к некоей социальной роли. Мне было совершенно неважно, партийный этот человек, беспартийный, гэбэшник он или жертва. Мне был интересен человек как человек, как я. И, если он стал палачом, жертвой, чиновником, стукачом или диссидентом, — как он дошел до жизни такой? Я ведь тоже могу дойти до того же.

«Душа походила на комод»

Г. С. Батыгин: *Как же можно было от теоретической физики уйти в социологию? Глупость?...*

С. В. Чесноков: Да, похоже, что так, но тем не менее. Смотри, какая была рациональность. Я рассуждал так: я не знаю, как связаны точные науки и гуманитарная культура. Вообще какая связь между ними? Причем связь-то интересовала меня не вовне, а внутри.

Л. А. Козлова: *А дискуссии о физиках и лириках?*

С. В. Чесноков: Я со скепсисом или безразличием к ним относился. Они мне казались высосанными из пальца. И тогда, и сейчас. У меня не менялось совершенно ничего. Нужна ли ветка сирени в космосе? Мои проблемы были абсолютно в иной плоскости. Инженер Полетаев ничего путного для меня сказать не мог, хоть и был симпатичным человеком. Меня социология интересовала не как инструмент получения лично мне необходимых знаний о людях. Я получал их и без социологии. Меня интересовало, как знания о людях соотносятся со знаниями о мире. Вот ракурс, важный для меня. Для этого мне нужна была социология.

В душе были две части. В одной гитара, песни, отношения с женщинами, лекции по медицине, хруст костей в кровавом колесе. В другой части наука, физическая картина мира — все, что я узнал в МИФИ и аспирантуре. Душа походила на комод, где есть разные ящики. Открываешь один, там тебе уравнения Максвелла. Открываешь другой, — там тебе Галич. Я видел массу людей, которые мирились с этим «комодным» устройством сознания, даже находили удовольствие в нем. Им эта «комодность» была спасением. Они жили, не ломая перегородок между ящиками. А я этого не мог допустить. Это для меня было синонимом шизофрении, раздвоенного сознания. Шизофренически устроенное сознание, к сожалению, было нормой для многих людей.

«Близкие делят со мной трудности и удачи»

Г. С. Батыгин: *А были ли у тебя соображения о нормальном, благополучном устройстве жизни? Тебе было уже больше двадцати лет. Надо было...*

С. В. Чесноков: В 1968 году у меня родилась дочь Алина.

Г. С. Батыгин: *...надо было работать, зарабатывать.*

С. В. Чесноков: Ты понимаешь, Гена... Это было для меня на втором плане. Я получал аспирантскую стипендию. Подрабатывал преподаванием гитары. Конечно, материально это был мизер. Но я понимал, что если пойду на поводу у таких соображений, то просто погибну. Сам в себе прежде всего. Я буду тем самым человеком, каким никогда не хотел себя видеть. С детства не хотел. Понимаешь? Для меня эти ходы не просто не интересны, они были внутренне противны, недопустимы. Глупы, в конце концов. Причем в самом практичном, прагматичном плане.

Все же зависит от уровня представлений о том, что такое успех, слава, в конце концов. Как это совместимо или не совместимо с временным успехом в земной жизни. От уровня личных притязаний, адресованных к самому себе. У меня был (и есть) завышенный уровень. Мне не хотелось туда идти. Я не хотел этого «как невеста не хочет прыщей на голове» — помнишь, у Бабеля в рассказе о Фроиме Граче? С другой стороны, я понимал, что если чего-то добьюсь, эти материальные проблемы должны разрешиться. В той ситуации, кстати, особой напряженности не было. Был не лучше, но и не хуже других. Была позиция младшего, потом старшего научного сотрудника. Не бог весть что по деньгам, но не хуже, чем у многих.

Из той семьи я ушел, но алименты платить не отказывался. Гроши, конечно. Но оказалось, что такой, какой есть, я своей дочери больше могу дать, чем если бы я шел по линии, от которой бежал Фауст, говоря «мы побороть не в силах скуки серой, нам голос сердца большей частью чужд, и мы считаем праздною химерой все, что превыше повседневных нужд». Дать не в материальном плане, а в том, без чего жить нельзя. Дочери мой путь пригодился как пример. Она все понимает. По духу мы с ней близки. Тоже непростой путь. Закончила МГУ, романо-германское отделение по специальности «Испанский язык и литература». Испанский знает как родной. В активе английский, французский. Эмигрировала в Штаты, нашла работу, потом подала документы в Йельский университет, в докторантуру, как американка. Ее приняли. Защитила диссертацию, тема — Испания, XVII век, поэзия Кеведо (1580–1645). Образы денег в стихах Кеведо. В Испании тогда десятилетиями шла чудовищная инфляция. Золото конкистадоров работало — почти как наша приватизация. Деньги знак экономики, а, с другой стороны, — элемент языка. Кеведо это чувствовал. Судьбы слов как судьбы денег... Интересная тема.

С детьми вообще повезло. Мы с Линочкой, моей женой, вместе уже без малого 15 лет. Ее сын, Кирилл, это и мой сын. У него три месяца разница с Алиной по возрасту. У меня с ним никакого барьера. Потрясающий человек. Сердце, ум — все на месте. Он и его жена Таня окончили Тартуский университет как физики. Как раз перед освобождением Эстонии. Потом Таня, прирожденный художник, сделала шаг к себе — закончила Строгановку по гобеленам. Кирюша — директор нашей компании. Подарили нам чудесную внучку Сонечку. В России медицина больше убивает, чем лечит. Когда у Сони возникли проблемы со здоровьем, им пришлось в Хельсинки переехать (Таня — потомок ингерманландских финнов).

Путь, который я выбрал, прошел и прохожу, понятен близким, они делят со мной трудности и удачи. Они меня понимают. Бог миловал, все соединяется.

Г. С. Батыгин: *То есть, такой дилеммы не было ни тогда, ни потом?*

С. В. Чесноков: Разрывы были, были трудности, драма, всего хватало. Но не уверен, что пойди я по другому пути, было бы проще. Жизнь прожить — не поле перейти. Банально, но правильно. Отношения, которые хотел сохранить, я сохранил. А тогда, когда аспирантуру кончал, внешнее течение событий было вполне будничным. Ну, ставлю крест на карьере физика, иду в институт социологии. Ну и что? В конце концов, надо куда-то идти работать. Чем институт социологии хуже другого места? Внутренняя драматургия другое дело. Она была очень напряженной. Но здесь надежда брезжила. Я рассуждал так: в социологии для получения знаний используют эмпирический опыт, исследования. В анализе данных участвует математика, точные знания. Отличное поле, чтобы разобраться в том, как точные науки ведут себя, включаясь в решение гуманитарных проблем. Эмпирическая социология — прекрасный объект для исследования таких вопросов. Ситуация была очень специфическая. Социологии в СССР не было, она только-только получила кривые права гражданства из-под полы у партийной власти. Инициаторы — Лапин, Ядов, Грушин, Левада, Шкаратан, Замошкин, Шубкин, Шляпентох, Здравомыслов, Осипов — все по-разному создавали и поддерживали атмосферу первопроходцев в осознании окружавшей конкретной социальной реальности. Даже в названии института было «конкретные исследования». В некоем романтическом смысле это походило на освоение Дикого Запада в Америке. Люди пришли на новое место, девственное, ничего не понятно. Идеология свирепствует. «Наши дети мрут в больницах, не от кори, это врут», как Окуджава пел. Нужно строить, вырубать лес, корчевать пни, корни, которые мешали, ставить дом, крышу делать, чтобы ветер не дул. Такие простые вещи. Ракурс не всеобъемлющий, условный, но такой момент был. Эта атмосфера мне была интересна. Я видел, что ничего не понимаю из того, что хотел бы понимать. Но задача была понятна, требования, как ее решать, были ясны, внутренние критерии успешности тоже. С моим детским опытом в этой атмосфере я чувствовал себя как рыба в воде.

«На стыках обычно растет бурьян»

Интересный, кстати, был эпизод на защите диссертации 12 июня 1969 года в Институте электрохимии. В зале был замечательный человек — Александр Соломонович Компанеец, автор известного учебника по теоретической физике, очень уважаемый профессионалами физик-теоретик. Один из ближайших учеников Ландау. В середине тридцатых он первым в Харькове сдал Ландау знаменитый теорминимум. После Компанейца были Исаак Померанчук, Евгений Лифшиц, Александр Ахиезер, Вениамин Левич, потом другие. За все время развития физики в СССР его смогли сдать только сорок три человека. Светлый человек. В начале или середине семидесятых он утонул на Рижском взморье, стоя по колено в воде. Сердечный приступ, трагическая гибель. В МИФИ он читал электродинамику сплошных сред, я ему сдавал экзамен. Он пришел на защиту моего приятеля Васи Пастушенко. Мой друг, вместе учились в институте, вместе в аспирантуру поступили, общие шефы, в один день защитились. После официальной процедуры, как обычно, небольшой банкет, импровизированное застолье в теоротделе, вино, бутерброды. К тому времени я уже месяц, как работал в институте социологии, все о том знали. И не одобряли. Слава Маркин, один из моих руководителей, поднял стакан и говорит: «Выпьем за Сережу. Он решил уйти из физики, будет работать на стыках наук. Пожелаем ему успеха!». Александр Соломонович сидел за столом с характерным для него видом некоторой угрюмости и желчности, что для знавших его делало еще более привлекательной его потрясающую сердечную теплоту. И когда все, чокаясь, поддержали Славу, он сказал, — негромко, но внятно, как бы между прочим: «На стыках обычно растет бурьян». И поставил стакан. Не стал пить. Эту фразу я запомнил на всю жизнь. Он был абсолютно прав. На стыках наук действительно растет бурьян. Я в этом убедился. Где поле не вспахано и не засеяно добрым зерном, там сорняк привольно чувствует себя и цветет пышным цветом.

«Самое счастливое чувство, когда я равен самому себе»

Я абсолютно не был гарантирован от того, чтобы стать этим бурьяном. Но другого пути не было. И все же мне повезло. Меня спасло то, что я искал решение личной проблемы. Наука здесь оказалась следствием. Это было тяжело, но это было счастье. В жизни самое счастливое чувство, когда я равен самому себе. Когда от данного мне понимания строю свои отношения с миром. Это бывает очень тяжело. Пусть. Как угодно, пусть чувствую себя дураком, пусть на самом деле ни хрена не понимаю, — а кто знает, что такое «на самом деле»? Но если я внутренне един, не разбит на части, это самое главное. С этим настроением я и пришел к Грушину.

Это было в апреле 1969 года. Я пришел в Президиум Академии наук, и мне показали Грушина. До этого я его не видел. И сначала пришел в Институт философии на заседание ученого совета. Столкнулся в дверях зала заседаний с бородатым субъектом. Мне сказали, что Грушин с бородой. Я подошел и говорю: «Не вы ли Грушин?» Он посмотрел на меня... Это был Батищев. Ты видел Батищева?

Г. С. Батыгин: *Да, я его знал.*

С. В. Чесноков: Значит, представляешь его интонацию. Батищев мне ответил: «Не Грушин... И даже не Яблоков». И прошел мимо с гордо поднятой головой. Кто-то сказал, что Грушин час назад сбежал в Президиум АН. Я пошел в Президиум на Ленинском. Там мне его показали. Он на меня с большим любопытством глядел, немного откинув голову, с оттяжкой. Химия, физика... что такое? Что, мол, человеку надо?.. Первое, что спросил: «А что вы вообще хотите у меня делать?» Я ответил ему абсолютно не по существу, дефективной фразой. Я сказал: «Борис Андреевич, мне сейчас важно не что делать, а с кем работать. Я хочу работать с вами, мне это важно». Это был ответ без вранья и не вдоль, а поперек. Он это отфиксировал. И стал мне рассказывать про информационную трубу. У меня от этого крыша слегка поехала. Какая-то труба информационная в Таганроге... Но быстро понял, что к чему. С интерпретациями слов у меня трудностей не было, это было легко. Я привык понимать, как люди слова подбирают, чтобы сказать, что думают. Слушал не слова, а то, что человек хочет сказать. Понимаешь, Гена, у меня социологическая жилка с детства была. Рефлексия мне знакома с младенчества. В семье отец и мать волей-неволей вынуждали меня решать их взрослые проблемы. Масса других вещей. Например, меня часто называли эгоистом. Я думал — почему? Какой же я эгоист? Мне это не нравилось, я не хотел быть эгоистом. А получалось, что эгоист. Я думал, какова природа этой этикетки, которую мне приклеивают? Что, я, на самом деле, эгоист? Получалось и да, и нет. И это было поводом усвоить, что слова не существуют безотносительно к тому, кто их произносит. Словари толковые, лексика, правила грамматики, синтаксис — это для лингвистов язык. А для меня язык это люди. И то, что для одного эгоизм, для другого — альтруизм. Реальность слов, ассоциаций, семантических полей как реальность бытия, была у меня в крови. Мне не нужно было специального образования, чтобы ее чувствовать. «На цыганском факультете образованье получил...». Это моя стихия, я в ней легко себя ощущал. Воспринимал кончиками пальцев. Это тебе не мировые линии звезд у Ландау. Там жесткое понятие под маской живого слова. А здесь — живое слово под маской жесткого понятия.

«Меня интересовали не знания, а люди»

Я понимал, что хочет сказать Борис Андреевич. Но где-то в уголке сознания все-таки было: а может, за этим действительно стоит жесткий смысл, и «труба» — это не метафора?.. Потом, когда попал к Борису Андреевичу, стал заниматься очень простыми вещами. Говорил с людьми, которые делали анкеты, выборки, таблицы распределений. Интересовался, зачем они это делают? Что им надо? Может, они хотят одного, а словами говорят другое?

Г. С. Батыгин: *Кто там работал?*

С. В. Чесноков: Вадик Сазонов. Вот человек — аристократизм и благородство были у него в крови. Не из нашей эпохи. Думаю, это стало причиной его одиночества и гибели. Он ввел меня в дела отдела. В первый же день, как я пришел в грушинский подвал на 6-й Кожуховской за Автозаводской, он объяснил мне, что такое рефлексия. Я удивился. Получалось, рефлексия как черта сознания была для меня нормой жизни с детства. Только я о том не знал. Как мольеровский герой не знал, что говорит прозой. Мы с Вадиком были дружны. Яша Капелюш. В середине семидесятых он меня от смерти спас. Я было уже утонул в бассейне «Москва». Где сейчас храм. На шестиметровой глубине лежал без сознания и ногами дергал. Он вытащил меня. Его тоже нет в живых. Ира Фомичева — редкий дар поддерживать собственное достоинство, подшучивая над собой. Она очень красиво это делает. Дивное сочетание женственности, легкости и острого ума. Лариса Федотова, она занималась проблемами контент-анализа. Андрей Возмитель, Саша Жаворонков, Нина Ростегаева, Женя Андрющенко, Эдик Петров, Сережа Петрулевич. Там же работала Тоня Григо. Светлый человек. Ей пришлось пережить сына. Жора Целмс был у Грушина в аспирантуре. Когда шел фестиваль в Новосибирске в марте 1968-го, и власти со своими органами стояли на ушах от публичных выступлений Галича, это он как корреспондент «Комсомолки» организовал публикацию о фестивале. На первой странице газеты, прямо под заголовком. Нам, организаторам фестиваля, это здорово помогло. А Жора поплатился. Потом оказались вместе у Грушина. Тамара Дридзе была. Недавно ее хоронили. Помню защиту ее кандидатской на Новочеремушкинской. Предложили дать ей сразу степень доктора. Совет отклонил. Потом защитила, это испортило ей много крови. Антисемитизм.

Единственное место, где его ей удалось обойти — академия МВД. Кое-что.

Меня очень интересовало, что этим людям нужно? Зачем они делают то, что делают? Чего хотят? Меня не интересовали собственно знания, которые они получали с помощью опросов по своим анкетам.

Г. С. Батыгин: *Не видел в них смысла?*

С. В. Чесноков: Честно — не видел. Но дело не в этом. Меня интересовали не знания, а люди. Знания рождаются людьми. И мне важно было отношение между знаниями и их творцами. Стиль мышления. В нем было много привлекательного. Содержание знаний — к нему относился как к факту социальной реальности. К притязаниям, они читались без проблем, у меня такое же было отношение. Как получаются знания? Здесь была моя проблема. То, из-за чего я и пошел в социологию. Анкеты обсуждали по пятницам. «Сорок семь пятниц» тогда еще продолжались. Что и как люди думают, составляя анкету? А вот кардинальная проблема: можно ли узнать о людях, не задавая им вопросов, не вступая с ними в диалог? Ограничиваясь только наблюдением? Как через щелку в заборе? Можно или нет? Когда понял, что нет, это было крупным шагом вперед. Здесь и социальные измерения, и этика, все связалось воедино. Стало ясно, что форма анкеты отражает особенности человеческого взаимодействия с миром. Имеет прямое отношение к основательной феноменологии восприятия, фундаменту естественного языка. Что бы ни говорили психологи, нейрофизиологи, лингвисты. Взаимодействие через вопросы-ответы — это не техническая реальность, не только «методика и техника», а прежде всего методология. Здесь проявляется язык как явление природы. Бахтин это понимал. Здесь же начало математики, которая помогает социологу, а не мешает ему. Это был еще один важный шаг к пониманию связи между математикой и социальными знаниями. На это уже можно было твердо опираться, думая о природе социальных знаний и социологических измерений.

«Это была практика социализации нормального мышления в условиях тоталитарного режима»

Любопытный момент. Диссиденты были для меня тогда самой близкой средой. Они были готовы строить свою жизнь не потому, что «так надо», а потому, что есть первичные ценности. Это было то, чему следовал и я. Особый вопрос — что это за ценности. Здесь были сложности. Например, было нормальным создавать моральный капитал за счет тотального отрицания всего, что так или иначе связано с системой. Все, что официально разрешается, либо нечисто, либо ущербно. Институт показал мне, что эта норма не безусловна. Здесь обстановку создавали Грушин, Левада, Ядов. Сюда приезжал Лотман. То, что делали эти люди, было трудной работой, не менее важной в социальной жизни, чем песни Галича.

Федор Бурлацкий организовал просмотр фильмов, которые нельзя было нигде больше увидеть. Здесь я увидел впервые «Кто боится Вирджинии Вульф», «Беспечный ездок», «Убийство Марата», другие блестящие ленты. Меня поразил фильм, снятый по заказу Гитлера. После речи вождя в Нюрнберге фашисты маршировали с факелами под марш, который у нас пели на слова: «Нам Сталин дал стальные руки-крылья, а вместо сердца пламенный мотор... Все выше, и выше, и выше...» Наши содрали мелодию у фашистов, а те в свою очередь у французов. В конце XIX века это был популярный канкан.

На семинарах можно было обсуждать многое из того, что было под запретом. В этой стране, при этом режиме. Это не означало свободы. Важно было быть точным в словах. Не законспирированным или двусмысленным, а точным. Неаккуратными словами можно было приличного человека поставить под удар или вынудить его охранять свое право именно на ту социальную роль, которую выбрал лично он. Это была особая практика социализации нормального незашоренного мышления в условиях тоталитарного режима. И это было очень интересно. Позже я видел аналогичную атмосферу у Станислава Сергеевича Шаталина, у которого работал во ВНИИСИ. Было можно ставить и решать серьезные проблемы, находясь внутри системы. Диссиденты были глухи к моим интересам в этом плане. Само существование подобных ситуаций многие из них воспринимали как угрозу безусловности моральных оценок режима, под знаком которых проходили их собственные действия.

Разделяя моральные оценки диссидентов, я не считал для себя возможным вменять их другим людям. Внутренне, подчеркиваю. В себе самом вменять. Внешне — это понятно. Внешне все мы демократы. А я говорю о том, что полуулыбку формирует, интонацию морального превосходства, внутренний жест вменения грехов или их прощения. Я не разделял диссидентского деления людей на морально приемлемых и морально неприемлемых по формальным признакам: наличию партбилета, социальному благополучию, участию во власти, даже по такому признаку, как служба в КГБ, явная или тайная. Для меня прежде всего был интересен или не интересен сам человек, полнота его мира, уровень понимания обстоятельств, в которых он действует, способ соотноситься с собственной совестью. Благодаря этому круг моего общения был очень широким. Но такая позиция создавала сложности. Я пел песни Галича, Окуджавы, Матвеевой, Кима — на открытых площадках, в кругу друзей, по домам. Никогда не скрывал своей любви к ним. Открытость во всем была моим кредо. Во всем, что касалось лично меня — это важное добавление. Здесь проходила граница, за которой мои слова могли поставить под удар других.

По песням, по тому, как я их пел, диссиденты считали меня своим. А в словах, в общении со мной многих настораживало, что я не выставляю моральных оценок так легко, как они. Не поддерживаю радостно эти оценки как демонстрацию свободы духа, сторонюсь их. И даже сопротивляюсь им в очевидных, казалось бы, случаях. Это вызывало подозрения. Здесь я был для диссидентов чужой. Мой личный конфликт с диссидентской культурой был очень сильным. Это касалось фундаментальных проблем самоопределения среди людей, фундаментальных проблем морали.

Я считал (и считаю), что главный ужас не в коммунистах и гэбэшниках, и даже не в системе, хоть она и отвратительна. Не в том, что очевидно плохо, а в том, что находится под покровом безупречной истинности. В науке, например, — сколько в ней лжи, защищенной престижем истины! В нас самих. В нашей собственной немощи перед лицом проблем, которые с нами везде и всегда — здесь, там, вчера, сегодня, завтра. Отсюда шли мои усилия. Я пытался найти понимание у диссидентов. Безуспешно. Называя вещи своими именами, помогая жертвам режима, они делали благородное дело, демонстрировали потрясающее мужество. Для многих из них это было средством формирования личности. Но когда открытое называние дерьма дерьмом становилось синонимом решенности фундаментальных проблем личного бытия, у меня это вызывало неприятие. «Подвижничество, так носящее вериги, как сибаритство шелк и сладострастье мех...». Этого я не любил. Мир социологов поддержал меня в правильности моего выбора.

Диссиденты считали морально неприемлемым искреннее общение с людьми, служившими той власти. Мотивы были очевидны. Искренность подследственных в общении со следователями ГБ многим стоила лагерей. Дилемма предельно ясная: либо ты доносчик или наивный дурак, либо никаких искренних контактов. Хочешь быть стукачом — пожалуйста. Не хочешь, боишься оказаться невольной причиной ареста порядочных людей — остерегайся искренних контактов с любыми представителями системы. Эта формула вызывала у меня активное неприятие, казалась глупостью.

Не идти на контакт... Если тебе это интересно, иди, почему нет? Если тебе это интересно. И не слушай никого, кроме своей совести. Ты же выбираешь. Но понимай, что делаешь. Если твое непосредственное ощущение человека, с которым общаешься, дает сбой, приводит к беде, если ошибаешься в человеке, значит, это в тебе самом что-то не так. Глаза не на месте, сердце. Твой выбор всегда твой. А выбор другого человека — его выбор. Дело его жизни, его совести.

С детства я был привержен открытости в общении. Поставил за правило везде, где возможно, свободно говорить обо всем, что думаю о мире, о событиях, что представляет лично мою жизнь, лично мой образ мысли. Со всеми. Стремиться к этому как к безусловной ценности. И в каждом случае это определялось моим личным ощущением осмысленности разговора и моей совестью — больше ничем. Закрытость как норма — дикость. Ссылки на несвободу в оправдание закрытости как нормы поведения — несостоятельны. Ищи способы открыто говорить с любым человеком, кто бы он ни был — гэбэшник, стукач, такой, сякой. Это трудно, конечно трудно, если видеть реальность. Но нужно искать форму, как это сделать. Я убедился, что такой поиск не бессмыслица. На семинарах у Левады, вообще в разговорах с социологами, мне было показано, что существует нормальный язык, на котором можно внятно обсуждать все, что происходит в обществе. Если, конечно, не ставить конфликтность во главу угла. Она все равно возникает, когда идеологические ищейки начинают сатанеть, как в случае с лекциями Левады. Но одно дело, когда конфликтность навязывается тебе, другое дело, когда ты сам ее ищешь.

«Лен сыграл в моей судьбе особую роль»

Я ушел из Института конкретных социальных исследований в феврале 1972 года, месяца за три до прихода Руткевича. Ему поручили «навести порядок», разрушить институт, он это сделал. Но осколки воспроизвели в других местах элементы субкультуры, которую я застал. Там были Лисичкин, Шляпентох. Был Лен Карпинский. На волне хрущевской оттепели, при Шелепине, он стал секретарем ЦК комсомола по идеологии. Потом заведовал отделом идеологии в «Правде». После статьи о театральной цензуре «На пути к премьере» (в соавторстве с Бурлацким, была опубликована в «Комсомолке» с помощью Бориса Панкина) его понизили до члена секретариата «Известий». В 1968 году он написал аналитическое эссе о вводе войск в Чехословакию, где сравнивал наши танки в Праге с рептилиями. В день рождения опального Хрущева Лен позвонил ему на дачу, прямо из секретариата, поздравил с юбилеем и сказал, что в этой стране люди не забудут то, что он сделал на ХХ съезде. После этого стал старшим научным сотрудником в Институте конкретных социальных исследований. Когда Суслов начал подчищать организационные и кадровые следы Шелепина, Лен тоже попал под колесо, был изгнан из института, исключен из партии, работал в издательстве «Прогресс», затем младшим библиографом в Книжной палате, потом в МОСХе инспектором-искусствоведом, затем долгое время был безработным. А в конце перестройки занял место, которое ему оставил Егор Яковлев, стал главным редактором «Московских новостей».

С Леном я был дружен, мне очень нравился этот человек. Он ко мне тоже тепло относился. Мы часто встречались, вместе проводили время. Он любил образ паука в моей песенке «Танго старого сада»:

У ограды жил паук, мастер серых гобеленов
На безжизненный сюжет из жизни мух.
Разрывая иногда власть проклеенного плена,
Они все равно в конце концов возвращались к нему.
Обреченность вялых мух я, признаюсь, ненавидел.
Паука я понимал, но не любил.
Но в сиреневом саду наши жизненные нити
Заплетались тогда в один клубок по воле судьбы.

Он говорил, что у него все так же было. У меня, кстати, в этой песенке паук из Корсакова, из японского сада. В 1970-е и 1980-е годы у него дома бывали Гена Лисичкин, Федор Бурлацкий, Егор Яковлев, Михаил Шатров, Юра Черниченко, Женя Амбарцумов, Володя Кривошеев, Отто Лацис, другие достойные люди. Лариса Шепитько, Элем Климов. Много людей. Но с большинством из них у меня не было глубоких дружеских отношений. А с Леном были. В мае 1969 года, за несколько дней до поступления в ИКСИ, меня как организатора фестиваля бардов в Новосибирске допрашивала в ЦК КПСС надзирательница из комиссии партконтроля. Меня, беспартийного, вызвали туда, потому что ко мне сходились все нити. Она искала во мне «теневой центр», не верила, что люди способны без санкции такие дела делать. Говорила как фашистка, имеющая власть. После этого я к Лену пришел на кухню и сказал: «Лен, теперь у меня нет сомнений. Я анти-коммунист». Он понял меня. Через несколько лет та же дама допрашивала его, когда его из партии выгоняли.

В начале 1970-х я устроил дома у Лена концерт Галича. Года два назад на вечере «яблочников» мне об этом напомнила Оля Кучкина. Она была на том концерте. Галич пел потрясающе.

С Леном и Борей Милошевичем на его дипломатической машине (тогда его брат еще не был диктатором, а сам он был советник югославского посольства по культуре) мы ездили к Новелле Матвеевой в Сходню. Лен, кстати, поддержал ее в начале 1960-х, помог получить квартиру на Малой Грузинской. В 1981 году Лен помог мне устроиться в Театр на Таганке. По его просьбе Юрий Карякин позвонил директору театра Дупаку, и меня взяли туда осветителем. О том же Карякина просил и Фохт-Бабушкин, замдиректора Института искусствознания. Я тогда (сентябрь 1981-го) вернулся из Грузии, где не получилось попасть к Отару Иоселиани. Хотел побыть вблизи этого человека, мне все равно было, что делать — полы мыть, ящики таскать, я, вообще-то, все могу делать, если есть смысл и понятно для чего. Страстно хотел пожить в пространстве действий, из которых рождаются его фильмы. Я очень их люблю. Жизнь ведь из случайностей ткется, из них делается неслучайная судьба. Мне было важно попасть к Иоселиани. Я был уверен, что там место как раз для тех случайностей, которые нужны мне, чтобы решать свои проблемы, чтобы определиться с собственной жизнью. Но не получилось.

Осенью 1980 года, когда я ушел от Шаталина и приехал в Грузию, Иоселиани уехал в Париж и остался там. И проректор по науке Института управления народным хозяйством Грузии Муртаз Бабунашвили (мы познакомились у Шаталина, он приезжал в отдел) помог мне остаться в Тбилиси, подышать этим воздухом, попить вина, попеть и послушать песни, повдыхать запах горячего хлеба по утрам. Он оформил меня заведующим сектором системного анализа в том институте. Все знали, зачем я там, и тепло ко мне относились. Почти год я там прожил, а когда вернулся в Москву, решил, что пора завязывать с этим унизительным «музыкант среди ученых, ученый среди музыкантов». Надо было по-серьезному пройти гуманитарную часть пути. Возврат в научную среду, в эти вонючие коридоры и атмосферу бессмысленности был невозможен. Случайно шел мимо Театра на Таганке и в окне увидел объявление, что нужен осветитель. Этот театр был пространством, похожим на то, что я рассчитывал найти у Иоселиани. По типу культуры он мне не близок. Но по артистической сути и основательности он мне интереснее любого другого театра в этой стране. Надеяться, что меня возьмут туда осветителем с дипломами физика-теоретика и кандидата наук было бесполезно. Я просил о помощи разных людей, в том числе Лена и Фохт-Бабушкина. Так и попал в театр, где проработал пять лет. Примерно через месяц после моего поступления в театр, на даче у Капицы на Николиной Горе (Петр Леонидович был еще жив) Лен (его дача соседствует с Капицей) говорил обо мне с Юрием Петровичем Любимовым. Он мне так рассказывал:

— Я говорил о тебе с Любимовым в присутствии обоих Капиц. Рассказал твою биографию. Он удивился и даже как-то выразил обиду что ли, что такой человек попал в театр по административной линии, минуя его.

— А как еще могло быть в моей ситуации? — сказал я.

— Ну да-а, – растягивая «а» (это его характерная интонация) сказал Лен. — Я ему объяснил, что... — Лен посмаковал паузу, — что ты хотел посмотреть, подойдет ли он тебе... Это вызвало общее оживление. Мы много говорили о поиске цельности, о том, как человек уходит от одного, приходит к другому. В общем, он, знаешь, как начальники говорят, сказал, что после праздников примет тебя дома, ты придешь к нему, он тебя послушает, и вы договоритесь.

— Лен, я тебе благодарен. Это очень, очень важно для меня. Спасибо. Только одна деталь. Я никогда ничего не бросал, мой путь не имеет зигзагов.

— Ну, это ты ему и скажешь, когда вы встретитесь. Я, в общем, так и говорил. Наука, а параллельно занятия музыкой, поэзией...

И мы попрощались. Я тот разговор записал в дневнике, поэтому помню.

Любимов принял меня, но не дома, а у себя в кабинете на Таганке. Послушал меня и предложил придумать контрапункт к спектаклю «Старший сын» по Вампилову, который ставил Юра Погребничко. В итоге я играл там самого себя. Благодаря поддержке Лена произошли те самые случайности, которые мне были нужны. Они помогли разобраться с гитарой, с пониманием природы текстов и с дальнейшим движением. Именно на Таганке ко мне явился Аристотель. Так что Лен сыграл в моей судьбе особую роль. А я виноват перед ним. Это был, кажется, 1987 год. Любимов тогда работал за границей. Лен в «Московских новостях» выступил с Михаилом Ульяновым и еще кем-то по поводу Юрия Любимова в подборке под шапкой «Обратного билета не будет».

Шла подковерная битва между прогорбачевскими силами и теми, кто невозвратно уходил в прошлое. Иногда это выходило на поверхность. То там, то тут рвались идеологические снаряды. Виталий Корионов в «Правде» опубликовал страшненькую заметку, где вернул термин «отщепенец» применительно к Юрию Петровичу Любимову и другим «невозвращенцам». Это был удар рикошетом по Егору Яковлеву, его политике в «Московских новостях» (он тогда был главным редактором), а по-крупному — демарш против Горбачева. По логике борьбы надо было, видимо, сыграть «по касательной», отвести удар. Вероятнее всего, так появилась та подборка, где о Любимове, работавшем за границей, говорили, словно по Хармсу: «Ну уж двадцать, ну уж тридцать, ну еще туда-сюда, а уж сорок, ровно сорок — это просто ерунда!». Ульянов считал, что страна талантами богата, без Любимова обойдемся, обратного билета ему не видать. Лен говорил мягче, но как политик. Позиционный расклад был понятен, только все это было очень неприятно. Я много лет не звонил Лену и не приходил. Осуждения не было, но видеться не хотелось. Да и время было тяжелое. Бывало, пяти копеек на метро не было и не у кого было занять. Моя жизнь, жизнь близких словно ушла под воду. На вопрос «Как дела?», я отвечал «Жизнь подводная». Это была правда, но надо было прийти. Что-то мешало. Теперь думаю, надо было пересилить.

Он был феноменально красивым, сильным человеком, высочайшей порядочности. Никогда не врал. Не питал иллюзий относительно того, как низменные человеческие качества облеченных властью превращаются в особенности государственной системы. Он долгие годы был вне практической политики, вне того, что было для него призванием. Понимая без прикрас все, что происходило, он действовал как абсолютно независимая личность. Но где-то внутри он, тем не менее, был готов подчинить свою жизнь «системной логике», внутренне связывал свою судьбу с судьбой фантома под названием «государственная система». Наверное, так и должен думать прирожденный политик высокого класса. Я это понимал, но считал это трагичным.

Много лет у него был сильнейший диабет. Незадолго до смерти он потерял ноги, передвигался в кресле-каталке. Саша Серебренников, его ближайший друг и мой тоже, приезжал из Нью-Йорка. Он эмигрировал в середине семидесятых, был директором издательства «Телекс», собирал и издавал исторические документы, помогал Солженицину, оставаясь независимым (важно!). Это он издал мою книгу «Физика Логоса» в 1991 году. Мы встретились у нас дома, он сказал, что надо созвониться с Леном. «Он тоже переживает», — сказал Саша. Я позвонил. Мы тепло поговорили, но встреча так и не состоялась. Увиделся с ним, только когда его хоронили. Я поступил плохо. Нельзя такие вещи делать.

На похороны Лена я пришел с гитарой. Панихида и поминки были в Доме журналистов на Суворовском. Люся, его вдова, за поминальным столом просила меня спеть. Вспоминая наши вечера, я пел то, что любил Лен. Сетовал на свою вину. Но было поздно. Это чувство, видно, так и останется со мной до конца дней.

«Не могу и не буду участвовать в этой глупости»

Г. С. Батыгин: *Когда ты пришел в ИКСИ, там происходили серьезные конфликты. Одним из руководителей института был Осипов...*

С. В. Чесноков: Осипов у меня никогда не вызывал симпатии, честно скажу. Хотя, надо отдать ему должное, он стабильно поддерживал позитивные вещи, когда это было можно. Он принимал меня на работу на Песцовой, в подвале. Спросил, чем я занимался, глядя с неба поверх меня. Я сказал, что гидродинамикой, решал дифференциальное уравнение второго порядка с нелинейностью. Он не знал, куда эти слова девать. Но вид у него был, что он знает все и в тысячу раз больше. Повел глазами поверх моей головы и процедил фальцетом, что-то многозначительное, что математика, если придет в социологию, встроится... Пустота какая-то за этим зияла. Конфликты в институте были, но меня это не коснулось. Я был внизу. У меня была другая конфликтность. В 1970 году, помнишь, была вакханалия по поводу столетия вождя. Идеологические умельцы из ЦК комсомола придумали, чтобы все комсомольцы сдавали «ленинский зачет». В институте я был единственный в комсомольском возрасте, кто отказался участвовать в этой комедии. Все сдавали, я сказал: не буду. Твердолобые взбеленились. Комсоргом отдела был Юра Федоров, «сынок», его отец на льдине, кажется, зимовал. Он начал на меня большую бочку катить, «подбирать материал». Виктор Яковлевич Нейгольдберг, парторг отдела и замсекретаря партбюро института, заместитель Грушина... Замечательный человек. Я с ним был в очень добрых отношениях. Его уже нет. Виктор Яковлевич мне сказал: «Сережа, из-за вас у Института могут быть неприятности». Я ему сказал: Виктор Яковлевич, не надо валять дурака (так и сказал). Вы же знаете меня. Я не могу и не буду участвовать в этой глупости, это выше моих сил. Но это только личное. Никакого другого подтекста нет. Я не настроен на то, чтобы делать демонстрацию. Поступим просто. Не надо афишировать мою позицию. И я не буду ее афишировать. Но участвовать в глупости тоже не буду. Найдите способ нейтрализовать этого Юру. Отчитайтесь по инстанциям, скажите, что «все, как один» и так далее.

Так и сделали. Федоров начал раскручивать, но ему поставил барьер Виль Смирнов — тогдашний секретарь комитета комсомола института. Потом он был активным создателем политологической ассоциации, работал в Институте государства и права. Он оказался умным, тонким и порядочным человеком. В тот момент это четко проявилось. У меня с ним был разговор, и с первых же слов стало понятно, что он все понимает. И не только понимает, но и принимает мои действия как естественные. После того мы с ним долгие годы поддерживали добрые отношения. А на случай, если еще какой-нибудь Федоров сделает непредвиденный демарш, Виктор Яковлевич попросил меня побеседовать с Николаем Ивановичем Лапиным. Он был секретарем парткома института. Чтобы выглядело, будто я проработку прошел. Это был 1970-й год. Николай Иванович сидел в кабинете, ему Нейгольдберг все рассказал уже. Я к нему зашел, он говорит: «Вы Ленина хотя бы читали?» Я говорю: «Честно пытался. Не получилось». Он говорит: «Знаете, надо почитать». На этом разговор закончился. И это было удивительно. Конечно, Лапин сохранял верность тому, что мне было абсолютно чуждо. Но в разговоре со мной он проявил уважение к моему праву на выбор. Это было крайне важно. А ведь была критическая ситуация, когда он по всем канонам системы обязан был власть применить. Под своим началом он собрал симпатичных людей. Нина Наумова, например. Будучи интегрирован в систему, защищал право этих людей быть самими собой. И когда пришел Руткевич, он в критической для себя ситуации не отступил от этого. Для меня сам факт такого социального поведения был очень значимым. Я относился (и отношусь) с глубоким уважением к таким людям. Это чувство было трудно объяснить диссидентам, для которых единственной моделью последовательно достойного поведения был разрыв со всем, что представляло систему.

«На все я смотрел сквозь груды таблиц в Грушинском отделе»

Потом, когда уже я ушел из института, у меня был период неустойчивости. Работал в одном «ящике» полтора года (это был поучительный опыт), потом в заштатном проектном

НИИ по автоматизированным системам в строительстве. Потом стал безработным. И из этого состояния меня взял к себе Шаталин с подачи Олега Пчелинцева. Крупнейший регинальщик. Поразительный человек. С тех пор Олег долгие годы для меня был ангелом хранителем. Костя Соколов здесь мне очень помог, он тогда работал у Юры Гаврильца. Олег Пчелинцев был его оппонентом по диссертации. Костя рассказал обо мне Олегу, познакомил меня с ним. Представляешь, попасть к Шаталину в Институт системных исследований, будучи безработным! В тот момент очень важно было, чтобы кто-то во ВНИИСИ, кроме Шаталина, мог поддержать мою кандидатуру. Так получилось, что к тому времени Николай Иванович Лапин со всей своей группой оказался в Институте системных исследований и там тоже был секретарем парткома. И когда ему принесли представление на меня, он его подписал. Так он поддержал меня во второй раз.

В ИКСИ я познакомился с Мишей Мацковским, мы стали близкими друзьями. Первое что мы тогда сделали, — организовали семинар по проблемам измерений. Обсуждали проблемы теории социальных измерений, методы анализа. Петя Андрукович из статистической колмогоровской лаборатории в МГУ участвовал. Был замечательный домашний семинар у Риты Марковны Фрумкиной. Она исследовала восприятие текста. Измеряла психофизические и психолингвистические характеристики восприятия. В ее семинаре внимательно изучались методы психофизических, психологических измерений. Метод парных сравнений, многомерное шкалирование и т. д. Собирались раз в неделю. Несколько лет. Мы с Мишей принимали участие в обсуждениях, делали доклады, обзоры. Изучали монографии Кумбса, Торгерсона, концепции измерений, свойства статистических процедур. Там выступал Василий Васильевич Налимов — я с ним дискутировал. Это был в высшей степени достойный человек, но направление его мышления мне не казалось плодотворным с точки зрения задач, которые интересовали меня. Кажется, ему в свою очередь были совершенно неинтересны проблемы, которые ставил и пытался решить я. На все, с чем сталкивался по методам измерений, методам анализа, я смотрел как бы сквозь груды таблиц на рабочих столах в грушинском отделе. Активный контекст моих размышлений создавали обсуждения состава вопросников, методических и методологических проблем по пятницам. Из числа известных «Сорока семи пятниц».

Продирался сквозь проблемы анализа и интерпретации... Эта кухня, актуальная в наших разговорах сейчас, и тогда была актуальна. Но она не воспринималась как методологически значимая. Мои попытки придать разговорам на эту тему статус обсуждения фундаментальных методологических проблем в институте поддержки не встретили. Люди видели проблемы «методики и техники», но большее видеть отказывались. Скоро стало ясно: то, что интересует меня, по сути, не интересует никого. Я понял, что должен привыкнуть к тому, что мои исследования — это только мое сугубо личное дело. Это ситуация тяжелая, но она мне нравилась. Она соответствовала моему пониманию осмысленной жизни.

Как соотносятся измерения в физике и в социологии? В социологии это общение, диалог. Что же это за измерения? Но другого способа узнать о человеке, кроме как поговорить с ним, нет. Колоссально важная мысль. В моем мире она стала золотой крупицей, от которой я уже не откажусь никогда в жизни. Только через язык можно обрести полноценное знание о людях. Философия наблюдения без общения, это философия разведчиков, невидимок. Она в фундаментальном плане ущербна. Отсюда я сделал четкий вывод на уровне максимализма, который во мне еще со школы был, когда я там с комсомолом разбирался. Это было начало детерминационного анализа.

«Зачем нужны числа, если есть слова?»

Бесполезно заниматься подтасовкой, искать за словами числа. Философия шкалирования в духе традиций психофизики, в духе Кемпбелла, Стивенса, Суппеса, Зинеса неверна. Зачем нужны числа, если есть слова? Что, недоверие словам? Это глупо. Многим кажется, что слов мало, нужны числа. Тогда возникает научность? Наоборот, числа насилуют язык. Когда ими заменяют слова, это не приближение к научности, а уход от фундаментальной науки. Говорят, что считать проценты мало. Нужны среднее, дисперсия, коэффициент корреляции. Нужны факторный анализ, метод главных компонент. А без этого нет математических методов, не применишь статистическую обработку данных. Какая чушь! Чтобы так думать, нужно, чтобы в сознании все было наперекосяк. Должны быть смещены все гуманитарные ценности. И не только гуманитарные, но и естественнонаучные. Требуется не верить ни сердцу, ни разуму. Так и получается «наука», которая и не наука, и не «не наука». Так, не пойми чего. Тот самый бурьян, который имел в виду Компанеец. Ни богу свечка, ни черту кочерга. Все (исключений не знаю) современные книги по математической теории психологических измерений, теории шкалирования, методам измерений написаны по этим рецептам.

Если это факт, что нет другой ниточки, связывающей людей, кроме разговора, то надо не пытаться от этого факта освобождаться, а, наоборот, включить его в картину мира, связать этот факт со всеми другими фактами, которые мы видим вокруг себя, со всеми мыслями об измерениях, о методах получения знаний. Эту связь надо искать и найти. Этой мысли надо подчинить все другие вещи. Только так можно делать хорошую науку. Бессмысленно, разговаривая об измерениях, делать вид, что этого нет. Суть измерений в социологии — поименование. Одна реплика (ответ) становится именем другой реплики (вопроса). И в процессе опроса это продолжается с неизменными репликами-вопросами и изменяющимися от респондента к респонденту репликами-ответами.

Когда мы с Мишей изучали метод парных сравнений, меня заинтересовало, как возникает числовая шкала? Слово первичнее, чем число. Это очевидно любому гуманитарию. Помните, у Гумилева? «В оный день, когда над миром новым Бог склонял лицо свое, тогда солнце останавливали словом, словом разрушали города... А для низкой жизни были числа как домашний подъяремный скот». Да и с математической точки зрения реплика в диалоге суть единица, а из единиц уже натуральный ряд, арифметика, рациональные числа, иррациональные и поехало... А при использовании методов «повышения уровня шкал» числа откуда-то берутся прямо на уровне реплик в коммуникации. Откуда? В социологии царят номинальные шкалы. Это очевидно любому социологу, если он хоть раз ставил задачу, делал под нее анкету и проводил опрос. Ладно, со шкалами порядка, кажется, все ясно (хотя и здесь ясности нет). Но шкалы отношений, метрические шкалы — откуда это берется? Как появляются числа? Я стал смотреть, как у Терстоуна, например, возникают числа в методе парных сравнений. И обнаружил, что эти числа всегда есть следствие непроверяемых гипотез. В принципе непроверяемых. Например, в методе парных сравнений это гипотеза о равенстве дисперсий на физическом континууме. Она базируется на другой, не менее сомнительной гипотезе, что этот «физический континуум» есть где-то там, в сознании. Дисперсии полагаются равными, и возникает числовая шкала. Откуда мы знаем, что они равные? Да и что такое дисперсия распределения, которое нельзя обнаружить, о котором нельзя сказать, что оно существует? Так социологи повсеместно приписывают числа репликам в диалогах. А это ими же и произведенные фантомы. Питирим Сорокин называл это «квантофренией». То, что называют теорией измерений, или теорией шкалирования, всего лишь теория кодирования. В этом качестве она безусловно полезна. Но это же числовое кодирование, а не измерения! Математическая схема, которую воспроизвели Суппес и Зинес, точно выразив то, что составляет суть шкалирования как «приписывания чисел объектам по определенным правилам», это стандартная в математике схема поиска числового представления для тех или иных операций на множествах. Применительно к социальным, психологическим исследованиям она означает только решение проблемы числового кодирования — не более того.

У меня, слава богу, был опыт физика. Я понимал, что на таких началах, как это сделали Кемпбелл, Стивенс и идущие за ними, вводить числа — это все равно, что играть в «обознатушки-перепрятушки». Ну, хорошо. Нет чисел, так я сделаю гипотезу, что они есть. А потом из нее выведу числа. Это дурная игра. Так науку не сделаешь. Простенькие полуматематические фокусы, которым способны верить профаны, и только. Ни в одном методе шкалирования число не появляется так же органично, как оно появляется в точных науках, в физических измерениях.

Плюс к тому невозможно уйти от коммуникации, от идентификаций образов. Я понял, что надежные точки опоры надо искать здесь, вот в этих констатациях. Важную роль сыграло то, что я подходил к математическим методам с точки зрения вопроса «А что они делают с нормами естественного языка»? Более конкретно: что они делают с вопросами социолога и ответами респондентов? Что делают математические методы с репликами в процессе диалога? Во что они их превращают? Здесь не только слова. Здесь возникают четкие, недвусмысленные методы проверки математических алгоритмов на предмет того, как они «дружат — не дружат» с нормами естественного языка. Конкретные вычислительные задачи.

Я стремился обсуждать эти вопросы. С Мишей Мацковским, Мишей Косолаповым, Юлей Толстовой, Володей Андреенковым, Юрой Сатаровым… В конце семидесятых в Институте системных исследований я организовал и два года вел общемосковский семинар по проблемам измерений. Там все выступали. Мне самому тот опыт был полезен, другим — не знаю.

Ты видишь, как все сложилось с SPSS? Сильный долгосрочный маркетинг, деньги вкладываются в образование, в отношения с десижнмейкерами. Цивилизованное поведение на рынке софта. Но наука-то здесь при чем? Что, SPSS отменил проблемы анализа или решил их? Ничуть. Все проблемы как были, так и остались. Но наши математики их тут же забыли напрочь — словно не было. Вместо них остались никому не мешающие реверансы в сторону гуманитарности, общий треп о необходимости следовать гуманитарным ценностям, танцы с приседаниями вокруг «адекватности». И даже на холоде российском клиент не соскальзывает, держится, как миленький.

У профессионалов в области математической статистикой — одни огороды. У тех, кто в институте социологии занят матметодами, —другие. И аккуратненькие заборчики вокруг. Семь нянек, а дитя — реальный социологический анализ — без глазу.

За пятнадцать лет с тех пор, как мной было сделано расширение силлогистики, думаешь, кто-нибудь меня позвал — не имитировать научный процесс в виде семинаров с демонстрацией понимания, освобождающей от ответственного разговора, а просто разобраться, в чем дело? Посидеть и поговорить по существу? Повертеть в руках так, сяк, на зуб попробовать... Ведь у всякого дела, если оно стоящее, есть простая подоплека. За все годы, Гена, ты был первый, кто мне сказал: «Сережа, я хочу понять, что ты такое сделал, объясни».

Г. С. Батыгин: *Я не только своей заслуги не вижу, но и не могу сказать, что понимаю твою идею от начала до конца. Наверняка, есть специалисты, которые могут серьезно оппонировать тебе. Со Шляпентохом ты толковал?*

С. В. Чесноков: Гена, проблема не в том, чтобы ссылаться на чье-то компетентное понимание как на свидетельство валидности сделанного. С оппонированием тоже все неплохо. В

конце концов основные мои публикации по Аристотелю со-
стоялись в Известиях АН СССР, в серии «Техническая кибер-
нетика». Нормальный журнал, там грамотные рецензенты. Я
даже не о понимании, без чего оппонирование бессмыслен-
но. Я только о желании понять, разобраться. Это же первей-
шее условие научной работы.

Шляп? Когда состоялся сюжет с силлогистикой, он был
уже в Штатах. Я помню разговоры с ним. Он создавал чудес-
ную атмосферу — и в Новосибирске, и здесь, в Москве. С ним
приятно было общаться, он живой человек. Когда говорит,
как птица в полете. Но он же велик. Даже когда говорит смеш-
ные вещи. Например, он как-то пытался доказать, и очень се-
рьезно, с полным комплектом профессорской уверенности,
что, изучая отношение между выборкой и случайной подвы-
боркой из нее, можно получить информацию о статистиче-
ских свойствах отношения между выборкой и генеральной
совокупностью. При неизвестном законе отбора. У профес-
сора были сказочные представления о самых элементарных
вещах, связанных с выборочной теорией, о том, что сделал
еще Якоб Бернулли триста лет назад (в 2013 году исполнит-
ся 300 лет с момента выхода в свет его знаменитой книги
Ars Conjectandi — «Искусство предположений»). Разумеется,
Владимир Эммануилович выдающийся человек. И любим
мы его не за знание матстатистики, как и Ядова, и Леваду.
Вообще это все несущественно по тому счету, к которому мы
все привыкли. И не в нем, конечно, дело. Но в этих, казалось
бы, несущественных деталях цветет и пахнет тот самый «бу-
рьян на стыках наук», который имел в виду Александр Соло-
монович Компанеец.

«Исследователь не только констатирует факты, но и творит их как художник»

Вообще, мое положение в институте было странным. В наших обсуждениях участвовал Сеня Клигер. Мы с ним решили, что неплохо было бы, если бы он официально стал моим аспирантом. Я был этому рад — это было бы большим подспорьем. С удовольствием создал бы группу по проблемам измерений. Пошел к Ядову. Говорю: можно мне взять аспиранта — Сеню Клигера? Он отказал. Доброжелательно и четко, но сразу и без сомнений. Даже не спрашивал ничего. Нет, и все. Почему? Мне показалось, это был знак, что в мир, где организационные активы существуют как ресурсы, за которые надо платить точно выстроенным поведением с учетом организационных реальностей, мне хода нет. Те, кто ими распоряжается, меня туда не пустят. Или мне нужно делать специальные усилия, стоящие вне науки, как я ее понимаю. Например, защищать докторскую диссертацию. На протяжении двадцати лет у меня это с разными людьми множество раз повторялось в разных вариациях. Я решил — нет, это мне не надо. И с тех пор придерживаюсь этого.

Помню, в институт приезжал Юрий Михайлович Лотман. Делал доклад на Новочеремушкинской. Усы, как у Эйнштейна. Как он красив! Потом у меня с ним были добрые отношения. Меня с ним познакомила Марью Лауристин. А с ней мы познакомились в 1970-м, близкие друзья до сих пор. Моя жена, Линочка, Лотмана знала независимо от меня. И когда мы с ней бывали в Тарту уже в девяностые, обязательно заходили к Юрию Михайловичу. Последний раз это было незадолго до его смерти. Уже умерла его жена. Он был один, ему было тяжело, он тосковал. Мы сидели у него на кухне, пили чай. На вопрос, как в Тарту жизнь идет, ответил словами старинной солдатской песни: «Очень, братцы, чижало. Прямо скажем, нелегко. Ну а между прочим — ничаво». Когда его не стало, помню посвященное ему интервью Пятигорского по Би-би-си. Не ручаюсь за точную передачу слов, которые он сказал о Юрии Михайловиче, но мысль была такая: «Он из поколения людей, для которых научная истина отождествляется с непосредственным бытием в своей культурной среде». Юрий Михайлович занимался изысканиями, в которых поиск фактов и интерпретационная работа, сопровождавшая интеграцию фактов в ту самую социокультурную среду, были слиты воедино.

Я пытался понять, было ли для него самостоятельной проблемой отслеживание грани между фактом и интерпретацией. Банальность, конечно, однако исследователь не только констатирует факты, но и творит их. Буквально творит как художник. Порой факт и интерпретацию трудно разделить. Мысли такого рода применительно к своим работам, мне показалось, были ему не близки. Борхесовский «Пьер Менар, автор Дон Кихота» был для него, по всей видимости, только интеллектуальной шуткой. Юрию Михайловичу было вполне достаточно знать, что он добросовестно работает с документами. Текст как исключительно физическое явление (пятна на листе), которое ничего не значит вне человека; раздельное мышление о свойствах форм и свойствах содержания — подобный ход мысли был чужд ему. Мне же такой тип мышления всегда был близок, казался естественным. Однажды я ему сказал, что изучение форм приводит к математике, точным знаниям, а изучение гуманитарного содержания — к знаниям гуманитарным, которые в принципе не могут быть точными в том смысле, в каком точна математика. И в этой связи упомянул о Платоне. Он гордо вскинул голову и сказал: «Я — кантианец!» И интонационно поставил точку в разговоре. Дальше можно было не продолжать.

Говоря о Лотмане, я тоже не могу отделить факты от интерпретации, отражающей мое видение ситуации. Проще всего считать, что все есть только моя интерпретация. Проблема понятна, что же до решения в конкретных случаях... Глубоких разговоров на этот счет с Лотманом у меня не было. Не потому, что не хотелось, а потому что их не могло быть. Я пытался — слова застревали в горле. Не получалось. Тема не поддерживалась в ситуации, в которой тогда жили. А сейчас поздно... Даже в приватной беседе эти темы воспринимались как неконструктивные, посторонние. Рефлексия относительно того, где мир, а где наши сны, как мы сами рождаем вместо знаний идеологемы, которые живут ровно столько, сколько живем мы сами, воспринималась как попытка критики собеседника. Как критицизм, далекий от конструктивного мышления... Понимаешь? И это было обидно. Даже печально.

«Борешься с системой — сам становишься похожим на нее, пусть и с другим знаком»

Л. А. Козлова: *Получается, что у тебя фиктически не было своего научного круга? Того, что можно назвать твоей научной средой?*

С. В. Чесноков: Пожалуй, так. Но я давно к этому привык. Все осложнялось еще вот чем. В какой-то момент я понял, что главный источник крупных неприятностей в матметодах для социологии не в том, что люди любую науку приспосабливают для получения ресурсов и власти над ними, а в чистых началах. Самое страшное не в том, что очевидно плохо, а в том, что надежно защищено белой тогой непререкаемой научной истины. Понимание этого заставило меня существенно скорректировать стиль жизни: надо рассчитывать на одиночество как на неизбежность. Хотя я все время пытался от этого уйти. Потом, в Грузии, написал стихотворение со словами «безрассудный преступник обречен, это всем известно, в окруженьи живущих одиночеством будет убит». Но был и плюс. Противодействие чему бы то ни было сопровождается перениманием структуры того, чему ты противодействуешь. Борешься с системой — сам становишься похожим на нее, пусть и с другим знаком. Я это понял, противодействуя системе, когда занимался организацией клуба песни, фестиваля в Новосибирске, слетов всяких... Причина понятна — сильная коммуникативная зависимость через противодействие. Связь через негатив. Выступая против того, что имеет низкий уровень, я рискую перенять структуру того, что пытаюсь преодолеть. Влипнуть с противоположным знаком в то, с чем борюсь. Потому что настойчивость в преодолении дерьма очень часто становится синонимом положительных достижений, и она делается эталоном, относительно которого измеряются собственные достижения. Эта мысль меня страшила.

Но мне повезло. К весне 1972 года я убедился, что никуда не уйти от полемики с теми, кто делал статистику на протяжении трехсот лет, кто создавал современную математическую логику, теорию множеств. Паскаль, Лаплас, Кантор, Борель, Фреге, Рассел, Гильберт, Лукасевич, Колмогоров — серьезные люди. Это меня обрадовало. Значит, планка высокая. Это требовало концентрации, внимательности, проверок, перепроверок, аккуратного обхождения с понятиями, с математикой. На протяжении жизни список несообразностей в фундаментальных математических дисциплинах медленно, но неуклонно расширялся. Вот примеры утверждений, имеющих для меня серьезный смысл. Концепция статистической независимости (статистической связи), которая повсеместно используется в прикладной статистике, неудовлетворительна и должна быть реформирована. В теории вероятностей отсутствует глава под названием «Теория правил», математический аппарат которой должен группироваться вокруг понятия статистического детерминизма. Разрыв с классическим понятием аристотелевской логики «объем понятия» стал катастрофой для современной математической логики. Интерпретации силлогистики Аристотеля с точки зрения современной формальной логики (Лукасевич) создает превратное представление о природе силлогистики и ее возможностях при упорядочении данных опыта. Арифметика предшествует логике, а не наоборот. Математическое понятие функции не относится к первичным. Интуитивная концепция конечного множества, положенная в основание современных представлений о теории конечных множеств, неудовлетворительна и должна быть скорректирована. Это все не шутки...

«Я ничего не бросаю, у меня все непрерывно»

Г. С. Батыгин: *Тебя, наверное, придурком считали... отчасти?*

С. В. Чесноков: Конечно. Иногда. И не отчасти, а целиком. Говорили, что я шизофреник. Я знаю этих людей. Но некоторые ко мне нормально относились. Скажем, Шаталин. Ему было симпатично то, что я делаю, и то, как я это делаю. Леонид Витальевич Канторович — он ко мне тепло относился. Рекомендовал мою монографию «Детерминационный анализ» к печати. Но для многих научное действие вне привычных социальных рамок вызывало подозрения. Оно не воспринималось как понятное. Мотивы мои было трудно объяснить даже нормальным людям. Хотя, казалось бы, чего проще. Когда я от Шаталина уходил в 1980-м году, помню, Миша Борщевский мне сказал: «Завидую тебе. Ты способен вот так все бросить и уйти, сменить все совсем на другое. Я не могу». Я ему говорю, что ничего не бросаю, не меняю на другое, у меня все непрерывно, я вообще в жизни делаю одно и то же. Идея «бросить и заняться другим» никакой ценности для меня не имеет. Это было диссонансом в разговоре. Юрий Любимов, хоть я ему и говорил, почему пришел в театр, объяснял мое появление в театре тем, что я не ужился с системой. Это было неправдой. А все другие варианты были подозрительны. И для Любимова в том числе. Мои реальные мотивы людям просто некуда было деть. И они предпочитали надевать на меня маски собственного производства, иногда очень доброжелательно. Казалось бы, ну, что тебе стоит? Поговори с человеком, спроси. Нет. Глядя на меня со стороны, они считали, что наблюдения достаточно. И делали из меня то, что им казалось естественным.

Г. С. Батыгин: *Вернемся немного назад. Ты из института социологии сам ушел или тебя выгнали?*

С. В. Чесноков: Сам. Все годы, что я был в институте, напряженность возрастала. Хорошо помню историю с шельмованием Левады, его «Лекций». Мы всем отделом во главе с Грушиным пошли с 6-й Кожуховской на заседание Академии общественных наук, где академик Константинов командовал парадом, а Юрий Александрович в свитере стоял на сцене. То, как академик Константинов говорил, было противно слушать. Грушин ему тогда заявил, что он бревно на пути прогресса. Молодец. Я из зала заорал «Мракобесы!», поднялся и ушел. К весне 1972 года ситуация стала накаляться все больше и больше. К тому времени, за три года напряженных занятий, я понял, какая математика нужна, что надо делать.

«Открылась возможность соотнести то, что казалось разрозненным»

В 1970 году была конференция в Новосибирске по математике. Там я познакомился с Борей Миркиным и Ильей Мучником. Я с ними много спорил. Илья популяризировал факторный анализ и методы автоматической классификации, которые разрабатывал его учитель и друг Браверман. Он умер вскоре от рака гортани. Илья делал все, чтобы его спасти. Он вообще всегда кого-то спасал. После смерти учителя Илья написал несколько книг, первым автором которых поставил Бравермана, потом только себя. Но это к слову. Сейчас он в Штатах. А Боря недавно переехал из Штатов в Англию. Звонил оттуда.

Разборки со статистикой, понимание безобразия, которое царит в представлениях о статистической связи, это все уже было в активе. Десятки мер связи. С тех пор, Гена, ничего не изменилось. И это не разные методы измерения связи, а разные способы определять связь. Тот случай, когда обилие методов свидетельствует не о развитости науки, а о непонимании того, что такое статистическая связь. Я не понимал, что этому можно противопоставить. Какая альтернатива может быть всему этому неприятному положению? Искал выход, очень напряженно. Возможно ли вообще уникальное единое понимание связи? И вот, хорошо помню, то был февраль 1972 года. За несколько месяцев до этого Виктор Яковлевич Нейгольдберг попросил посчитать таблички. Я спросил, что ему нужно, что его интересует. Он подчеркнул клеточки, где был высокий процент по строке или по столбцу. «Вот это особенно интересно. Можно предсказывать поведение». И вдруг все наложилось и сошлось. Коэффициент корреляции для подсчета требует чисел. Но идея связи для своего выражения принципиально в числах не нуждается. Значит должен быть какой-то способ анализа связей без замены слов числами.

Когда в XIX веке воевали с лапласовским детерминизмом, ему противопоставляли нарушение детерминизма. А аппарат статистического анализа сформировался не вокруг идеи детерминизма, а вокруг идеи статистической независимости. В случае нормальных распределений этот анализ не давал сбоев, выводил к статистическому детерминизму, к функциональным связям в форме линейной регрессии. Но когда нормальность исчезала, когда переменные становились нечисловыми, тот же анализ переставал работать. Он уже не выводил к статистическому детерминизму и функциональным связям. Требовался иной подход. Эти все вещи я очень хорошо понимал. Поэтому, когда Виктор Яковлевич обвел красным карандашом эти клетки, меня осенило. Разгадка была в процентах по строке и столбцу плюс возможность предсказания. За отправную точку анализа связей необходимо принять не статистическую независимость, а статистический детерминизм. Доли в процентах или долях единицы предшествуют идее функции. Если доля равна единице (100%) — это, с одной стороны, статистический детерминизм. С другой, — это локальное соответствие, точное правило. Из таких правил любая функция состоит. Детерминизм — великая вещь, он противостоит хаосу. Стало ясно, что становление нужных статистических методов должно быть связано со статистическим детерминизмом. Все красиво сходилось. Числа вместо слов? Они в принципе не необходимы. Коэффициент корреляции? Он больше не нужен. Красный карандаш Виктора Яковлевича был для меня сродни яблоку Ньютона. Кстати, роль яблока часто понимается только как анекдот. Юкава в лекциях по физике поясняет: дело в соединении казавшегося несоединимым: яблока и Луны. Луна падает, как и яблоко, только упасть не может, потому что сильно запущена.

Виктор Яковлевич подчеркнул красным карандашом проценты, и мне вдруг стало понятно, что здесь разгадка. Я обрадовался. И тут же меня охватил ужас оттого, что все слишком тривиально. Это было и радостно, и страшно одновременно. Страшно потому, что предстояло выглядеть человеком, который утверждает, что тривиальные, всем известные вещи, хоженые-перехоженные, содержат нетривиальный смысл. Люди этого не любят. Поначалу, во всяком случае. Потом говорят, что и так все было ясно. Радостно, так как глубокий смысл в действительно простых вещах — необходимое условие науки. Правильная наука всегда начинается с простых вещей. Убежденность в этом я вынес из занятий физикой.

Здесь была почва. И, главное, открывалась возможность соотнести то, что раньше казалось разрозненным.

Проблема была только в том, чтобы найти место, где можно спокойно работать. Я много делал усилий, чтобы получить такую возможность. И все кончалось ничем. В то время окончательно сформировался облик Академии как гигантской государственной машины по переработке престижа науки в ресурсы и власть над ними. Технология такой переработки модернизировалась, принимала новые формы. К власти приходило поколение, для которого наука была прежде всего способом получить власть. Мартин Бубер в одной из своих работ («Два образа веры») сформулировал принцип: «Ученый, чье внутреннее содержание не равно внешнему выражению — не ученый». В этом смысле в Академии завершилась эпоха, когда развитием науки управляли ученые типа Ландау, Мигдала, Померанчука. Правители новой генерации имели «полные боекомплекты» академических регалий. Они интересовались людьми, делавшими науку, только как товаром, который можно выгодно обменять на власть или продать за рубеж.

Наука это язык, на котором люди говорят с миром, сотворенным помимо их воли. Здесь же отношение к науке все больше переходило на уровень хобби, дилетантизма, узаконенного социальными этикетками. В междусобойных разговорах эти люди внешне проникались научными проблемами, демонстрировали свою приверженность науке. Но достаточно было чуть-чуть приглядеться к любому из них, чтобы стало ясно: эти разговоры — камуфляж, туфта. Самими собой, людьми со страстью, они становились лишь тогда, когда начинался разговор о «настоящем деле» — о власти прежде всего. Об организационных возможностях, о деньгах, о степенях, дачах и прочая. Среди них были такие, у кого под камуфляжем сохранялась глубокая детская приверженность истинам — таким был Шаталин. Его учитель Канторович логику регалий подчинял логике науки высочайшего класса. Но это было величайшей редкостью.

С волками жить, по волчьи выть — вот главная истина и главная наука академии. Речи Сергея Вавилова как президента академии в то время, когда его брата Николая убивали в застенках КГБ, были наглядным пособием, методической разработкой для всех, кто связывал свою жизнь с Академией. На этом фоне следование высшим истинам было признаком в лучшем случае научного романтизма. Двойной стандарт: «Ты молодец, но там, где начинается настоящее дело, ты или блаженный, или дурак, не смыслящий в жизни». Свирепствовала инфляция научных представлений. Развивалась технология научного пиара. На развалинах культуры, сопровождавшей создание современной физики, возникали или готовились возникнуть явления типа «нечетких множеств», «синергетики», «теории катастроф». Это, конечно, общемировой процесс. Наша специфика определялась только масштабами вложений в бомбу и тоталитарной структурой власти.

Тогда (и последующие три десятилетия) я активно пытался найти поддержку порядочных людей, серьезных ученых. Искал тех, кто мог бы содействовать моим исследованиям. Грушин, Ядов, Левада относились ко мне неизменно доброжелательно. Но не более. Вопросы, которые я задавал себе и другим, и на которые пытался найти ответ, с моей точки зрения относились к фундаменту социальных знаний, к методологии социологии как науки. Для Грушина, Ядова, Левады это была «методика и техника». Интеллектуальная активность, овеянная престижем точных наук. К ней не было причин относиться плохо. Но и принимать ее как нечто важное тоже не было резона. Сочувствие по-человечески — да. Но натуральную (в ньютоновском смысле) философию использования математических методов в социологии они перекладывали на технических специалистов. Это был принцип. Для меня такой стиль мышления по отношению к точным знаниям был и остается неприемлемым. И не в части профессиональных знаний математики или логики. А в собственно философском плане. Например, реплики, из которых состоят анкеты, я считаю особым объектом, имеющим фундаментальное значение не только для социологии, но и для математики, биологии, медицины, лингвистики. Здесь я видел решение поставленной Вернадским проблемы интеграции таких явлений, как язык, в физическую картину мира. В конце концов это понимание стало основой моих результатов по теории гуманитарных измерений, математической теории правил, расширению силлогистики Аристотеля, технологии анализа данных.

В философской картине мира этих людей для подобного хода мысли места не было. Книги Ядова по методике и технике сыграли в свое время огромную роль. То было многоплановое действие. Противостояние марксистским догмам, образование, трансляция западной культуры, активизация научной мысли. Но в основе все же была культура компиляции, пронизанная опорой на авторитетность творцов теории шкалирования, теории измерений, статистики. Она так и не развилась в процесс активного решения корневых проблем взаимодействия математики и социологии. Я искал, надеялся, что кто-то из приличных людей включит то, что я делаю, в орбиту своего глубинного внимания. Это было для меня крайне важно. Даже если бы только один человек, который имеет высокий опыт в науке и с пониманием смысла того, что я делал, поддержал бы меня, это было бы хорошо. Но чтобы разговор о науке шел на нужном уровне. Не с кем было обсуждать проблемы.

Но тут подвернулся случай.

Дом Соломона Райского

Был в Москве теплый для меня дом физика Соломона Райского. Его дочь Женя Райская была моим «секретарем» по федерации клубов песни Москвы, Ленинграда и Новосибирска. Ее усилиями много было сделано, чтобы, например, состоялся тот же фестиваль в Новосибирске, она много сил вложила в московский клуб песни. У них на кухне в то время я часто бывал. Там любили Галича, с неподдельным пиететом относились к Сахарову и Солженицыну. Самиздат был все время. «Хроника текущих событий», многое другое. Там я познакомился с Юрой Живлюком. Грузный немного, с застенчиво-загадочной улыбкой. Он знал многих диссидентов, представлял себя среди них своим. Он был в дружеских отношениях с Валентином Турчиным, членом сахаровского комитета по правам человека. Он знал, чем я занимаюсь, я ему об этом говорил. От него исходил некий флюид: вот, мол, серьезные умы работают над тем, чтобы изменить систему, и он в курсе этих усилий. Что за умы — не говорил, но намекал, что крупные физики, ученые, которые имеют возможность вести такие работы закрыто. Когда Нехама Лифшицайте, знаменитая исполнительница еврейских песен, эмигрировала из России (это был один из первых прецедентов еврейской эмиграции после шестидневной войны), Юра Живлюк организовал ее прощальный концерт у физиков в Красной Пахре, и я был на том концерте. По просьбе Живлюка я в конце шестидесятых организовал выступление Галича на квартире у Евгения Велихова в той же Красной Пахре.

Однажды, кажется то было в первых числах февраля 1972 года, Юра Живлюк сказал, что в одном «ящике» под названием НИИ автоматической аппаратуры физики из физтеха собирают команду. Под эгидой академика Семенихина. Будут заниматься применением точных методов для решения важных общественных проблем. Закрытость работ гарантирует невмешательство партийных чиновников. То, что делаю я, то есть теория гуманитарных измерений и анализ правил, их может заинтересовать.

Тогда я активно искал место, где мог бы вести работы по развитию своих представлений об измерениях, о матметодах. Имел беседу с Евгением Велиховым (тогда он был членом-корреспондентом АН СССР) в Красной Пахре, у него дома. Результат — ноль. Меня свели с Евгением Золотовым (тогда тоже членом-корреспондентом), который был одним из организаторов Дальневосточного отделения академии и набирал себе команду. Я был готов ехать во Владивосток. Часа полтора говорил и с ним — результат тот же. Приходил к Павлу Буничу домой, он должен был поднимать на Дальнем Востоке институт экономики и тоже набирал команду. Все безрезультатно. То, что делал я, не интересовало никого. Пытался найти поддержку у своих шефов-физиков. Это ученые экстракласса. Выступил у них на семинаре. Никакого эффекта. Они жалели меня. То, что было ценным для меня, их не интересовало. Они не видели в этом конструктивного смысла. На этом фоне предложение Юры мне показалось привлекательным. Надвигался Руткевич, был близок разгон института. С другой стороны, я уже определился с программой действий, знал, в каком направлении работать. Я поставил жесткие условия. Во-первых, полная свобода распоряжаться своим рабочим временем. Во-вторых, моим официальным занятием должна быть теория квазифункций. Так назывался тогда детерминационный анализ. Слово «детерминация» появилось позже, в 1975 году. Юра сказал, что он сам тоже переходит туда на должность завсектором. И, если я пойду работать к нему на должность старшего научного сотрудника, проблем нет, я получу все, что нужно. И свободу, и право заниматься своими квазифункциями. На просьбу рассказать немного об этом месте, что за люди это все делают, он ответил, что детально я все смогу узнать сам, если подам туда заявление о приеме на работу. А чтобы я был спокоен относительно уровня, он сообщил, что в там работали в разное время Владимир Лефевр и Валя Турчин, известный соратник Сахарова. И я подал заявление. Юра дал анкеты, я их заполнил.

Дмитрий Юрьевич Панов

«Сталинское» здание, массивное, серое, неподалеку от «Тургеневской». Там был НИИ автоматической аппаратуры. Туда я и попал. Исключительно интересный был для меня опыт. И поучительный. В угловом доме, по диагонали от Почтамта, со стороны Кировской обшарпанная арка. Над ней желто-ржавая, охристая, масляной краской крашенная вывеска «Металлоремонт». Сбоку справа маленькая зеленая стрелочка указывает на арку, явно самодельная. Надпись корявыми буквами «Отдел кадров». Туда мне и надо было. Грязный двор, скрипучая лестница, деревянные расшатанные перила. Дверь, как в квартиру. Ни вывески, ничего. За дверью — вонючий коридор, увешанный плакатами. На одном изображен малый, из портфеля у него бумаги сыплются веером, их шпионы подбирают, изо рта какие-то буквы, их шпионы слушают, и надпись «Болтун — находка для шпиона». Другие не лучше. Меня чуть не стошнило. В конце коридорчика — железная дверца, за ней решетка. Стоит столик, за ним охранник с пистолетом. Там начинается другое здание. Я стою, жду человека, который должен ко мне выйти. Мне так сказал Живлюк.

В назначенное время, минута в минуту, выходит джентльмен. Тройка, прекрасный костюм, идеальная белая рубашка, точный галстук, великолепные белые манжеты с красивыми запонками, седые волосы, замечательная прическа. Лицо человека, с которым можно говорить. Живое, пластичное, какое бывает у человека, понимающего толк в слове, интонации, смысле. Здоровается, представляется: Дмитрий Юрьевич Панов. Называю себя, но мнусь, не понимаю, что это все значит — эти плакаты, чухня вся эта. Спрашивает, чем занимаюсь. Я в полном нерешении. Как говорить, какими словами объяснять про квазифункции? Занимаюсь, говорю, проблемами измерений в условиях, когда нет чисел, только слова. Когда измерение сводится к обменам репликами, как в социологии и в психологии. Говорю, а сам думаю, как это смешно — в такой обстановке произносить слова, которые по всему должны восприниматься как общее место, прикрывающее беспомощность. Он послушал немножко, и задает

вопрос, который меня сразил: «Это что-нибудь в духе Торгер-
сона?» На домашних семинарах Риты Марковны Фрумкиной
это имя постоянно упоминалось. Но то на домашних семина-
рах. Монография Торгерсона была тогда известна немногим
специалистам. Услышать это имя в таком контексте было
невероятно. Вопрос облегчил дело. Я сказал: «Да, похоже. Но
у Торгерсона есть вещи, с которыми я не согласен». Я имел
в виду философию шкалирования. «Да-да, — заметил он, —
я видел Торгерсона в Осло. Он тоже на меня произвел впе-
чатление скорее бизнесмена, чем ученого». Затем говорит:
«Вас устроит должность старшего научного сотрудника?» Я
ответил: «Да, с одним условием. Я должен иметь абсолют-
но свободный режим посещений». «Хорошо, — сказал он, —
пойдемте». И повел в комнатку, дверь здесь же, в коридоре. А
там еще хлеще. Кабинет с портретом Дзержинского. Под ним
сидит замдиректора этого НИИАА по режиму. Лазарев, если
не ошибаюсь. Потом, в Институте системных исследований,
начальник отдела кадров Семикопенко оказался родствен-
ником (в буквальном смысле) того Лазарева. Семикопенко
ненавидел меня люто. С Лазаревым тоже сложилась любовь
с первого взгляда. Представляешь, он сидит под портретом
слева от меня, Дмитрий Юрьевич справа, я посередине, впо-
лоборота к Лазареву.

Так, — говорит, — ваша анкета... Женат, развелся. Женил-
ся второй раз в 1968 году. А почему развелись? — Это личное
дело, — говорю. — Вас интересует, как я с женой жил? – Пере-
дернулся, пауза, пошел дальше: — Вы не член партии? — Нет.
— Собираетесь вступать? — Нет. – Немое недоумение, адре-
совано Панову. Панов делает знак рукой — продолжайте. —
Почему? — Это сложный вопрос, — отвечаю.

Он совершенно обалдел. Опять взгляд на Панова: кого привели? Тот, чуть улыбаясь, смотрит на него как человек, который не хочет афишировать, но дает понять, что фактический хозяин здесь он. И снова жест рукой: ничего, все в порядке. И на полуулыбке спокойно-спокойно говорит: продолжайте, продолжайте.

Но вот что интересно. С первых же слов, жестов, интонаций, мимики, стиля реагирования не на слова, а на то, что за ними, Панов предложил мне контакт поверх реальности, что была вокруг. Он тонко, но определенно дал понять, что уровень этой реальности ему понятен и оценки ее по глубинному счету совпадают с моими. И никогда не отступал от этого, вот что было поразительно. Мы не сближались, между нами всегда была дистанция. Но она не была статусной. Говорили, что он был генерал-лейтенант КГБ. Он создавал Физтех по заданию Берия. Вроде даже был его первым ректором или что-то в этом духе. Держал артистический салон в конце 1940-х годов.

Л. А. Козлова: *Что значит «держал салон»?*

С. В. Чесноков: У него дома собирались артисты, художники. Была ли это «крыша», под которой КГБ наблюдал за теми, кто к Панову приходил? Все могло быть. Не исключено. А возможно, что это было оговорено в ГБ как неформальное действие, в котором все активы были у самого Панова, и только. Если так, не исключено, что Панов спасал людей. Не знаю. В общении со мной он следовал нормам порядочного человека. Тому я свидетель. Я убежден, что такие вещи в человеке случайно не возникают. Он был специалист по английской живописи. Действительно знал и любил английскую живопись. В 1950-х возглавлял какой-то академический институт. Затем его карьера пошла на убыль, он нашел пристанище в НИИАА. Имел там неформальную власть, я свидетель. На моих глазах эта власть таяла. Его выдавливали молодые.

Что у него было по отношению ко мне? Техника общения опытного гэбэшника и дипломата? Я такие вещи чувствую за километры. И никогда в жизни не ошибался. Но здесь — категорически нет. То есть, конечно, он служил в КГБ и был опытным дипломатом. Но никогда он не общался со мной как системный шизофреник. Даже малейшего оттенка не было. У нас принято системную расщепленность сознания воспринимать как синоним дипломатии, политической деятельности, «искусства достижения возможного». Тьма примеров, когда жизнью высших государственных чиновников управляет философия «невидимки», «разведчика», видящего высший смысл политической технологии в том, чтобы «уши не торчали». Человек плетет сеть и думает, что невидим. В общении со мною у Панова такого не было вообще. Он охранял свое право быть тем, кем считал нужным быть. Его вполне устраивало, что в общении я признаю за ним это право. Он ни разу не поставил меня в нелепую ситуацию, когда я должен был бы внутренне подчинить себя чуждым мне ценностям, не говоря о конфликте со своей совестью. За полтора года, что я провел в его отделе, он относился с неизменным уважением к моим способам осознавать реальность, к моему праву формировать свои ценности так, как считаю нужным я сам. Конечно, за возможностью принять меня формально к себе на работу могла стоять санкция со стороны ГБ, прикрытая словами о Турчине, Лефевре, физиках умных, которые я слышал от Живлюка. Идея создать легальную шарашку, гэбэшный колпак для людей моего типа всегда лежит на поверхности.

Не составляет труда перечислить мотивировки такого хода мыслей в рамках политической и социальной философии, которую развивал Андропов в условиях, когда вся страна была единым лагерем, тюремной зоной. Но я видел перед собой личность, абсолютно не тождественную чудовищной структуре, в которой он нашел возможность и силы сформировать себя.

Дальше Лазарев все сделал быстро. Через неделю я вышел на работу. Проходная была не со стороны Кировской, а со стороны задворок здания Ле Корбюзье, где ЦСУ. Турникеты, охранники. Работа начинается в 8.30, заканчивается в 17.30. Когда пришел впервые, охранник достал мой пропуск из бронированного стеллажа и сказал, что при выходе я его должен сдать, а номер запомнить. Объяснил, что если опоздаю утром на 5 минут, обязан буду писать объяснительную записку. Уход раньше положенного времени недопустим. Ушел на 15 минут позже положенного срока — тоже пиши объяснительную. Ух как это мне не понравилось. Нашел Панова, напомнил о договоренности насчет свободного посещения. Он спустился со мной на этаж ниже и в каком-то окне велел мне на пропуск поставить две звездочки. Они означали буквально следующее: я могу входить и выходить из здания в любое время дня и ночи. Никто, никакой охранник в том числе, не то, что не вправе меня задерживать, а даже спросить меня не имеет права, куда я иду, зачем и почему.

Формально я был в секторе Живлюка. Мне быстро стало ясно, что все эти разговоры про «физиков, которые думают о решении общественных проблем» — пустой треп, блеф.

Семинар, который собрал Живлюк, где на паре заседаний действительно присутствовал Валя Турчин, представлял жалкое зрелище. Амбиций полные штаны и совершенно безумные слова о близости обнаружения каких-то «констант общественного развития», которые «по отношению к социальной реальности играют роль, аналогичную скорости света в физике». Меня поражало, насколько людям важнее чувствовать себя номинально мыслителями, чем подчинять свой ум размышлению о реальном мире. Фактически я увидел одного Панова с небольшой группой обычных сотрудников обычного НИИ, у которых основная забота — вовремя сдать отчеты, вовремя получить получку, вовремя уйти в отпуск и хорошо его отгулять. Были несколько человек, с которыми можно было говорить. Среди них Гурам Гоциридзе, симпатичный молодой инженер — мы симпатизировали друг другу. Там был, кстати, Костя Шошников, с которым я познакомился еще в институте социологии, он был постоянным участником семинара Левады.

Отдел Грушина заканчивал существование. Я предложил Дмитрию Юрьевичу взять к себе Вадима Сазонова, и он взял. Мне казалось, что это поддержало Вадима материально, и я был этому рад. Панов тогда писал монографию об английском художнике Уильяме Тернере, и Вадик, блестяще владевший английским, готовил Панову материалы для нее, выверял литературу. Панов был интереснейший человек. Может быть помнишь, в магазинах была книжка «Логарифмическая линейка»? Переиздавалась раз тридцать.

Г. С. Батыгин: *Не помню.*

С. В. Чесноков: Зеленая такая, в мягком переплете. Ее автор — Панов. В конце 1940-х был издан справочник по дифференциальным уравнениям. Автор тоже Панов.

Панов подробно расспросил меня про теорию квазифункций, про то, что стало потом теорией правил и детерминационным анализом. И дал мне возможность заниматься этими делами. Но обстановка была непростой. Многие смотрели косо на мою свободу. И внутри отдела, и вне. Обычная склочная ситуация плескалась возле самых ног. Тот же Лазарев. Панову надо было как-то оправдывать мое выделенное положение. До поры до времени это было для него несложно. Но ссылка на теорию квазифункций не выглядела убедительным объяснением моего свободного положения. Панов мне это не говорил. Но я это видел. Тут он предложил мне написать письмо Колмогорову, попробовать заручиться его поддержкой. Кажется, то был июнь 1972 года. Я, никому ничего не говоря, поехал в Крым, чтобы там написать письмо Колмогорову. В Коктебеле лежал на пляже и писал письмо. Там меня увидела любовница начальника отделения. Когда приехал в Москву, мне сказали, что по моему поводу устроили профсоюзное собрание, кричали, что это безобразие, что дисциплина упала настолько, что сотрудника закрытого НИИ в рабочее время обнаруживают на пляже в Крыму. Я пришел к Панову и говорю: «Дмитрий Юрьевич, я был в Коктебеле, писал письмо Колмогорову про квазифункции». Он посмотрел на меня очень спокойно, абсолютно доверяя моему осознанию деталей (а обстановка «в коллективе» была крайне нервозная), и сказал буквально следующее: «Сережа, у меня к вам просьба: в следующий раз будьте осмотрительнее». И все. Тема была закрыта.

Письмо Колмогорову было послано. Он написал доброжелательный ответ, но, по сути, меня не поддержал. Посоветовал ознакомиться с книгой Кульбака, где связь измерялась с помощью энтропийных мер. И отослал к идее регрессии. Это меня огорчило — не то слово. Книгу Кульбака я знал, его идеи, как и идеи регрессии с моей точки зрения к проблеме квазифункциональных соответствий не относились. Тот случай, когда я понял, что уровень тех, с кем мне предстояло явно или неявно полемизировать, чрезвычайно высок. Панову я, естественно, сказал все, как есть. Он тоже огорчился. Колмогоров для него был высший авторитет. Отношения ко мне он не изменил. Но защищать меня ему стало труднее.

Несколько лет назад я встретился с человеком, который мне сказал, что тоже работал тогда в этом НИИАА, в другом отделе, и по заданию руководства писал внутренние рецензии на мои работы по теории квазифункций.

Я всегда находил возможности не связывать себя тупыми правилами «трудовой дисциплины», которая к делу не имела отношения. Свобода мне нужна была как воздух. Без нее я не мог бы жить той жизнью, которой жил и живу. За всю жизнь я ходил на работу строго по расписанию только когда работал пожарником в Театре на Таганке. Там от этого зависело время других людей. Во всех прочих случаях ходил, только когда сам считал, что это нужно по делу. Добивался свободы просто. Придумывал дело, которое было в русле моих основных интересов и могло быть признано формально важным. И делал его. Это все равно отвлекало. Но, во-первых, я не ставил под удар тех, от кого непосредственно зависела моя свобода, а во-вторых, отвлечение компенсировалось тем, что я занимался прикладной задачей, которая помогала мне решать мои собственные проблемы.

Когда Колмогоров отказал мне в поддержке, я понял, что надо как-то помочь Панову оправдывать мою свободу в условиях НИИ. Подумал и предложил ему затеять проект государственной структуры, осуществляющей обратную связь власти с населением, по типу института Гэллапа. Потом, во второй половине 1980-х, я эту идею продвигал в письме на имя Горбачева, в разговоре с Заславской у нее дома в Москве, в выступлении на комиссии Натальи Римашевской (членом которой, кстати, я был), в статье в журнале «Знание–сила», в «Письме в редакцию», написанном по предложению Егора Гайдара и опубликованном им в «Коммунисте» (Егор тогда там работал), в выступлении на съезде социологов.

Я сказал Панову, что мне не составит труда написать проект такой структуры. Необходимые для этого знания у меня есть. В конце концов мной была разработана единственная на тот момент в стране общенациональная выборка, по которой Грушин провел первый всесоюзный опрос общественного мнения осенью 1971 года. Мы делали ее вместе с Сережей Петрулевичем. Я тогда выбрал регион (Свердловск и область) и сам поехал туда, чтобы посмотреть, как выборка работает. Мне было понятно, как практически действуют современные технологии опросов общественного мнения. Мы детально обсудили идею. Мои мотивы были такие. Единственная система связи между властью и населением в Советском Союзе — система стукачей, осведомителей в рамках КГБ. Она аморальна и неэффективна как источник информации о мнениях людей для государственных институтов. Рано или поздно в стране придется создавать каналы получения информации на основе анонимных опросов, как это делается во всем мире. Панов выслушал, согласился и предложил написать текст проекта. Я сделал это быстро. Описал структуру того же типа, что в Штатах, с учетом опыта, который получил у Грушина.

Моральная сторона была для меня серьезной проблемой, я основательно над этим думал. Я решил ее для себя так. Партийный аппарат органически не мог пользоваться объективной информацией о мнениях людей, об отношении их к происходящему в стране. Любая информация, доверие к которой было санкционировано (а вне такой санкции никакая информация не принималась во внимание), вызывала неустойчивость аппарата. Она неизбежно становилась поводом для раскручивания аппаратных интриг. Отсутствие связи между тем, что происходит в социуме, и тем, что происходит в аппарате, было условием стабильности всей системы.

Что значит «опросы, которые санкционируются со стороны власти»? В условиях советской системы это всегда некий «самодонос» человека на себя. Я рассуждал следующим образом. Если система будет функционировать как система официального самодоносительства, она не будет работать. Если людей будут опрашивать насильственно, а не так, как это делается в цивилизованном мире, это будет то, что социологи называют «порчей поля». Когда это случится, это будет работать против системы. Если же опросы пойдут хотя бы с внешней имитацией общепринятой в мире техники, это будет способствовать расслоению аппарата, что я считал безусловно положительным качеством. Аппарат был неоднороден. Его неоднородность была источником подвижек в системе. Поэтому планирование канала независимой информации, получаемой по технологии цивилизованных опросов, было с моей точки зрения совершенно безошибочным действием. Панов разделял мое мнение. Это согласовывалось с моим негативным отношением к системе власти.

Для диссидентов такая манера думать о процессах в обществе была чужда, а для многих и неприемлема. Все, что представляют собой государство, общество, было удобно мыслить как единое нерасчленимое целое, окрашенное в одну краску. Необходимость думать о деталях казалась ненужным занятием. Я считал это болезнью сознания, не только диссидентского, но и «теоретического», когда выражения, типа «народ хочет», «народ думает», «народ устал», «народ принимает», «народ не принимает» не рассматриваются как проблематичные. Я был уверен, что проект такого рода никогда не будет реализован, его рано или поздно зарубят. Аппарат имел мощные механизмы самозащиты. Так и случилось. Когда я уже ушел из НИИАА, Вадик Сазонов мне говорил, что Суслов, узнав о проекте, велел все документы изъять и уничтожить, чтоб духу не было. Приехали специальные люди, все забрали и увезли. Панов был уже вне игры.

Когда я принес Панову проект (была, кажется, осень 1972 года), первое, что он сделал — заинтересовал Георгия Лукича Смирнова из ЦК КПСС. Однажды Панов взял меня с собой на совещание в ЦК. Я пришел туда в джинсах, длинные волосы. Панова это не смутило. Смирнов оказался колоритным рыжим мужиком. Кроме того, Панов организовал контакт с Академией общественных наук и сделал меня официальным представителем НИИАА в этой организации. И уже никто в институте не мог по моему поводу слова сказать. Однажды с Дмитрием Юрьевичем мы пошли в Академию общественных наук, где обсуждалась проблематика общественного мнения. Заседание вел Иовчук, который «а не то, как Налечук, говорит, Растопчук и Проглочук говорит» (цитата из стенгазеты в Институте конкретных социальных исследований доруткевичевского периода). Мы сидим рядышком с Пановым, кто-то что-то говорит. У меня расклешенные брючки, рубашечка тоненькая в четкую линейку, волосики вот такие. А перед нами на стене большое полотно, где Ленин речь говорит. Я наклонился и спрашиваю Панова: «Это оригинал?» Дмитрий Юрьевич наклонился ко мне и брезгливо сказал шепотом: «Сережа, запомните: здесь ничего оригинального, ни плохого, ни, тем более, приличного, нет и не может быть».

Еще эпизод. Я искал приложения для детерминационного анализа. Среди моих знакомых был Саша Сейтов. В конце шестидесятых он заведовал студенческим отделом в Московском горкоме комсомола. Мы познакомились, когда клуб песни просил у него автобусы, чтобы везти Галича, других бардов в Петушки. Саша нам их дал. Позже он во ВНИИСИ заведовал международным отделом. Я не исключал, что у Саши были обязательства перед КГБ. Это ограничивало темы разговоров. Во мне действовал запрет на информацию о других людях. Мы обсуждали положение в идеологии, в науке, ситуацию в стране. Я ему объяснял, почему считаю Сахарова великим человеком. Саша был мне симпатичен. Было интересно, как он видит мир, интересно с ним полемизировать. Шло общение, не имитация. Мы поддерживаем отношения до сих пор. В 1973 году он работал у Гвишиани в Госкомитете по науке и технике. Тогда создавался Институт системных исследований. Саша участвовал в этом. Однажды он дал мне хорошо изданную брошюру на английском языке. Там был проект Института системного анализа в Австрии, под Веной. Предусматривалось создание в СССР Института системных исследований. Он должен был стать филиалом венского института. Я просмотрел текст и решил, что здесь есть поле приложений для детерминационного анализа. Например, при моделировании социально-экономических процессов на микроуровне. Я показал брошюру Дмитрию Юрьевичу. Он полистал и сказал: «Сережа, если бы вы хорошо знали дипломатический английский, вы могли бы увидеть: все, что написано здесь, связано с разведкой — нашей и западной. Я вам не советую сюда идти. Это не для вас». Вот характер отношений с Пановым. Это меня устраивало.

Г. С. Батыгин: *А зачем ты ушел из НИИАА?*

С. В. Чесноков: Много накопилось напряжений, они перевесили. Я же там подписал первую форму. Первый и последний раз в жизни. Там было написано, что подписавший эту форму обязан не общаться с иностранцами без санкции начальства. Меня это угнетало. Я общался с многими людьми, самыми разными. У моих друзей-художников кого угодно можно было встретить. И иностранцы были. Давал домашние концерты. Устраивал концерты Александра Аркадьевича. Аккомпанировал одной гречанке, Катине Зорбала. Ее привезли из Греции после войны в трюме нефтеналивного танкера. Она с оркестром Микиса Теодоракиса пела, когда тот приезжал в Союз. Все время были какие-то концерты. И я постоянно чувствовал, что если какому-нибудь идиоту придет в голову меня прищучить, он запросто это может сделать. Я ощущал себя лазутчиком вражеским в этом большом НИИ автоматической аппаратуры. Это было противно и долго продолжаться не могло. Панову стало трудно поддерживать то, что он считал нужным. Он все-таки был бельмом на глазу для окружавших его типично отраслевых оглоедов, рвавших власть зубами. Мне Юра Живлюк предложил место старшего научного сотрудника в заштатной конторе — отраслевом НИИ по строительству, и я ушел к нему. Это был конец 1973 года. Над Дмитрием Юрьевичем сгустились тучи. Он потерял влияние и вскоре умер. Один, дома, от гриппа. Была эпидемия, он заболел, потерял сознание, упал, некому было помочь. Это мне рассказал Вадик Сазонов. Панихида была в здании ВИАЛЕГПРОМа, на Вавилова. Я пришел проститься с этим человеком, одним из интереснейших, кого я видел в жизни. Все было серо, буднично. Народу было немного. Слова нелепого стиля. И таинство смерти, прибирающей все к рукам. Уверен, что многие вещи, которые делал он, я бы не делал никогда. Но ведь это был его выбор... Очевидно, что отношения со мной характеризовали только одну из многих граней его характера. Есть стороны его жизни, о которых я не знаю и, возможно, не догадываюсь. Я встречал достойных людей, которые к нему относились плохо. Но уверен, что бы он ни делал, плохое или хорошее, уровень его сложности и внутренней ответственности был редким по полноте охвата этого мира.

Андрей Дмитриевич Сахаров

Среди многочисленных попыток найти у высоких ученых понимание того, что я делаю, была попытка общения с Сахаровым.

С Андреем Дмитриевичем и Люсей (в том кругу так звали Елену Георгиевну Боннэр) меня еще в конце 1960-х годов познакомила Лида Финкельштейн, театровед, замечательный человек. Она познакомила меня и с Йонасом Юрашасом, главным режиссером драматического театра в Каунасе. Он ставил пьесу «Дом смирения» Глинскиса. Спектакль был запрещен, но благодаря Лиде я видел его в Каунасе. Потом у Йонаса была попытка поставить «Леди Макбет» в «Современнике», она кончилась конфликтом с театром. Это было для меня поводом определиться в отношении эстетики «Современника», я был на стороне Йонаса. В конце 1970-х Йонас получил театрального «Оскара» за постановку на Бродвее пьесы Николая Робертовича Эрдмана «Самоубийца». Лида познакомила меня и с Володей Тольцем, он в 1980-х годах стал одним из сотрудников радиостанции «Свобода». В начале 1970-х Лида с мужем и маленьким ребенком эмигрировала в США. В том же 1977 году, когда в Париже погиб Галич, она прислала мне через друзей струны для гитары. Вскоре она умерла от рака. Лида жила в том же доме в Марьиной Роще, где жил я. У нее бывали Андрей Дмитриевич и Люся.

Я несколько раз был дома у Андрея Дмитриевича и Люси на улице Чкалова. Однажды я позвонил и приехал к ним, чтобы поговорить про Галича. Разговор был у них на кухне. Мне казалось, нужны были статьи о Галиче как о феноменальном явлении в культуре. Я видел, что отношение к нему многих собратьев по искусству строилось прежде всего как отношение к смелому человеку, нашедшему силы сказать правду. Его артистический подвиг был на втором плане. На концертах, в общении с ним я видел, что это для него сложный момент. Слова «Непричастный искусству, не допущенный в храм» им адресованы были не столько властям, сколько братьям-артистам. Мне казалось, было бы замечательно, если бы кто-то из владеющих темой и пером написал об этом. Считаешь надо — возьми и напиши. Я пел Галича, устраивал его концерты. Но писать тексты нужного класса не мог.

Тот разговор закончился ничем. Среди тех, с кем я говорил о том же, были Борис Шрагин и его жена Наташа. Через какое-то время я случайно столкнулся с Борисом на только что построенной станции метро «Тургеневская». Он сказал, что опубликовал о Галиче статью в «Христианском вестнике» в Париже. Подписал двумя буквами ХY. Они с Наташей вот-вот должны были эмигрировать, и он не хотел лишних пакостей со стороны КГБ. Он сказал, что в следующем номере журнала появилась реплика Солженицына на его статью. Она начиналась словами «ХУ и к вам я обращаюсь». Мол, надо подписываться своим именем. Борис был подавлен. Это был уровень вменения моральных норм человеком, чье мужество было беспрецедентным. Я сказал, что это отвратительно. Он грустно улыбнулся. Больше мы не виделись. Борис умер в Штатах.

Как и для многих, для меня Сахаров был не только высочайшим моральным авторитетом, но и ученым экстракласса. Мне казалось очевидным, что современная наука не дает ответа на вопрос о природе знаний, которые люди получают о людях. Мне также казалось естественным пытаться преодолеть этот дефект в научном осознании действительности. Этим я и занимался, когда думал о социальных измерениях. Задача казалась мне фантастически важной. Не менее важной, чем способность называть вещи своими именами, говоря о господствовавшей системе. Потому что осознание одними людьми того, что происходит с другими, напрямую связано с ее решением.

В мае 1972 года Андрею Дмитриевичу исполнялся 51 год. Лида взяла меня с собой на его день рождения. Я очень хотел хоть как-то, ну не поговорить с ним, нет, на дне рождения это было немыслимо, но хоть заручиться какой-нибудь надеждой на такой разговор. Там было много людей. Был Окуджава, он пел. Не помню, был ли Галич. В какой-то момент пришел Вениамин Григорьевич Левич, физик-теоретик, мой шеф по диссертации. Он только что подал на эмиграцию. Мое присутствие было для него неожиданностью. Он сказал Андрею Дмитриевичу, как важно для него было сделать «глоток свободы». Несколько минут постоял в коридоре и ушел. Ему было нужно продемонстрировать властям, что в своем решении эмигрировать он готов идти до конца. Я был с гитарой, пел. Есенин-Вольпин с безумным жаром спел за столом «Коммунисты поймали мальчишку...», я ему подыгрывал аккордами. Это было замечательно — он как сатир, кружился над идиотской идеологией, над ее трупным ядом. И улетал куда-то с безумным взглядом. Но за этими интонациями, наполненными страстью обнажения, я чувствовал направление духа, которое меня чем-то отталкивало. Мне было очень неуютно. Причина была во мне самом. В воздухе витали флюиды обретения полной внутренней свободы от советской системы. Это была свобода наотмашь, выдавливание из себя раба не по капле. «По капле — это на Капри, а нам подавай ведро». Готовность жить не по лжи была синонимом решенности кардинальных проблем собственного бытия, прорывом к пониманию всеобщих основ жизни и морали. А мне что-то мешало чувствовать себя в этой обстановке легко и органично. Это было первичное безотчетное чувство, очень мощное. Я не преувеличиваю. Что-то мешало…

Страх ли? Нет. Сомневался ли я в отвратительности системы? Нет. Считал ли я сталинские репрессии чудовищным преступлением? Да. Чужд ли был мне эмоциональный строй этих людей в отношении к насилию, глупости, преступлениям современных властей? Нет, он был мне близок. Но при этом я не находил в своей душе того органичного отклика на все происходившее, какой хотел бы иметь.

Я никогда не был закрытым человеком. Не любил и не люблю закрытости. Философия «мыслей, которые никому не скажу» — не для меня. Открытость была и остается моим кредо. Дело даже не в том, чтобы говорить все, что хочешь. А в том, чтобы иметь возможность, если тебе хочется, сказать все, что думаешь. Отсутствие такой возможности мне всегда напоминало детское ощущение. Пацаном я везде лазил, во все дырки: между бревнами в грандиозных завалах, в металлических трубах, наваленных грудами. Если не делать глубокий вдох, в железной трубе можно легко дышать. Но кошмарное ощущение, когда знаешь, что вдохни чуть больше, чем обычно, и стенки трубы упрутся в грудную клетку, не дадут вздохнуть. Здесь я мог легко и свободно делать то, что мне нравилось, с песенками и гитарой. Но я не мог легко и свободно сказать о том, что волновало меня в более широком мире. Это был жестокий конфликт, мой конфликт с ситуацией.

Как за спасительную соломинку, я ухватился за возможность поговорить с Андреем Дмитриевичем. Улучив минуту, когда он был в коридоре и не занят разговором ни с кем другим, я подошел к нему. «Андрей Дмитриевич, мне кажется, я нашел возможность с единой точки зрения посмотреть на измерения в социологии и в физике. Я бы очень хотел поговорить с вами об этом». В моей интонации безусловно читалось, насколько это жизненно важно для меня. Безусловно. Но Сахаров на это не ответил. Он посмотрел на меня очень по-доброму, грустно-грустно и сказал: «Сережа, сейчас так все плохо, что ничего не поделать, все бесполезно».

Это был чрезвычайно деликатный и доброжелательный человек. Он разглядел во мне понятное стремление противопоставить разумные мысли, номинально относящиеся к области науки, системному монстру. И он не мог позволить себе обидеть меня. Большего в его ответе не было. И все. Возражать было бессмысленно. Продолжать разговор тоже. И тогда мне стало так плохо, как редко бывало в жизни. Я понял, что не хочу больше бывать в этом доме. Больше я там никогда не был. Через 10 лет, 27 декабря 1982 года я написал на имя Андропова и отнес на Старую площадь письмо с требованием освободить Сахарова. Я тогда работал пожарником в Театре на Таганке. Письмо было такое:

Уважаемый Юрий Владимирович!

Освободите Сахарова. Я хотел бы, чтобы этот мой призыв к Вам рассматривался точно в контексте сказанного ниже.

После двадцатого съезда в стране многое изменилось. Изменилась экономическая ситуация и подходы к ее осознанию. Это выразилось не только в появлении отдельных глубоко и трезво мыслящих крупных экономистов, не только в создании новой для нашей страны экономической школы, но и в том, что сформировались и укрепились хозяйственные и политические реальности, благодаря которым новые концепции экономизирования получили права со-

циального гражданства. Это безусловно создает реальные предпосылки для деятельности, на которую Вы, судя по Вашим текстам, ориентированы, направленной на то, чтобы вывести нашу страну из безобразного экономического положения, в котором она сейчас находится.

Но совершенно не изменилась идеология, которая как была, так и остается сталинской. Дело даже не в политическом содержании идеологических позиций и концепций — оно во многом определяется реальностями, в которых протекает профессиональная политическая деятельность, и сами эти реальности существенно изменились со времени смерти Сталина. Дело в том, что каналы и характер взаимоотношения между политическими целями и установками — с одной стороны, и фактами жизни и устремлениями людей, составляющих подавляющее большинство во всех практически социальных группах нашей страны, — с другой, остались такими, какими их сформировал Сталин. Во всех государствах и во все времена существовала теория и практика оправдания и инструментального использования лжи во имя достижения политических целей. Но Сталину здесь принадлежат особые заслуги и Вы о них хорошо знаете. Созданная им школа использования идеологии как инструмента управленческой и политической деятельности опирается на осознанное и возведенное в принцип игнорирование и подавление всяких проявлений личности отдельного человека в той мере, в какой эти проявления не встраиваются в извне заданные политические интересы.

Господство этой школы в идеологии отразилось на всех без исключения сферах государственной деятельности. Благодаря этому политическая стабилизация достигалась и достигается ценой разрушения и деградации института личности отдельного человека в государстве. Как следствие —упадок литературы, искус-

ства, образования, катастрофическое обеднение обыденной жиз-
недеятельности людей, вытеснение из общественного сознания
более или менее органичных и глубоких форм социального мышле-
ния, укрепление норм поведения, оправдывающих и стимулирую-
щих социальный инфантилизм, пьянство и преступность и т. д. В
плане глобальном это ведет к деформации и нарушению сложных
и тонких функций языка как инструмента формирования соци-
альной общности людей. Последствия этих нарушений могут ока-
заться для общества едва ли менее ужасными, чем последствия
бездумного разрушения экологической среды. Они имеют весьма
долгосрочный характер и затронут жизнь не одного поколения
людей после нас.

Сахаров, возможно, не первый, кто понял это. Но среди тех, кто
безусловно имеет широкое и глубокое осознание общечеловеческих
и политических проблем нашей эпохи, он — первый, кто перевел
это осознание в план повседневной, обыденной жизни и тем самым
придал этим проблемам высоко моральное звучание. Есть един-
ственный человек, с которым он сопоставим в этом отношении —
это Альберт Эйнштейн, а мужество, с которым Сахаров следует
своим убеждениям, делает его совершенно исключительным в гла-
зах всех, кто в наше сложное время сохраняет уважение к высокой
духовности и благородной независимости, проявляемой лучшими
представителями рода человеческого.

Вы намерены, как Вы определенно заявили, выводить страну
из экономического застоя. В нынешней ситуации есть высокий со-
блазн в том, чтобы связывать положение в экономике в первую
очередь с развитостью инфраструктуры, характером основных
производственных фондов, структурой системы управления и
хозяйственного механизма, а также с упадком производственной
и государственной дисциплины. Но без решения проблем, о кото-

*рых говорит своей жизнью академик Сахаров, долгосрочные соци-
ально и политически устойчивые решения экономических проблем
невозможны. Освободите Сахарова. Я уверен, у Вас имеются воз-
можности для политически корректного оформления этого шага.
Освободите этого человека. Переведите проблемы, о которых он
говорит, из сферы шантажа и политической спекуляции в сферу
серьезной государственной деятельности.*

Сергей Чесноков, 27.12.1982, (телефон, адрес).

Это было личное действие, не связанное ни с диссидента-
ми, ни с кем бы то ни было еще. Юлик Даниэль (тот Новый
год я встречал у них с Ирой Уваровой на даче, которую они
снимали в Перхушково), прочитав текст, спросил немного
иронично: «Зачем Вы это сделали? Вы серьезно думаете, что
можете ему помочь?» Я ответил, что нет, это нужно прежде
всего мне, а не ему. Делая свое дело, Андрей Дмитриевич вы-
нуждает всех нас соотносить наши дела с тем, что делает он.
В том числе и меня. У него свой выбор, у меня — свой. В этих
условиях я должен обозначить свое отношение к происходя-
щему перед лицом власти. Больше за этим письмом ничего
не было. Никакого «гражданского мужества» или чего-то по-
добного. Юлик улыбнулся и сказал: «Тогда понятно».

По адресу, указанному в письме, я был только прописан.
А жил у женщины, с которой был близок. Другого адреса я
не мог назвать, своего жилья не было. Мне передавали, если
кто-то звонил. 17 января мне передали, что звонил из ЦК
некто Лабусов Виктор Иванович и просил перезвонить ему,
оставил телефон. Я позвонил из театра. Он сказал мне следу-
ющее (точные слова, я записал их): «Ваше письмо передано
тем, кто рассматривает этот вопрос. Вопрос сложный. О ре-

шении вам сообщат». А дальше последовала фраза, которая меня поразила «Спокойно работайте на благо отечества». Ни больше, ни меньше. В это время я как раз работал на благо отечества — выдавал актерам театра ключи от гримерок. Шли репетиции «Бориса Годунова».

Примерно через полтора месяца мне передали просьбу опять позвонить в ЦК по телефону 206–37–90. Я позвонил — снова из пожарки театра. Человек, представившийся Дмитрием Ивановичем Пискуновым, сотрудником отдела науки, сказал мне следующее: «Ваше письмо дошло до адресата. Мне поручено встретиться с вами с целью взаимного уточнения и прояснения позиций». Я спросил, будет ли еще кто-нибудь при разговоре кроме него. Он сказал: «Да, будет сотрудник параллельного отдела». Я сделал вывод, что это будет представитель КГБ. Встреча состоялась на Старой площади, там же, где я отдавал письмо в окошечко. Со мной говорили двое — тот самый Дмитрий Иванович Пискунов, довольно молодой, и Юрий Иванович Зарецкий, в летах. Оба представились «сотрудниками отдела науки». Я подробно объяснил им, почему думаю так, как написано в письме. Когда они выяснили, что за мной никто не стоит, кроме меня самого, они потеряли ко мне интерес. Их вердикт был: «Ваши взгляды нам не подходят». Был март 1983 года.

Вскоре мне позвонил Владимир Исаакович Левантовский из Главной редакции физико-математической литературы издательства «Наука», который издавал мой «Детерминационный анализ», и сказал: «Сережа, о тебе в ЦК данные затребовали. Такое бывает по двум причинам: либо Ленинскую премию хотят дать, либо нам большой втык будут делать.

Премия тебе не светит, значит второе. Что ты такое сделал?» В редакции лежала моя заявка на новую книгу с рекомендаций Шаталина. Я, кстати, Шаталину показал это письмо. Без свидетелей: «Станислав Сергеевич, посмотрите и примите решение. Если снимете рекомендацию, это будет нормально». Он прочитал текст: «Ну что, Серега, нормальный текст. Только вот что: ты делаешь свое дело, я — свое». Я говорю: «Ладно, а рекомендация?». — «А при чем здесь рекомендация? Пусть остается». Я набрал номер Пискунова и говорю: «Дмитрий Иванович, мне позвонили из издательства «Наука», там лежит моя заявка. Вы интересовались моими делами в издательстве. Ваш интерес был расценен как предвестие неприятностей. Если у Вас была цель посеять страх, вопросов нет, считайте, я вам не звонил. Если же это не входило в Ваши планы, я вас прошу исправить положение. И он исправил.

Г. С. Батыгин: *Как исправил?*

С. В. Чесноков: Вызвал директора издательства и сыграл маленький фарс, где оба понимали, что происходит: почему, мол, вы трактуете наш запрос к вашему издательству в негативном смысле? Левантовский мне это говорил. В 1987 году я выступил на социологическом съезде с идеей создать Государственный мониторинг — инструмент, обеспечивающий обратную связь власти с населением. Татьяна Ивановна Заславская представила меня чиновнику из ЦК, который с ней сидел в президиуме, и сказала, что он хотел бы услышать мои соображения по этому поводу. Я пришел к нему в ЦК, в отдел науки. Был пустой разговор, чиновнику было на все наплевать. Посмотрю, думаю, нет ли здесь Зарецкого.

Иду по коридору, вижу надпись «Юрий Иванович Зарецкий». Захожу, спрашиваю: Можно? — Пожалуйста. — Вы меня узнали? — Как же вас не узнать? Как живете? — Нормально, говорю, все хорошо. Прошло всего несколько лет, но он сильно постарел. — Юрий Иванович, помните, вы мне сказали, что мои взгляды вам не подходят? Он вот так привстал, усталый человек, и сказал (дословно): Знаете, сейчас так все быстро меняется... Не уследишь.

С Андреем Дмитриевичем я встретился потом только один раз незадолго до его смерти. В парке Горького снимали программу «Взгляд». Вел Александр Любимов. Тема — Тбилиси, саперные лопатки, газ «черемуха», убийство невинных людей на проспекте Руставели. Сахаров только-только прилетел из Грузии, где разбирался с этим делом. Одним из сюжетов телевизионной программы было пение Татьяны Ивановны Лещенко-Сухомлиной. Я ей аккомпанировал. Помост со сценой, рядом автобус от телевидения, в нем реквизит. Там можно было оставить вещи, настроить гитары, подготовиться. Там же были участники передачи, среди них Андрей Дмитриевич.

— Здравствуйте, – сказал я. – Вы меня узнали?

— Конечно, ответил он, — здравствуйте.

Я думал: напомнить ему о том разговоре в коридоре или нет. В принципе для меня внешне мало что изменилось. Но Аристотель уже был со мной, это меня поддерживало. Подумал: скажу.

— Андрей Дмитриевич, за прошедшие годы мне удалось решить некоторые задачи, связанные с отношением между точными науками и гуманитарными. Удалось получить расширение силлогистики Аристотеля.

Говорил, а сам видел, как слова улетают в вату.

— Знаете, Сережа, я в этом ничего не понимаю, – сказал он.

Деликатность и отчужденность.

— Можно я возьму ваш телефон? — спросил я.

— Да, — сказал он, — запишите.

Я записал.

У дверей автобуса толпились люди, их руки просовывались сквозь проем автобусной двери, они молили его помочь им и пытались прикоснуться к нему как к святому. Он и был святой. Но по отношению к тому, что делаю я, ничего не изменилось.

Я не позвонил.

В день прощания с Андреем Дмитриевичем был мороз, промозгло и сыро одновременно. На панихиду к гробу Сахарова в Дом молодежи была огромная очередь. Отстоял, прошел в зал. Кто-то вставил меня в почетный караул. Там была Галя Старовойтова, меня представили ей. Она восхищала меня без оговорок. Увидев меня, сказала: «Сережа? Да вы же у меня дома пели! Мы же знакомы!» И я вспомнил, как Миша Борщевский сказал после съезда социологов: «Пошли ко мне». И мы пошли. Хозяйкой дома была Галя. Ее убили. 24 ноября 1998 года, в день ее похорон, у меня был концерт в Литературном музее на Трубниковском. На сцене был ее портрет, рюмка водки и ломтик черного хлеба.

Точки опоры

Осенью 1973 года я ушел от Панова. Незадолго перед тем ушел Живлюк. Он организовал отдел в ЦНИПИАСС (дурацкая аббревиатура, даже не хочется приводить полное название). Последние буквы АСС означают автоматизированные системы в строительстве. Институт Госкомитета по строительству, ведомственный. Меня туда взяли старшим научным сотрудником. Здесь, рядом с «Калужской», возле Воронцовского парка. Там был 1-й отдел, им управлял гэбист в штатском Геннадий Лейбутин. Он, кажется, был переводчиком идиотской пьесы «Проснись и пой». С венгерского. Она ставилась, по-моему, в Театре сатиры. «Проснись и пой» — представляешь? Колоссальная штука. «Взвейтесь кострами синие ночи». Он меня спрашивал, почему я переписываюсь с Борисом Шрагиным. Вот его брат, политический обозреватель, ведет себя хорошо, а Борис Шрагин на демонстрации ходит в Нью-Йорке против советской власти.

Заштатный ведомственный институт. Там я продолжал заниматься анализом квазифункций. Постоянно думал над тем, как устроена эта механика с правилами. Это был недолгий период, года три. А мне казалось, огромное время. Плотность переживаний была другая, чем сейчас. Медленно, очень медленно, нащупывал я почву под ногами. Временами казалось, что точки опоры найти невозможно.

«Условные частоты», проценты в строке и в столбце таблицы распределения. Ну что эти проценты, что в них научного? Процент и процент. Больше ничего. С этой штукой я медленно-медленно, шаг за шагом, по крупицам разбирался. Ключевая дата — февраль 1972-го, число 15–17-е. Тогда я понял, насколько важно иметь теорию правил, возникших из наблюдений за частотами событий. Такое правило, я называл его «локальным квазифункциональным соответствием». Потом, в 1975, после моего доклада на семинаре в лаборатории Юры Гаврильца, подобралось слово «детерминация». Его автор Костя Соколов, он потом стал заведовать отделом в Институте искусствознания в Козицком переулке.

«Черным» рецензентом моей монографии «Детерминационный анализ социально-экономических данных» был Дмитрий Александрович Поспелов. Ему послал мою рукопись Владимир Исаакович Левантовский, он заведовал отделом в Главной редакции физико-математической литературы издательства «Наука». Прочел рекомендацию Канторовича, сказал: «Знаем мы, как пишутся такие рекомендации» и послал Поспелову. Тот написал очень хорошую рецензию, после этого книга пошла. Из моего спора с Поспеловым в марте 1983 года возникло расширение силлогистики Аристотеля, появившееся к концу августа того же года. Это он, признав свою ошибку, не только сразу устроил мне выступление на московском семинаре логиков, но и предоставил страницы своего выпуска журнала «Известия АН СССР: Техническая кибернетика» для публикации работ по детерминационной силлогистике без ограничения объема. Это он настоял на написании статьи "The effect of semantic freedom in the logic of the natural language", которая была опубликована в специальном выпуске журнала Fuzzy sets and systems (на английский ее переводили Дмитрий Александрович Пригов и его жена Надя Бурова; перепечатывала текст по-английски Наталья Аристарховна, дочь колчаковского генерала Аристарха Васильевича Зуева. Жена этого генерала, Вера Григорьевна, поила меня чаем, когда я забирал готовый текст. Они, как и Надя, были репатриантами из русской колонии Харбина). Шаги тем более беспрецедентные, что в то время, когда он все это сделал, я работал пожарником в Театре на Таганке и был формально полностью десоциализирован. Но Поспелов не социолог. Его мои вещи заинтересовали совсем с другой стороны. Он был лидером исследований в области искусственного интеллекта.

Олег Сергеевич Пчелинцев

Из ЦНИПИАССа меня выгнали. Сокращение. Директор стал подбирать штат под своих, я оказался лишним. Тогда Костя Соколов познакомил меня со своим оппонентом по диссертации Олегом Сергеевичем Пчелинцевым. Отдел Шаталина перешел из ЦЭМИ в Институт системных исследований. Олег Пчелинцев прекрасно разобрался в идее метода, который разработал Костя Соколов для анализа данных своего обследования, ставшего основой его диссертации. Жена ему помогла сделать программу для ЭВМ. Его метод фактически был вариантом анализа тех самых квазифункциональных соответствий, к которым я пришел в 1972 году. Только Костя называл их «детерминациями». У Олега потрясающая интуиция. Притом, что он человек конкретных знаний о конкретном мире. Он истый региональщик. Знает землю и все, что на ней, как никто. Я однажды ходил на озеро Амткел в Абхазии, оно недалеко от реки Кодори. Узнав об этом, Олег рассказал мне про всю округу Амткела. Названия селений, кто в них живет, какие культуры возделывают люди, какой скот разводят. Все-все. Потом я убедился, что он знает не только про любую точку Советского Союза, но и всего мира.

Вот это региональщик. Земля, на ней живут люди, делают то-то, было то-то, происходило то-то, история такая-то. Эти вещи составляют его багаж. Фантастический человек. Я мог только восхищаться. Олег стал моим добрым ангелом. Если я кому-то по-настоящему обязан тем, что мне удалось сделать то, что я сделал, то, конечно, прежде всего, ему. Именно он устроил меня к Шаталину в свою лабораторию. Именно он создал мне условия, в которых я мог там работать, заниматься своими делами.

Я не эксплуатировал его доброе отношение ко мне, — надеюсь. Не строил «белого человека». Правда, когда заставляли ехать на картошку или делать что-нибудь столь же бессмысленное, я посылал. Иногда матом. А по делу всегда пытался найти связи своих вещей с тем, что делается вокруг. Меня не пугали утилитарность, приземленность. В ЦНИПИ-АССе, например, я придумал информационную систему для Отдела строительства и стройиндустрии Госплана. И делал ее, пока на входе в здание Госплана меня не задержал мент. Ему не понравились мои длинные волосы и бородка. После его допроса я отказался делать работу для Госплана. Так же я вел себя и у Шаталина. Это было нормально, Олег это поддерживал. У Шаталина была встреча с Канторовичем. Там я понял, что смогу оформить теорию правил в виде детерминационного анализа.

Г. С. Батыгин: *Ты с Канторовичем обсуждал этот вопрос?*

С. В. Чесноков: Да. Недавно Сева, сын Леонида Витальевича, попросил написать о нем для сборника воспоминаний. Леонид Витальевич помогал многим. Мне повезло оказаться среди них. Когда готовилась к печати монография «Детерминационный анализ социально-экономических данных», ее рецензировал Канторович. Он больше часа расспрашивал меня подробно о понятии правила, о связи с теорией вероятности, о прикладных задачах. После чего согласился дать рекомендацию. Книга вышла в 1982 году. Если бы не поддержка Леонида Витальевича, публикация вряд ли состоялась бы. Витя Волконский мне говорил, что про эту книгу Канторович в разговоре с ним сказал: «Это расчистка территории». Точная оценка. Через несколько лет, осенью 1985 года, я сказал Леониду Витальевичу, что развитые им идеи линейного программирования приводят к расширению силлогистики Аристотеля. Когда болезнь уже крепко держала его в тисках, он, как мне говорил его сын, неоднократно возвращался к чтению моего препринта «Основы гуманитарных измерений», где изложены эти результаты.

Язык «плавает» на частотах образов

Элементарный анализ правил, до расширения силлогистики, это техника оперирования условными частотами. Не более. И из-за этого так трудно объяснить, в чем именно состоит его новизна. Что он дает? Слова, за которыми проценты. Доли таких-то среди таких-то. Берешь факторный анализ — там факторные нагрузки, графики. А в детерминационном анализе только условные частоты и их приращения, и те в конце концов исчезают. Никаких следов анализа не остается. Но ведь язык «плавает» на частотах образов. Частоты не видны, язык их скрывает, топит в своей стихии. То, что детерминационный анализ не оставляет математических следов, его достоинство, а не недостаток. Значит он родственен естественному языку. Мы говорим репликами. Реплики, как воздух, которым дышишь. Он есть и вроде его нет, его не замечаешь. Мышление оперирует классами образов. Реплики служат их именами. Мы говорим «воробей» — это гигантский класс образов, идея птички, эйдос. А в конкретике каждый раз — только вот этот воробушек. Через сознание ежедневно проходят мириады образов, огромные потоки. Куда же деваются частоты образов? В языке же их нет, мы же говорим без частот. Мы говорим именами вот этих эйдосов. А куда деваются частоты, которыми описываются их объемы? Язык имеет потрясающе интересный механизм «вытеснения» частот, в нем частоты «выпадают в осадок». Но в языке есть средства, которые позволяют частоты обозначать явно. Например, в аристотелевском суждении «Все такие-то суть такие-то» условная частота, равная единице, ста процентам, обозначается словом «все». «Все», «ни одно», «некоторые»... Детерминационный анализ обнажает эти частотные структуры. Как это становится возможным? Благодаря социологу. Его вопросы-ответы — это же реплики в диалогах с респондентами. Социолог из реплик выстраивает анкеты, организует коммуникацию, выборку... Результат опроса — матрица данных. Там частоты уже сидят, направляют связи между репликами. При анализе от частот нужно снова вернуться в обычный язык. Когда «освобождение от частот» совершается, частоты опять исчезают. Остаются проценты, в лучшем случае. В математике, которая обслуживает социологию, они наиболее безвредны для языка. Наиболее конструктивны. Процент уточняет масштабы ситуации. Вот и все. Этот момент входит мощным организующим началом в живую ткань языка. Часто возникает математическая реальность, которая разрушает эту ткань. «Сводные индексы», «факторные нагрузки», «коэффициенты связи».

Они «перемалывают» частоты в фарш, а с ними и реплики. Это делается под флагом факторного анализа, многомерного шкалирования, методов измерения связи. Тут возникает беда.

Детерминационный анализ — это попросту анализ правил. В социологии точных правил нет. Причина — свобода воли людей. Каждый человек волен следовать правилам, а волен их нарушать. А вот медицина, которая лечит, а не гробит, без жестких правил не существует. Без правил нет медицинской диагностики. Назначение лекарств, показания, противопоказания — все держится на правилах. Но не на тех, которые изучает математическая логика, а на детерминациях. Назначая больному лекарство, врач должен знать, что с ним будет, что будет именно с этим больным и именно в его ситуации. И тогда разговор о частотах приобретает жесткий инструментальный характер.

Филипп Люэльсдорф (Philip Luelsdorff, 1941–2018)

Аналогичные проблемы возникают в лингвистике. Без правил, связывающих буквы и звуки, нет чтения, нет письма. Нет понимания одним человеком того, что говорит другой. Потому что связи между означающим и означаемым в языке это тоже правила, «вырастающие» из частот образов. Мне посчастливилось написать цикл работ на эту тему в соавторстве с замечательным немецким ученым, лингвистом и педагогом Филиппом Люэльсдорфом (Determinacy analysis and theoretical orthography // Theoretical Linguistics. 1991. Vol. 17; Determinacy form as the essence of language // Prague Linguistic Circle Papers. 1996. Vol. 2). Благодаря анализу правил частотная подоплека языка становится конструктивной математикой. Логика естественного языка, в том числе классическая силлогистика Аристотеля, тоже связана с теорией правил, вот какая штука.

С Филиппом Люэльсдорфом случайно познакомились. В 1990-м мы с Линочкой поехали в Мюнхен к ее старой приятельнице Верочке, она работала на радиостанции «Свобода». Однажды у нее на кухне на Розенхаймерштрассе мы сидели с ней и ее приятелем Мишей Паладяном. Он художник, эмигрант. Это была вообще невероятная ситуация. Миша спросил, что я делаю, чем занимаюсь. Я стал ему рассказывать про язык, про частоты, про конфликт точных наук с гуманитарной культурой. Наверное, занудно, ужас... Он слушал-слушал, ему скучно стало. И вдруг он говорит: «У меня друг такую же хрень несет. Давай я вас познакомлю». Договорились о встрече. Симпатичная улочка в Мюнхене, кафе под названием «Тулуза». Возле входа нас ждал высокий человек с выразительным аристократическим лицом. Это был Филипп Люэльсдорф, потомок Фридриха Барбароссы. Родился в Штатах, окончил Беркли, диссертация по Достоевскому, славист. Преподает английский язык немецким студентам в университете Регенсбурга. Жена Марта, украинка, ее родители из первой украинской эмиграции, родилась и выросла в Чикаго. Работала на «Свободе» в украинской редакции под псевдонимом Ярина Жукович. Красивая женщина, удивительной нравственной чистоты. У нее потрясающий украинский язык, такого сейчас не услышишь. Зашли в кафе, сели за столик. Филипп стал объяснять, как возникают ошибки в английском языке у немецких студентов. Как из-за наложения образов букв возникают конфликты с фонетикой. Когда русские изучают украинский или украинцы русский, — появляются похожие механизмы наложения. Буквы вроде свои, а читаются по-другому. Трудно привыкнуть. Филипп исследовал правила, по которым «озвучиваются» буквы английского языка. Природой таких правил занимался Хомский. Его теория объясняет связи между буквами и звуками только средствами грамматики, без привлечения частот букв и звуков. А Филипп ставил задачу учесть частоты. Он с ними как преподаватель все время дело имел. Мы взяли небольшой по объему словарь, так называемое «семантическое ядро» английского языка, полторы тысячи корневых слов, без флексий. Из них можно составить словарную статью для любого английского слова. Отсюда «семантическое ядро». Директор Института психологии Мюнхенского университета Вернер Шюбо дал нам рабочее место и компьютер. Мы, кстати, что называется, с улицы к нему пришли. Нашли по справочнику, позвонили и пришли. Филипп приготовил исходные данные: пары «буква-звук», около полутора тысяч. Мы с Линочкой ввели эти данные в «ДА-систему», стали смотреть правила. Филипп кричал: «Вот это правильное правило. А вот этого не может быть!». Потом, подумав, говорил, что может быть. Когда увидел, как «ДА-система» за минуты дает результаты, на обнаружение которых у него ушли годы, он испытал шок. Пишешь, например, звук /k/ и просишь систему, чтобы она дала все правила, по которым буква английского алфавита озвучивается этим звуком при всех возможных вариантах соседних с ней букв (скажем, по паре слева и справа). Нажимаешь Enter и получаешь все эти правила с указанием их точности и полноты. Это на него произвело колоссальное впечатление, он реагировал как истинный ученый. Он потом сделал огромный вклад в развитие детерминационного анализа применительно к лингвистике. Задача решается просто, если есть алгоритм формирования всех правил определенного класса, имеющихся в массиве данных. Чтобы создать его, нужно совсем немного. Поверить, что статистический детерминизм, а не статистическая независимость дает корректное понимание статистической связи, пригодное для хорошей прикладной статистики. И довериться стихии языка. Поверить, что буквы, слова, реплики, вообще элементы языка не надо заменять числами.

«Когда б мы поддались напору стихии, ищущей простору, мы выросли бы во сто раз»

Есть стихотворение Рильке в переводе Пастернака: «Деревья складками коры...». В нем две темы. Тема стихии, ищущей простора в нас самих. И тема сопричастности тому, чему противостоишь... Если то, чему ты противодействуешь, имеет низкий уровень, то и ты волей-неволей на том же уровне оказываешься. Там сквозная метафора — библейский сюжет в конце 32-й главы Бытия. Иаков, который за чечевичную похлебку право первородства у брата Исава выкупил, по прошествии многих лет шел на встречу с ним. И очень боялся. Заснул и Некто боролся с ним во сне и не мог одолеть. А утром, улетая, коснулся жилы на его бедре и сказал ему, что отныне имя его будет не Иаков, а Израиль, «ибо ты боролся с Богом». И Иаков проснулся хромающим «на бедро свое». Стихотворение такое: *«Деревья складками коры мне говорят об ураганах, и я их сообщений странных не в силах слышать средь нежданных невзгод, в скитаньях постоянных, один без друга и сестры. Сквозь рощу рвется непогода, сквозь изгороди и дома. И вновь без возраста природа, и дни, и вещи обихода, и даль пространств как стих псалма. Как мелки с жизнью наши споры. Как крупно то, что против нас. Когда б мы поддались напору стихии, ищущей простору, мы выросли бы во сто раз. Все, что мы побеждаем, малость. Нас унижает наш успех. Необычайность, небывалость зовет борцов совсем не тех. Так Ангел Ветхого Завета нашел соперника подстать. Как арфу он сжимал атлета, которого любая жила струною Ангелу служила, чтоб схваткой гимн на нем сыграть. Кого тот Ангел победил, тот правым, не гордясь собою, выходит из такого боя в сознаньи и расцвете сил. Не станет он искать побед. Он ждет, чтоб высшее начало его все чаще побеждало, чтобы расти ему в ответ».*

Мы хотели остаться в Германии. Надо было спасать сделанное, довести до людей. Подрабатывал, клал полы, клеил обои. Денег не было совсем. Нас материально поддержали наши друзья Вера Белова, Миша Паладян, Филипп с Мартой, все, в общем, очень небогатые люди. Володя Тольц устроил интервью со мной на Свободе и заплатил за него. Когда я работал в театре на Таганке, Володя заезжал ко мне во время моих дежурств. В начале 1980-х его перемолола машина какого-то немца, в темноте на скорости сбившая его и рухнувшая вместе с ним в строительную яму возле Центрального телеграфа. Были страшные операции, нескончаемые серии. Он выжил, но сильно хромал. Держался он всегда безукоризненно, никого не обременял своими проблемами, которых у него была уйма. Он помогал Сахарову, ездил к нему в Горький, гэбэшники все время обшаривали его инвалидный «запорожец». На деньги, данные немцем, виновником трагедии, Володя и его жена Верочка (внучка академика Лихачева) смогли купить квартиру в районе Речного вокзала. У них тогда только что родился сын. Потом Володя эмигрировал, сейчас он один из руководителей радиостанции Свобода.

Миша Борщевский позвонил из Лондона. Я ему написал, что мне для начала серьезного дела с детерминационным анализом нужно 200 тысяч долларов, на худой конец — 20. Это выглядело глупо на фоне нищенства, но было абсолютно правильно. В конце 1996 года у нас появился инвестор и сумма примерно такого порядка позволила нам за полгода сделать ту версию «ДА-системы», которую сейчас все знают.

«Все-таки я вольная птица»

Мы четыре месяца продержались, потом вернулись в Москву. Стало ясно, что с нашим сюжетом лучше жить и работать в своей культуре. Москва с этими бумажками, летающими, царящими над улицами. 1990-й год, осень. Только что сломали Берлинскую стену. Когда мы там были, видели по телевизору. Германия ликовала. Вернулись в Москву, было страшно выходить на платформу. Морды, рыскающие по всем, кто приехал «оттуда». Криминал висел в воздухе, топор можно было вешать. Везде, в каждом месте. За нашими окнами во дворе стреляли. И вот началась эта жизнь, это десятилетие, которое сейчас заканчивается.

Л. А. Козлова: *Нельзя ли немного рассказать о фирме, где ты работаешь?*

С. В. Чесноков: Долгое время это было чисто социокультурное действие, не экономическое. А то бы пирожками торговал. Нужно было не только выжить. Хотелось сохранить сделанное и приумножить его. Оказалось, это единственная возможность. Чтобы делать нужны были ресурсы. Академия давно не научная организация. Получить от нее ресурсы нереально. Если делаешь дело, у которого нет общественной поддержки, на гранты надеяться тоже нельзя. Шанину писал. Наш друг Гриша Яблонский, известный ученый, настоял, он знал Шанина. Линочка отнесла письмо. Теодор очень доброжелательно ответил, быстро. Посоветовал «Известия» почитать, где было написано, что и как. Я почитал, все глухо. К «Красным воротам» ходил, в фонд Сороса. Посмотрел в глаза их честные. Хотелось верить, и слова хорошие. Да на деньгах у всех крыша едет, старая песенка. Так что единственной возможностью выжить и развивать исследования оказалось создать собственное дело.

В конце концов, самым страшным моментом были не советские менеджеры, не оглоеды возле кормушек. Самым страшным было понимание, что я дошел до полного упора в отношениях с самой что ни на есть элитой, теми, кто меня знал и хорошо ко мне относился. Я искал приятия дела, которое делал, его мне надо было и спасать, и продвигать. И полный тупик. Время-то шло. Заславская мне в конце концов сказала: «Сережа, я вас не понимаю». Это было честно и безнадежно. Грушина просил о работе во ВЦИОМе. Он говорит: «Это интересно, хорошо». Прошло какое-то время. Он все оттягивает, просит перезвонить. В конце концов говорит: «Нет, Сережа, ничего не получится». Я говорю: «Почему?». «Понимаете, профсоюзы — это идеологическая организация. В ВЦСПС требуют партийности, а вы не член партии». ВЦИОМ ведь при ВЦСПС организовали сначала... Но на дворе-то был уже 1988 год.

В декабре 1988 года мне позвонил Олег Пчелинцев, попросил позвонить Шаталину, он ждал. Я год не ходил на работу, работал дома. Олег знал, поддерживал. Шаталин уже был тяжело болен. С теми, кто взял власть в его отделе, у меня был конфликт. Я позвонил. Шаталин сказал: «Все, Серега, больше не могу». «Понимаю, — ответил я, — завтра принесу заявление». Так что фирма была единственным выходом. Надо было начинать с нуля. Ситуация не из лучших. Мы с Линочкой оба без работы. Денег ни гроша. Жилье не свое. Я думал: у меня же в руках колоссальный прикладной потенциал. Надо же было в конце концов сделать так, чтобы разговор об этих проблемах перестал походить на рыхлое словопрение, чтобы дело пошло. А теперь я и представить не могу, как жить той зависимой жизнью. Все-таки я вольная птица. Никому ничего не должен. Никто мне ничего не должен. Никакой мой шаг не будет восприниматься как попытка нарушить чей-то баланс отношений друг с другом. Это очень много значит. Как поговорю с кем-нибудь из рукодельников при науке, так думаю, как замечательно, что свободен от всего этого. Да и сделано много. «ДА-система» стала фактом. Особенно в регионах. В этом году предложили лекции в МГУ читать на экономфаке. Область применений расширилась. Администрации городов, регионов, медицина. Государственный регистр больных диабетом в России работает на нашем программном обеспечении. Компания «Хоффман-ля Рош» заказала нам софт для общероссийского регистра больных муковисцидозом — есть такое тяжелое генетическое заболевание. Как сделаем, будет дарить его Минздраву. Вообще медицина похожа на социологию. Проблемы с математикой те же. А для внятной их постановки ситуация в каком-то смысле более благоприятная.

Есть фундаментальный план. Здесь непонятного тьма. Но есть вещи, бриллиантовый фонд. Их немного, но о них могу сказать: да, их я нашел, и никак нельзя отдать их на умирание. Нехорошо, если бы они снова распались, это ведь очень легко может случиться. Хорошее дело, оно меня держит.

«Почему они должны выбирать то, что мне кажется правильным?»

Конечно, мне досаждает утилитарность. С любовью к ней отношусь, не брезгливо, но есть предел. Иногда сильно от нее устаю. А другого пути не вижу.

Я многого не знаю. К Аристотелю пробивался напрямую, через отношения с миром, не через тексты. В этом и сила Аристотеля, что он допускает такую возможность. Шел бы через тексты — никогда бы не пришел. Когда читаю тексты Аристотеля, что-то понимаю, а что-то — нет. И не понимаю, что откуда. Грешу на переводчиков. Надо разбираться. С Платоном тоже непонятного тьма.

Г. С. Батыгин: *Происходит какое-то рассогласование... Я всегда верил и сейчас верю, что действия людей могут быть безумными, ну не просчитанными, продиктованными либо глупостью, либо большим умом, но все равно человеческий подход присутствует в броуновском движении... А институты об этом не знают, они на наш человеческий подход реагируют по-своему: они разумны, логичны, всегда элемент упорядочения вносят. Действие Института на самом деле неразумным и нелогичным может быть... Я не могу никак привыкнуть к мысли, что, действительно, институты мы сейчас поневоле меньше ценим, чем просто жизнь. Я не понимаю, почему это произошло? Ты человек сильного влияния. Не мне это тебе говорить... Можно было создать дело, там школу, еще что-нибудь...*

С. В. Чесноков: Невозможно было... Есть моменты, которые в обыденной жизни разбросаны, но их не отличишь, не назовешь. Ну как их обозначить? Все ведь свободны, вольны выбирать. И выбирают. Это я вроде говорю, что хорошо бы, чтобы выбирали то, что я вижу. А с чего? Почему они должны выбирать то, что мне кажется правильным? С какой стати? Да, я могу привести аргументы. А кто-то не может. Так что же, я прав? У Чжуан Цзы, знаешь: «Предположим, я спорю с тобой, ты победил меня, а я не победил тебя. Разве это значит, что ты действительно прав, а я неправ?». Чистая драма. Ведь я не вижу, что другие выбирают, почему. Пытаюсь, но не вижу. Это же таинство. Свободные люди. Все родились, все должны умереть. А тут частоты какие-то. Что в них может быть путного?

Все открыто, все правы... Хотя есть и другое. С тех, кто «живет себе, как дивный Лал», спросу нет. И быть не может. Но вот амбициозно зрячие — с ними есть вопросы... Ну хотя бы поговорите... Не нужно многого. Давайте поговорим. Я думал, математикам математика нужна, логикам логика. Нет, что-то другое, видимо. Аристотель вышел, как месяц из тумана, казалось бы, это не каждый день бывает. Здесь бы желание разобраться, понять человека. Просто понять, понимаешь? Этого нет.

Г. С. Батыгин: *Послушай, ты еще не адаптирован к этому?*

С. В. Чесноков: Да нет, адаптирован. Давно пережил. Но тяга к сообществу неистребима. Одиночество знаю, но я все равно не один. У Камо-но Тёмэя есть «Записки из кельи». Он между эпохой Хэйан и наступлением эры самураев на гору ушел, там написал свои записки. Он помог мне усвоить, что предельные формы одиночества это способ сохранить связь с людьми. Так что как сказать, адаптирован или нет... Адаптирован. А все же интересно, почему так все идет?

Есть охрана своих огородов. Кроме того, я, по сути, не чту, когда занятым у природы распоряжаются как своей собственностью. Например, я видел дельфинологов, которые ведут себя так, словно дельфины обязаны им тем, что существуют в мире. Я не чту эти вещи. Я Фейнмана люблю.

Природа живет как нечто более великое, чем каждый из нас. Мы, конечно, тоже природа, но только часть, часть... А если бы все сводилось к продавливанию артикуляции, например, это был бы простой сюжет. На самом-то деле есть багаж решенных проблем, решенных красиво и до конца, с хорошей перспективой. Есть поле, в котором внутри видится, ясно просматривается потрясающе гармоничная картина. А я все время чувствую подноготный вопрос, когда так пытаюсь говорить: знаем-знаем, только ты же про себя говоришь... Не много ли берешь на себя? Ты что, лучше других?

Я говорю без аффекта, без горечи. Веришь, упрека тоже нет в моих словах. Я понимаю осмысленность этих вещей. Противодействие, которое я испытывал, включает и плодотворный консерватизм. Защита от «новаторов», полезная составляющая. Прекрасно это понимаю. Объективно процесс идет как идет. Как только начинаем говорить от лица системы (а есть ли у нее лицо? — вопрос), становится ясно, что в системном плане все в порядке. Я на своем месте, ты на своем, он на своем. Ситуация разыгрывается как по нотам. Тридцать лет... Но, с другой стороны, ведь везде люди. Бывает же и «пробой». Он же всегда между конкретными людьми. Не оттого, что «время наступило», а оттого, что люди нашлись, ты нашелся, он нашелся, я. Там, где происходит этот пробой, возникает рождение большего, чем каждый из нас. На художниках это особенно видно хорошо.

Я разговариваю, допустим с крупным математиком. И думаю: елки-палки, как же получается, что по важным вопросам с ним невозможно говорить? Почему? Вопросы сложные? Ничего подобного. Из рядом положенных очевидных всем ощущений человек одно согласен наделить знаком вечности, а другое — нет. Нечто ощущаемое нами все же проходит под знаком вечности и составляет фундамент точных наук. В том нет сомнений. Иначе не было бы счета, арифметики, логики, классического анализа, много чего не было бы. А какие еще вещи выбрать в качестве первичных? Это проблема. Быть или не быть, вот в чем вопрос. А здесь не ум работает, скорее сердце. Ум потом подключается, если место свое знает.

Я долго был под давлением мысли, что должна быть элита, которая способна думать и говорить так, чтобы так называемые «системные законы» были всего лишь конечным результатом того, что происходит между конкретными людьми. Мне казалось, что так должно быть, что это нормально. Вера в это поддерживалась во мне книгами о том, как делалась современная физика. Гейзенберг пишет, как он участвовал в семинаре Зоммерфельда, как встречался с Бором, Эйнштейном, как они обсуждали эти вещи, как внимательно смотрели всю кухню со спектрами излучений атомов, как настраивали свое сознание на эту работу. Какой драматизм был в той ситуации, как они его переживали! И я думал: замечательно, когда такое возможно. Белой завистью завидовал. Должно же быть сообщество людей, для которых черный хлеб — тот строй чувства и мысли, о котором писал Мандельштам во «Франсуа Виллоне»: «...человек считал себя в мировом здании столь же необходимым и связанным, как любой камень в готической постройке, с достоинством выносящий давление соседей и входящий неизбежной ставкой в общую игру сил». И пояснял: «Отсюда аристократическая интимность, связующая всех людей, столь чуждая по духу «равенству и братству» Великой Революции. Нет равенства, нет соперничества, есть сообщничество сущих в заговоре против пустоты и небытия» («Утро акмеизма», 1919). Я сильно завидовал, искал сообщество тех, кто в заговоре против пустоты и небытия. Но мне найти его не удалось. Ни около Колмогорова, ни около Поспелова, ни в других доступных мне местах. Плохо, наверное, искал. Но, возможно, что того сообщества, которое я искал, вообще нет.

Поэтому мне роднее говорить от лица человека, а не системы. Системность вторична. Если за ней нет человека, его страстей, отношений с миром, будет только герметическая концептуальность, консервная банка, больше ничего. С тех пор как действовали люди, создавшие современную физику и математику, научная культура существенно изменилась. Я имею в виду не ту математику, что отлита в «математическом металле» в книгах, подписанных псевдонимом Бурбаки, а ту, что оформляла физику. Планк, Герман Вейль, Пуанкаре, Резерфорд, Вигнер, Эйнштейн, Бор, Борн, Дирак, Паули, Гейзенберг, Фейнман... Это поразительная плеяда. В них сочетались высокая культура ответственного отношения к математике и ответственного отношения к миру. В европейских университетах, где воспитывались те люди, была замкнутая кастовая среда. В Германии после Первой мировой войны творилось невообразимое, ужас разрухи, развала, затем Гитлер. А юноша Гейзенберг лежал на крыше университетской библиотеки и читал Платона на греческом. Размышлял, почему в основе мироздания лежат правильные многогранники. Для него это был план не менее серьезный, чем происходящее вокруг. Гейзенберг рассказывает, как он пришел к Планку в Берлине. Гитлер уже был у власти. Гейзенбергу надо было решать: уезжать или оставаться. Планк ему сказал, сохраните то, что есть здесь. Сумасшествие уйдет. Через десять лет этого не будет. Но нельзя терять людей, вы должны помочь им, сохранить их. Вот путь... Вещь трагичная и истинная.

Г. С. Батыгин: *Ты считаешь, что произошло разрушение научной культуры?*

С. В. Чесноков: Да нет... Произошла деформация ценностей, на которых в науке строятся отношения личности с миром. Наука (я имею в виду точные науки, физику, математику) это ведь язык нашего общения с миром вне людей. С миром, где твоя, моя свободная воля не значат ничего. Да, книги о науке пишутся для людей. Да, лекции читаются студентам. Но тема книг и лекций — язык общения с тем, что вне нас. Гейзенберг был музыкант. Но когда он говорит об искусстве, я чувствую, говорит ученый, а не артист. Здесь тема связи гуманитарной культуры с точными науками. Он говорит об искусстве, но оно у него похоже на высококлассное домашнее музицирование. Культура у Гейзенберга — это воспроизводство «хорошей» музыки, «хорошей» поэзии и так далее. Искусство у него нечто вроде науки, только по содержанию другое. Я думаю по-другому. Но это к слову. Конечно, нормы, вменяющие ответственное отношение личности к миру, претерпели эрозию. Сошла на нет традиция обсуждения аксиом в их связи с миром. Особенно в математике. Обсуждение личностного отношения с миром при построении научных знаний выглядит как посягательство на творческий суверенитет ученого. Ученая пчела лепит шестигранник, чтобы яйца отложить, объективные, а ей мешают. Объективные ли? Разговор на эту тему воспринимается как нарушение норм общения. Новый виток науки сопровождается конфликтом с окостенением мысли, герметичной идеологизацией знания. Однако то, что мы можем говорить об этом, — человеческое действие. Это не значит, что ты должен соглашаться. Но ты принимаешь то, что я говорю как возможную точку зрения. Это главное. Значит, мы имеем возможность сосуществовать как люди. Если этого не будет, останется игра в социальное санкционирование полезности сообщаемого, и только.

ЧЕЛОВЕК, КОТОРЫЙ «СЛЕЗ С ПОЕЗДА»

Г. С. Батыгин: Предуведомление к тексту
«МНЕ ИНТЕРЕСЕН ЧЕЛОВЕК КАК ЧЕЛОВЕК...»
(опубликовано в журнале «Знание-сила» №7, 2003 г., «Портрет номера»)

*«Вы уже поступили в институт. Хорошо учитесь. Вам даже
предлагают идти в аспирантуру — не куда-нибудь, а в один из
самых престижных академических институтов.
И вы пишете диссертацию. И успешно ее защищаете... Ну, не
нравится вам все это. Не любите вы свою науку, свои занятия, и
что? Так и тянуть эту лямку всю оставшуюся жизнь?
О человеке, который «слез с поезда», сегодня расскажет он сам.
Редкого, надо сказать, мужества человек!».*

О моем герое

В жанре «рассказы об ученых» популярен драматичный
сюжет: талантливый, преданный идее герой противостоит
рутине повседневности и бездушным бюрократическим по-
рядкам. «Опережая время», он непонятен современникам и
лишь благодарные потомки могут оценить величие его идей.
Иногда в «рассказах об ученых» просвечивает образ жюльвер-
новского энтомолога Паганеля. Чудак ловит сачком муху цеце
и, сам того не понимая, оказывается полезен людям. Бывает
«образ ученого» жизнеутверждающий: персонаж при жизни
добивается признания, но, став академиком и лауреатом, по-
лучает шанс сказать самому себе: «Ты этого хотел...».

Удивительно, но эти образы действительно получают во-
площение в судьбах ученых, биографии которых я собираю
и мало-помалу публикую. Кто-то превращает свою жизнь в
произведение искусства, и эстетическая мера существова-
ния дает ему иммунитет от давления среды. Другой создает
себя в виде бронзового изваяния, и действительно стано-
вится похож на изваяние. Третий видит себя спортсменом и,
не жалея сил, рвется к победе. Из этого конгломерата созда-
ются агиографии науки, своего рода святцы.

Как ни странно, норма науки поддерживается не столько институтами и корпоративным контролем, сколько личными судьбами. Они внимательно рассматриваются, некоторые становятся образцами для подражания. Выбор образца — дело иное. Прочитав одну из биографий, студент написал отклик: «С таких и надо делать жизнь — пробиваться и всех давить...». Образцы научного подвижничества редко совмещаются с образцами карьеры, заданными учеными степенями и званиями. Если так, гамбургский счет в науке заключается в том, чтобы отличать сфабрикованное от настоящего и видеть, кто есть кто.

Сергей Чесноков занимает особое место в моем иконостасе. Если бы я мог, я подражал бы ему в самодостаточности. Светлый взгляд на мир, интерес к природе вещей и многотерпение позволяют ему сохранять независимость от всякого рода имитаций, которыми наполнена научная и вненаучная рутина. Он с равной степенью увлеченности и ответственности умеет рассуждать об эйдосах и починять примус. А этому уже можно подражать, и мне неоднократно помогало мысленное сравнение: «А что бы сделал Чесноков?». Музыкант и поэт, он вносит в научную работу художественный стиль, ни на йоту не отступая от критериев строгости и прозрачности суждения.

Хотя автобиографическое интервью с Сергеем Чесноковым связано преимущественно с социологическими и околосоциологическими сюжетами, каждый, кто захочет, может увидеть в нем вечные вопросы.

Г. С. Батыгин
Доктор философских наук, профессор
Главный редактор «Социологического журнала»

Редакция с прискорбием сообщает: когда этот материл готовился к печати, Геннадий Семенович Батыгин скоропостижно скончался.
(Г. С. Батыгин, 19 февраля 1951 г., Львов — 1 июня 2003 г., Москва)

Сергей Чесноков

ОН БЫЛ ИЗЯЩЕН ВО ВСЕМ
(В память о Геннадии Батыгине)

Первого июня 2003 года ушел Гена Батыгин. Ему было немногим за пятьдесят. Обстоятельства перекликаются с теми, в которых ушел из жизни магистр Иозеф Кнехт у Германа Гессе в «Игре в бисер». На велосипедах шли от Наро-Фоминска до Серпухова. Перед концом последнего подъема он шел первым. Сердце не выдержало.

Страшный удар его смерть для знавших и любивших его. Общение с ним было радостью — он умел оставлять других свободными. Умел быть определенным и четким с теми, кто хотел того. Говорят, много не успел. В его случае это правда только потому, что он много успел сделать в жизни. Постоянно совершенствовал себя, не изменяя себе. Осознанно подчинил жизнь рутинной, как черный хлеб, каждодневной работе. Мысль, что только через такую работу проходит путь к настоящим научным знаниям, была для него естественной. Сотням он помог прийти к осмысленной жизни. Для многих молодых людей стал учителем не номинально, а по сути, по их собственному сердечному признанию. Дал окружавшим его действенные уроки различения глубин, скрытых в других людях. С какой любовью он, пренебрегая внешними условностями, поддерживал в учениках то, что дает смысл бытию, и в конечном итоге напрямую ведет к основаниям науки! Квазинаучной культуре удушающих артикуляционных и лексических привычек он спокойно, без аффекта противопоставил последовательное, неуклонное стремление к простоте и ясности в решении самых сложных вопросов методологии получения социальных знаний. Действуя в институциональных рамках не лучшей пробы, он подчинил их строгому, неукоснительному служению науке.

Преподавание, студенты, аспиранты, редкие встречи с друзьями, занятия в библиотеке. Он любил тексты, любил их знать и знал, считал это своим долгом. Создание корпуса высококачественных текстов в организованном и поставленном им на ноги «Социологическом журнале» определял как одну из главных своих задач. Заложниками обязательств перед «невидимым колледжем», как говорил Гена, они с Ларисой и сотрудниками, а часто и одни, без выходных корпели над текстами журнальных статей. До поздней ночи работали в Институте, потом работа продолжалась дома, в однокомнатной квартирке в Очаково... Теперь все предстоит делать без него, вызывая в памяти лишь его образ, образ его мысли и действий.

Он был изящен во всем. В манере говорить, в стиле жизни, научной работы, в стиле ведения методологического семинара по четвергам в небольшой комнатке на четвертом этаже Института социологии на Кржижановского. В любых его начинаниях ненавязчиво, между строк, но предельно внятно заявляло о себе мощное объединяющее начало, под знаком которого проблемы социальных знаний обнаруживают очевидное и абсолютно земное, реальное единство с проблемами биологии, лингвистики, точных наук. Ему было важно чувствовать себя участником невидимого колледжа тех, кто, работая в науке, умеет отрешиться от себя в пользу мира на началах, объединяющих современников с давно ушедшими, чьи следы в жизни и науке невозможно обойти. Он воссоздавал и воспроизводил этот колледж, двигаясь впереди учеников, задавая планку, как в первый день этого лета, когда его не стало. Лариса, мама, дети... Для всех беда, а для них... Последние слова, которыми он закончил наш разговор по телефону за три дня до того: «ничего, прорвемся...».

Сергей Чесноков, 2006 год. Фотография Вадима Кантора

Сергей Чесноков, 2006 год. Фотография Вадима Кантора

III. Персонажи в искусстве и науке

1997 Александр Галич. Двадцать лет спустя

1998 Путь в долгое будущее. О Татьяне Ивановне Лещенко-Сухомлиной

2003 Леонид Витальевич Канторович: Штрихи к портрету

2003 Песенки в жизни персонажа. Галич, Окуджава

2004 Персонажи второй жизни. Остров бабочек. Новелла Матвеева

2004 Персонажи второй жизни. Состоявшаяся встреча, которой не было. Отар Иоселиани

2004 Персонажи второй жизни. Московский концептуализм. Пригов и Рубинштейн

2006 Памяти Олега Пчелинцева

2014 Ядов и его работа.
Для сборника «VIVAT, ЯДОВ!», посвященного юбилею В. А. Ядова

2014 Юрий Любимов: 50 лет работы, свободы и одиночества.
Тезисы выступления на международной конференции «Творчество Юрия Любимова в отечественном и мировом театре. 50 лет Театра Ю. П. Любимова и *80 лет его творческой деятельности*»

Дорогой Серёжа
Это мы с тобой.
Четверть века всё же
Срок весьма большой

Были мы моложе
Телом и душой
Хоть теперь мы тоже
Дюже хороши

Обнимаю тебя
Юлик Ким
январь 1990 г.

«Новое русское слово», 13 декабря 1997 года

АЛЕКСАНДР ГАЛИЧ. ДВАДЦАТЬ ЛЕТ СПУСТЯ

«И вновь над Москвою пожары,
И грязная наледь в крови.
И это уже не татары,
Похуже Мамая — свои».

Чечня — жуткое подтверждение прозорливости поэта. 15 декабря, три года назад, война уже была в разгаре, а в московском полуподвале на Ордынке со странным теперь названием «Комитет драматургов» о своих встречах с Галичем рассказывал замечательный человек, Матвей Яковлевич Грин. Впервые он увидел Сашу Гинзбурга во время войны в 1942-м, и случилось это в Грозном. Немцы подступали к городу. Галич играл в маленьком фронтовом театрике, тексты представлений писал Грин. Названия населенных пунктов вокруг были для них столь же значимы, как для нас теперь, полвека спустя. Только теперь все перевернулось. «И это уже не татары...».

Галич возвращается. Тема возвращения для него — одна из самых напряженных. Дети с Янушем Корчаком едут в вагоне навстречу газовым камерам и дают обет вернуться в Варшаву. «Когда я вернусь»... Обращение на «ты» к отчему дому завершается обетом посмертного возврата:

Но когда под грохот чужих подков
Грянет свет роковой зари —
Я уйду, свободный от всех долгов,
И назад меня не зови.

Не зови вызволять тебя из огня

Не зови разделить беду.

Не зови меня!

Не зови меня,

Не зови —

Я и так приду.

Он возвратился. Пластинками, кассетами, книгами, фильмами, воспоминаниями. Но рискну сказать, что форма несовершенного глагола здесь более уместна. Галич не возвратился, он возвращается. Возвращение только началось, и будет, по-видимому, долгим. Пока на переднем плане его роль изгнанника. Его артистическая судьба более сложна и таинственна. Он оставил чеканный драматургический портрет эпохи. Ритмом, метром, четкими сюжетами и непритязательными аккордами гитары он, как обручами, стянул в единое целое эмоциональные, драматические напряжения времени. Это мгновенно узнавалось современниками. И, как часто бывает, все было слишком близко, обиходно, доступно, чтобы быть осознанным во всем объеме.

У Новеллы Матвеевой есть песенка о море. Там корабли плывут «по краю моря на край земли», балансируя, чтобы не упасть, как канатоходцы по натянутому канату. Эту песню Галич любил, я свидетель. В изгнании он написал лишь несколько песен. Одна из них — про песок, который веками сносил ветер в землю Ханаанскую. Она написана на мотив той, о море, что придумала Матвеева. Он тоже был таким кораблем-канатоходцем. По краю моря плыл он своей дорогой, видимый теми, кто смотрел на него с берега глазами любви, ненависти, равнодушия, зависти. Естественно, что пропасть, балансируя над которой Галич вел свой корабль, угадывалась. Многие из тех, чью душу поддерживал, оформлял, спасал, лечил своим словом Галич, связывали ее с угрозой ареста, репрессиями, изгнанничеством. Но было в этой пропасти и другое. В ее дымных глубинах просвечивала еще и «бездна мрачная» пушкинская. И отношения с этой — пушкинской — пропастью составляют главную тайну Галича, как артиста, художника, поэта. Тайна эта не поддается легкому осознанию. И быстрому осознанию она тоже не поддается. План переживаний, поддерживающих Галича с этой стороны, безусловно явлен в его творчестве. Но во многом он оставался и продолжает оставаться скрытым от глаз современников. Нет сомнения, что здесь исток мощных сил, формировавших его артистическую судьбу.

Природа этих сил и отношения Галича с ними, это интересный разговор. Он труден, потому что в своих художнических устремлениях Галич был еще более твёрд, чем в позициях гражданских. Этот разговор, я уверен, еще предстоит, и пока он не состоится, возвращение Галича не будет полным.

Когда Галич погиб в Париже 15 декабря 1977 года, словно оступившись, или сбитый чьей-то злодейской рукой, в Москве, в доме у мужественного человека Юры Шихановича, который всегда бесстрашно противостоял коммунистическому Голиафу, имея в руках одну лишь «бедную давидову пращу», и на себе истытал всю силу репрессий, собрались люди, чтобы почтить память поэта. Звонила из Парижа Ангелина Николаевна, жена Александра Аркадьевича, говорила о ходе расследования обстоятельств его гибели комиссией, назначенной тогдашним мэром Парижа, нынешним президентом Франции Жаком Шираком. Комиссия склонялась к тому, чтобы констатировать несчастный случай. Было двадцатое декабря, Галич еще не был похоронен, отпевание должно было состояться через два дня, двадцать второго.

Пели песни Галича. Трудно назвать их песнями. Это скорее баллады, поэтические драмы, где выразительность достигается не мелодией и вокалом, а, как в былинах, взаимодействием сюжета и распевной речевой пластики, особым аритмическим интонированием, каким всегда отличалась живая неприглаженная русская речь. Я спел «Королеву материка», черную балладу, написанную за три года до вынужденной эмиграции, в одной из больниц Ленинграда, где Галич лежал при смерти, с заражением крови, и только чудом выжил. Центральный персонаж в ней — белая вошь. Вся баллада — как бы вывернутая наизнанку горькая ода всесилию чудовищной властительницы огромных просторов, одной шестой части земной суши. Она владела не мнимой, а действительной властью все время, пока коммунисты управляли или думали, что управляют страной. И вот одна дама почтенного возраста, которая сама не меньше двадцати лет оставила за колючей проволокой Гулага, мне и говорит, когда я закончил: «А вы знаете, в нашем лагере вшей не было. И вообще, — добавила она после паузы, — кто не хотел иметь вшей, тот их не имел».

Слова были сказаны легко, но с подчеркнутой определенностью. Я понимал их огромный глубокий смысл и не знал, что ответить. Во мне билась и мешала говорить мысль, что я плохо спел. И что образ королевы материка во мне, не знавшем лагерей, видимо, совсем иной, чем образ реальности, которую эта дама знает по опыту. Но как бы то ни было, независимо от моего исполнения, я явственно ощутил тогда, как от этих слов замкнулся на Париж ток от напряженности, которая сопровождала Галича всю его жизнь с тех пор, как стал он поэт, как отбросил бирюльки, которыми баловались почти все его сотоварищи по цеху, а точнее, по цехам, с тех пор, как решился остаться один на один с невозделанной, сырой речью, с невероятной драматургией нашей тогдашней жизни. В конечном счете это напрямую выводит к природе пропасти, невидимой, скрытой за горизонтом, по кромке которой Александр Галич вел свой корабль на глазах у изумленных, завидующих, ненавидящих зрителей, на виду у благодарных своих слушателей. Ее глубина и беспредельность определяются силами, куда более мощными, чем человеческие. Их имел в виду Софокл, когда писал Эдипа. Ангел, явившийся Иакову во сне, явился как их посланник и выразитель.

Галич был призван этими силами. Он откликнулся на зов, потому и обрел судьбу, которую имел в первой, конечной жизни, имеет и будет иметь во второй, бесконечной. Драма отношений с ними, отношений нелегких, конфликтных и трагичных, «без дураков», именно она стала основой его земного бытия, осветила все, что сделано им как поэтом и певцом. Однажды у себя дома, на Черняховского 4, он показал мне журнал со стихами замечательного, любимого многими, в том числе и им, поэта, «сделавшего эпоху», как принято говорить. Стихи были обращены к людям от лица поэтов. «Берегите нас, поэтов», — говорилось в них, а далее следовала разработка темы. «Смотрите, — сказал Александр Аркадьевич мне (и я на всю жизнь запомнил его слова), — вот пример глубоко ложной поэтической идеи».

Дело, разумеется, было не в гордости паче чаяния, ее не было у автора стихотворения. Просьба его была не за себя, а за всех. И не в приверженности страданиям самого Галича, этого вообще у него никогда не было, скорее напротив. Дело в природе испытаний, которые выпадают на долю поэта в связи с тем, что он поэт. Галич не мог присоединиться к просьбе беречь поэтов, высказанной **от лица поэтов**, потому что считал такую просьбу противоестественной.

В добре и зле, творимом людьми по отношению к поэтам, он, не закрывая глаза на очевидное, видел еще и таинство, под знаком которого вершится судьба. Вот почему, допуская для себя моление о чаше, он наотрез оказывался от просьб о милости у людей. Свою судьбу он прозревал и принимал, не имея никаких иллюзий, зная, на что идет.

В нашем лагере вшей не было... Когда я услышал это, я лучше понял, какой магический подарок сделал Галич лично мне (за других не говорю, сами скажут). Мир вокруг был пропитан кровью. Он мог раздавить меня, и не было бы всего, чем я сейчас живу, — ни физики Логоса, ни гитары моей, ничего. Я не мог быть вне него, но и внутри тоже быть не мог. Когда Галич ходил, жил, был среди нас, кровь еще сочилась отовсюду, мир продолжал оставаться очень опасным местом для жизни многих людей, и для меня в том числе. Галич опутал его своими сетями, собрал в комок, поместил в волшебный фонарь и приказал: «Сиди там». И он сидел, сохраняя весь свой ужас, но уже неспособный раздавить меня изнутри меня же самого, заполонив собой всю мою душу и сердце. Он был в клетке, которую устроил для него поэт. Я мог жить и делать свое дело.

Галич никогда не был под арестом, не попадал в тюрьму, не спал на лагерных нарах. Но он все знал. На вопросы, которые буквально сыпались на него, мол, как же так, он отвечал: «Ну, а если б я гнил в Сучане, вам бы легче дышалось, что ли?» Королева материка явилась ему в полумраке больничной палаты, где он лежал, привязанный капельницей, вдали от тайги и лесоповалов. В волшебном фонаре королевой стала гнида, белая вошь. И не имело никакого значения, были в действительности вши в лагерях или у кого-то на нарах, или не были. Королева материка была.

Коммунистическое правление стало бедствием для культуры. Не меньшим бедствием сделалась необходимость противостоять ему. Не меньшим. А может быть даже большим, и более страшным, хотя сопоставления тут — дело неблагодарное.

Ужалив обидчика, нарушившего естественный ритм улья, пчелы погибают, оставив свое жало в его теле. Так, следуя пчелиному инстинкту, погибали наши поэты, вонзив свой поэтический дар в тело системы, в роковой фантом пустоты, и оставив его там.

Галич прекрасно понимал эту опасность. Он жалил, но свой поэтический дар сумел сохранить при себе. В том ему помогли Мандельштам, Пастернак, Ахматова, Хармс, Вертинский. Он выжил как поэт, потому что крепко был привязан к культуре, взошедшей до разрыва, обозначенного правлением коммунистов. На фотографии похорон Станиславского юный Саша Галич среди тех, кто несет гроб. И еще выжил он потому, что всей душой всю жизнь искал опоры и поддержки в таинстве, которому причастен мальчик с дудочкой тростниковой:

Мальчик с дудочкой тростниковой
Попытайся меня спасти.

Есть такая хасидская легенда. В Судный день в местечковой синагоге собрались люди, чтобы Бог судил их и определил дальнейшую судьбу. Цадик молил Бога простить людей за их грехи, которых было немало, но прощения не было. Звезда не появлялась. Шло время. Там был мальчик с тростниковой дудочкой, сын портного. Ему стало скучно слушать молитвы взрослых, он достал дудочку и заиграл. Люди подумали, что это святотатство и зашикали на него. А Бог услышал мальчика, и по звукам его простил их всех.

Александр Галич (крайний справа) и Сергей Чесноков (с гитарой) на фестивале в новосибирском Академгородке, 1968 год. Фотография Владимира Давыдова

ПУТЬ В ДОЛГОЕ БУДУЩЕЕ
Сегодня Татьяне Ивановне Лещенко-Сухомлиной исполняется 95 лет

Сегодня Татьяне Ивановне Лещенко-Сухомлиной исполняется 95 лет. Вместе с читателями мы поздравляем ее, желаем ей здоровья и сил преодолеть жизненные трудности. О Татьяне Ивановне рассказывает ее аккомпаниатор, гитарист Сергей Чесноков.

Бывает роль, не предусмотренная текстом пьесы. На сцене вдруг появляется персонаж из «другого пространства». Так на сцене этого века появилась Татьяна Лещенко. До недавнего времени она выступала, мы видели и слышали ее по телевидению и радио. Актриса, писатель, переводчик, но прежде всего, конечно, прелестная дама, наделенная всепобеждающим даром вселять восхищение и надежду во всех без исключения, кто имел счастье видеть и слышать ее на подмостках, тем более — общаться с ней. Еще два года назад она давала полноценные концерты в переполненных залах. «Как она выглядит, как поет, как говорит, какая она молодая в ее-то годы, а мы-то что же?», — такие или примерно такие мысли читались на лицах зрителей, готовых устать от жизни, не пережив и десятой доли испытаний, доставшихся на долю этой поистине удивительной женщины. Два тома ее воспоминаний разошлись мгновенно. Она назвала их «Долгое будущее». Третий том ждет издателя.

Однажды, когда Татьяна Ивановна у себя в маленькой кухоньке с чашкой любимого кофе в руках рассказывала об Испании, мне вспомнились слова испанского поэта Гарсия

Лорки о четырех великих тореро: «Легархито с романским бесом, Хоселито с еврейским бесом, Бельмонте с бесом барочным и Каганчо с бесом цыганским являют из сумеречного круга поэтам, художникам и музыкантам четыре великих пути испанской традиции». «Да, Хуан Бельмонте..., — сказала Татьяна Ивановна. И, помолчав, добавила, — Он поднял розу, которую я бросила ему на арену».

Позже, в первом томе воспоминаний Татьяны Ивановны «Долгое будущее», я прочел о том, как это происходило в далеком 1934 году в испанском городе Пальма-де-Майорка: «В тот день для корриды я оделась как подобает быть одетой на Бое Быков по старой традиции. На мне было строгое, черное, атласное платье, открытое. Поверх я надела болеро из мадроньев (сетка, усыпанная бархатными помпонами, которую специально для этого дня я заказала в Валенсии). Такие «болеро» по традиции надевали на Бой Быков много лет тому назад. На голове — маленькая черная соломенная шляпка — я купила ее в Мадриде, на руках две длинные черные ажурные перчатки и на ногах такие же чулки, черные лакированные туфельки и черный веер! А в левой руке букет белых роз. «Оле, ля бониссима!» — «Оле, красавица!», — кричали мне, когда мы вышли на Плаза де Торос. На меня смотрели, щелкали «лейки» туристов-иностранцев, очевидно, они-то были уверены, что я истая, коренная испанка. А я чувствовала себя неотъемлемой частью корриды. Хуан Бельмонте представлял ее мужской элемент, а я — женский. Я была заодно с быком и с матадором, с желтым песком арены, с сияющим небом и с битвой не на жизнь, а на смерть. Никто не знал меня, и я никого не знала. От этого я чувствовала полную внутреннюю свободу и «публичное одиночество».

Мы сидели на солнце, на дешевых местах. И от этого мне было еще праздничнее. Кругом сидели крестьяне, рабочие, рыбаки — потные, напряженные, с шелковыми платками на шее, в кепках. Они улыбались мне и со всех сторон вопили мне комплименты. Дальше мне трудно писать от первого лица. Буду писать, словно то была не я!

Черный веер дрожал и раскрывался в ее руках. Когда Хуан Бельмонте поравнялся с местом, где она сидела, она бросила самую красивую белую розу ему под ноги. Он приостановился, взглянул наверх, в ее сияющее лицо, поднял розу и прижал ее к губам. Разразилась неслыханная овация, приветствуя его и ее!

Сейчас она была — возможно, в первый и последний раз в своей жизни — главной героиней, но лишь пролога. Вернее, прелюдии к первому акту. А когда началось главное театральное действие, она сошла со сцены, тут же всеми забытая, и смотрела на представление заодно с остальными».

Теперь, когда тот далекий год кажется нереальным, я не могу отделаться от мысли, что белая роза была прологом и к другому «главному театральному действию», героиней которого стала сама Татьяна Ивановна.

В ранней юности гадалка ей предсказала судьбу, где было все: и роскошь, и «казенный дом», потом — слава, долгая жизнь. Все сбылось. И все свое — не взаймы, не придуманное. В начале 1920-х вышла замуж. Очаровательный человек, еще молодой, но уже знаменитый и состоятельный адвокат Бенджамин Пеппер увозил юную Таню из Москвы в Нью-Йорк и предложил ей выбрать дорогу: через Швецию-Норвегию, через Японию, или через Европу... Она выбрала путь через Константинополь, Вену, Париж, а из Лондона в Нью-Йорк — на роскошном лайнере «Роттердам». В Америке она стала профессиональным журналистом, окончив отделение журналистики Колумбийского университета, стала актрисой, играла в театрах, вступила в американскую гильдию актеров. Брак был неудачным. Расстались, но дружба продолжалась долгие годы. Трижды возвращалась в Россию и трижды уезжала. Из ее дневника: «Боже мой, как я мучалась, как плакала в 1930 году, как молила начальников дать мне нормальный советский паспорт, чтобы я могла приезжать к родителям, к бабушке, — начальники сидели с каменными лицами, как шизофреники, словно в каких-то страшных масках, словно нечеловеки... Москва была голодная, заснеженная... Люди были измученные, плохо одетые, пришибленные, всюду торчали портреты Сталина и его приближенных...». Со вторым мужем скульптором Дмитрием Цаплиным она познакомилась в Париже, его послал туда Луначарский. С ним и с маленькой дочерью она вернулась в 1935 году в Москву и после этого самыми продолжительными ее путешествиями были сначала в 1941-м эвакуация в Барнаул и Новосибирск, а потом в 1947-м — путь на Воркуту, уже в качестве заключенной. В лагере играла в Воркутинском лагерном театре и кайлом долбила лед. Свобода пришла только в 1954-м, после смерти «вождя и учителя». 7 лет счастья с Василием Васильевичем Сухомлиным в маленькой квартирке на Соколе закончились в 1963-м, когда Василия Васильевича не стало. В той же квартирке она живет и по сей день. Шестидесятые, семидесятые, восьмидесятые, —постоянный труд: переводы, дневники, работа над песнями, домашние концерты. Она никогда не была на поверхности той, советской жизни. Но в Москве и бывшем Ленинграде ее хорошо знали и знают те, кто ценит настоящее исполнение русского и цыганского романса. Ведь сам Ром-Лебедев, кумир московских цыган, был влюблен в ее талант и аккомпанировал ей.

В марте 1992 года в только что открывшемся новом Доме актера на Арбате, бывшем министерстве культуры СССР, состоялась презентация первого тома «Долгого будущего». Вместе с давним другом Татьяны Ивановны, актером Цыганского театра «Ромэн» Толей Титовым пришли другие актеры этого театра. Они пели для нее. Было много гостей. Михаил Михайлович Новохижин посвятил Татьяне Ивановне прелестный романс. Через весь зал по диагонали тянулся огромный овальный министерский стол, его еще не успели убрать. Надо было как-то организовать пространство для выступления Татьяны Ивановны. Она приняла решение мгновенно. На стол поставили стул, Татьяна Ивановна села на него, я с гитарой примостился возле ее ног. Овальная плоскость стола была не очень широкой, и режиссер Цыганского театра «Ромэн» Олег Хабалов держал ножку стула для страховки.

Татьяна Ивановна родилась в день рождения пушкинского лицея. В этот же день родился знаменитый поэт и певец Александр Галич. Сегодня ему исполнилось бы 80. В воспоминаниях, датированных 11 июля 1965 года, она пишет: «Была у Марьямовых в Малеевке. Саша Галич опять пел, у него наряду с трагически-политическими песнями есть и остроумнейшие. «Физики», например, — мы просто валялись от хохота. Он очень талантлив. Пел опять для меня — как он всем объявил. Жарища несусветная, и желтые листья уже лежат на дорогах. Галич красивый, высокий. Прелесть! Мы сразу подружились. У него славная жена Нюша».

Я был знаком с Александром Аркадьевичем и несколько

раз по просьбам моих друзей устраивал у них дома его концерты. Однажды, это было незадолго до его вынужденной эмиграции, он согласился дать концерт в доме у моих близких друзей Величанских. Мы ехали в такси, и он сказал, так, между прочим, что на днях он, его жена и их друг Анатолий Аграновский были у одной дамы, замечательной певицы, которая пела дивный цыганский романс, и там были такие слова: «Очи ясные, насмотритесь про запас». Он восхищался точности и глубине этих слов. «Насмотритесь про запас» — повторял он несколько раз, пока ехали, смакуя их звучание. В 1987 году, через 10 лет после гибели Галича в Париже, я познакомился с Татьяной Ивановной и понял, что певица, пением которой восхищался поэт, была она.

В пятидесятые годы миллионы россиян прочли роман Уилки Коллинза «Женщина в белом» в переводе Татьяны Ивановны. Она была первой переводчицей Жоржа Сименона на русский язык. Удивительная история произошла с переводом английского романа Д. Лоуренса «Любовник леди Чаттерлей». В Англии роман вышел в конце двадцатых и был запрещен по суду, как «нарушающий моральные устои». Его реабилитация и причисление к классике состоялись в Лондоне только в начале шестидесятых. Татьяна Ивановна перевела роман еще в тридцать первом, когда жила в Париже. Рукописный текст перевода перепечатывал на машинке князь Михаил Петрович Волконский. В тот год в Париже состоялся вечер, посвященный русскому изданию «Любовника», где был поэт Константин Бальмонт, а доклад делал знаменитый Марк Львович Слоним, литературный критик и издатель. Сквозь Железный Занавес в СССР издание не проникло. Были еще довоенные издания, берлинское и рижское, которые в Советский Союз также не попали. Лишь в 1991 году знаменитый роман был издан в России.

Жорж Сименон, с которым она дружила, в один из ее приездов к нему в Лозанну подарил ей фотографию с надписью «Татьяне, владеющей талантом дружбы». В ее душе соседствуют сотни, тысячи людей, и живущих ныне, и давно ушедших. Мир для нее начинается с имен тех, с кем она встречалась в жизни. Она могла бы отнести на свой счет строки Мандельштама «Я помню все, с чем свидеться пришлось, и вспоминаю наизусть и всуе». В этом один из секретов ее долголетия, ясности ума и чувства.

Татьяна Лещенко-Сухомлина поет нам свои песни. Это и ее песни, и те, что она собирала как собирают любимый букет — цветок к цветку. Она хранила их в душе. Многим из них она дала жизнь. Она пела и поет их, создавая своим обликом, голосом, неповторимой манерой исполнения ту особую ауру, в которой песни остаются молодыми навсегда, неважно, молоды они или очень, очень старые.

Сегодня, когда так много людей, искренне любящих Татьяну Ивановну, присоединяются к пожеланиям ей здоровья и долгих лет, нельзя умолчать о состоянии, в каком сейчас находится эта великая женщина. Не буду описывать детали, приведу лишь отрывок из письма, которое мы с женой послали во фракцию «Женщины России» Госдумы еще три года назад. Надо отдать должное, отклик был быстрый и желание оказать помощь было велико, и возможности также были предложены. Но обстоятельства, в которых находится Татьяна Ивановна, оказались столь сложными, что усилия многих откликнувшихся разбились о закрытую дверь, за которой она погибает.

Сергей Чесноков

Отрывок из письма в Государственную Думу, во фракцию «Женщины России»:

«Мы все будем стары. Но не все, как она, доживем до девяноста двух, сохранив ясный ум, удивительный голос и всепобеждающую женственность. В ее памяти живая история нашей культуры. Потомки Шереметевых и Оболенских знают ее маленькую квартирку на Соколе. Когда-то в Нью-Йорке Маяковский пригласил Таню Лещенко к себе домой, где была и будущая мама его дочери. Общество украшал Давид Бурлюк. Будучи недавно впервые в Москве, дочь русского поэта не могла не навестить Татьяну Ивановну: ведь она — единственная в России, кто лично знала ее мать в Соединенных Штатах. Ее дружбу ценили Борис Пронин, знаменитый создатель артистического кабачка «Бродячая собака» в Петербурге, Тихон Чурилин (сейчас он в тени, но Цветаева считала его гениальным поэтом), Борис Пильняк — десятки великолепных артистических имен и судеб. Она потрясающе поет, Бог сохранил ей голос до сих пор. В тяжелые годы перестройки она своими концертами, выступлениями по телевидению поддерживала веру в себя у миллионов женщин России — в свои девяносто она учила и учит людей быть молодыми и верить жизни. В последние годы ею записаны на пластинки и компакт-диски песни, которые она пела всю жизнь — бесценный дар той русской культуры, что сейчас все больше становится лишь преданием. Только что она закончила третий том воспоминаний — два уже вышли. Судьба провела ее по всем дорогам уходящего века. Но ни прелесть Парижа и Майорки двадцатых-тридцатых годов, ни тяготы войны и Новосибирской эвакуации, ни семь лет лагерной баланды в

Сивой Маске на Воркуте не смогли заслонить главного. Им было и остается служение женственности, любви и искусству, служение до последнего. Не надо, чтобы это последнее было так печально. Это есть, но это несправедливо. Мы все у нее в долгу. Неужели действительно благодарность всегда должна опаздывать? У нас, близких ей людей, нет ни необходимых связей во врачебном мире, ни средств, чтобы оплатить лечение и уход. И мы в отчаянии — как быть? Есть пример, когда государство смогло помочь человеку такого масштаба и сходной судьбы, помочь действенно и по существу. Это пример Ирины Одоевцевой. Мы обращаемся к Вам: случай с Татьяной Ивановной экстраординарный.

Лина и Сергей Чесноковы
Москва, 20 июля 1995 года

Татьяна Ивановна Лещенко-Сухомлина и Лина Чеснокова.
Фотография из архива К. Резника и Сергея Чеснокова

Дорогому Другу и Партнёру
Сергею Чеснокову с Любовью —
Татьяна Ивановна Лещенко-Сухомлина
Апрель 1989 г.

О ТАТЬЯНЕ ИВАНОВНЕ ЛЕЩЕНКО-СУХОМЛИНОЙ
(19 октября 1903, Чернигов — 10 декабря 1998, Москва)

Текст на оборотной стороне конверта
виниловой пластинки «Недаром пела мне гитара»

*«... Путь мой долгий, путь мой длинный,
Я порой в стране пустынной,
Но услады есть в пути...»*

Произнести эти слова из стихотворения Федора Сологуба может любой. Но спеть их так, как поет Татьяна Ивановна Лещенко-Сухомлина, не сможет никто. И не только потому, что они звучат под гитарный аккомпанемент на мелодию, сочиненную ею самой. Слова эти — безукоризненно точный эпиграф к ее большой жизни, удивительной судьбе, радостям и испытаниям, выпавшим на ее долю.

«...Как мне нравится твой разговор...» — поется в одном старинном романсе. Сейчас так говорят редко. Но про Татьяну Ивановну хочется сказать именно так: ее разговор прекрасен. Какое-то удивительное чувство охватывает при звуках ее голоса — чего ни коснется в слове произнесенном, сказанном, все становится по-особому важным, душевно значительным. Таким наш родной язык был когда-то. Таким он был в родительском доме Татьяны Ивановны в Москве и в Пятигорске. Мама, Елизавета Николаевна, была одно время концертирующей пианисткой, потом преподавала по классу рояля. Она прекрасно пела романсы Чайковского, Танеева, Метнера и даже такие сложные для вокального исполнения произведения, как романсы И. Стравинского. Отец, Иван

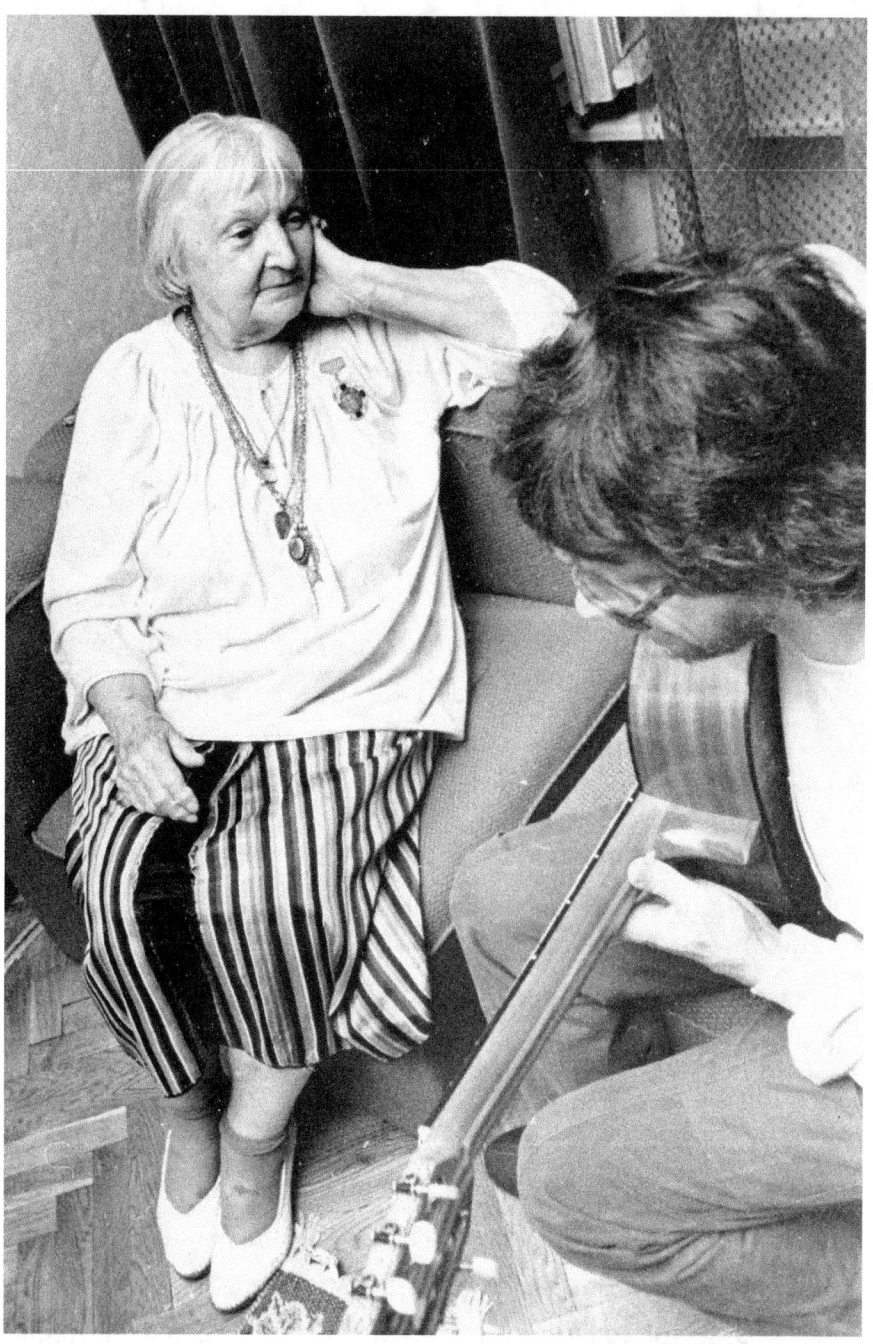

Татьяна Ивановна Лещенко-Сухомлина и Сергей Чесноков.
Фотография из архива К. Резника и Сергея Чеснокова

Васильевич Лещенко, из казачьего рода, ученый-агроном, ученик Тимирязева, и дядя, Владимир Андреевич Стеклов, физик-математик, академик, также замечательно пели. В обстановке, где царили сердечность и вдохновение, было у кого учиться. И не только русской речи. Удивительно ли, что теперь разговор Татьяны Ивановны воспринимается как волнующая, красивая музыка? Но вот что поражает: музыка эта, напоминая о прошлом нашей культуры, в высшей степени современна. К словам, к песням Татьяны Ивановны люди тянутся, будто к источнику живой воды. Видно, нужно это в нынешнее время, и не как приправа, а как хлеб насущный. С 1924 по 1935 год Татьяна Ивановна была за границей: Нью-Йорк, Париж, Пальма-ди-Майорка, Лондон. В 1929 году ее принимают в американский профессиональный союз актеров — гильдию актеров, она играет на сцене нью-йоркского «Театра новых драматургов». Разгар сталинских репрессий она с семьей (двое детей, муж — известный скульптор Дмитрий Цаплин) встретила в Москве в 1935 году. Затем предвоенные годы, война, эвакуация в Барнаул и Новосибирск. В эти годы она снова на сцене, уже как певица. Ее слушатели — раненые бойцы в многочисленных военных госпиталях. В 1943 году — возвращение в Москву, голод и холод военных и послевоенных лет. 1947 год —арест. Одиночка Лефортовской тюрьмы. Потом — Воркута... Сейчас, когда раскрывается история сталинских преступлений перед народом, спрашивать, за что ее взяли, по меньшей мере наивно. Ни за что. В 1956 году — реабилитация, возвращение в Москву, где живет по сей день. Телезрители знают о Татьяне Ивановне по ее небольшим, но ярким выступлениям на телеэкране. У многих в памяти ее быстро ставшие знаменитыми «Советы женщинам» и «Советы мужчинам», ее рассказы о встречах с поэтами, художниками, музыкантами... Нашим читателям она известна как переводчик «Женщины в белом» Уилки Коллинза, повести Жоржа Сименона «Президент» и т. д. Сейчас ею подготовлена к публикации книга воспоминаний. Но главное амплуа Татьяны Ивановны — амплуа актрисы и, как любит она говорить, «бродячей певицы», — до сих пор было известно лишь немногим. Имея от природы точно поставленный голос, великолепную дикцию, острый мелодический и гармонический слух, безошибочное чувство пластики, Татьяна Ивановна прекрасно владеет музыкальной и драматической формой исполняемых песен. Но она никогда не ограничивается одним только воспроизведением формы. Помимо изысканной простоты, в ее исполнении всегда есть то, что, как говорил Лорка: «все чувствуют, но ни один философ не может объяснить»... Каждый концерт Т. Лещенко-Сухомлиной превращается в уникальное событие. Когда она берет в руки гитару и начинает петь, происходит чудо. Ее облик преображается. Она вся становится воплощением того, что предшествует всякой форме, всякому умению, всякому-знанию. Того, ради чего существует искусство. И сердца слушателей раскрываются: они платят ей благодарностью.

Сергей Чесноков
Москва, 1989 г.

Татьяна Ивановна Лещенко-Сухомлина и Сергей Чесноков.
Концерт в «Доме актера». Москва, 1992 год.
Фотография из архива К. Резника и Сергея Чеснокова

Журнал «Вестник» (США), № 17 (328), 20 августа 2003 г.

ЛЕОНИД ВИТАЛЬЕВИЧ КАНТОРОВИЧ: ШТРИХИ К ПОРТРЕТУ

Опубликовано в книге «Леонид Витальевич Канторович: человек и ученый», том 1, Новосибирск, Изд. СО РАН, 2002, стр. 226–230.

В книге собраны автобиографические материалы самого Леонида Витальевича, воспоминания о нем, статьи и выступления, которые он не мог опубликовать в прежние времена. Среди авторов статей нобелевский лауреат Василий Леонтьев, академики Израиль Гельфанд, Сергей Новиков, Николай Петраков, Абел Аганбегян.

Несколько юбилейных слов об авторе

Профессор М. Д. Голубовский (Северная Каролина, США):

Хочу представить читателям Сергея Чеснокова — автора публикуемых мемуарных заметок о Леониде Витальевиче Канторовиче. В конце июня этого года Сергею исполнилось 60 лет. У испанского писателя Романа Гомеса де ла Серна есть такая оптимистичная градация возрастов: 40 лет — зрелость юности, 50 — юность зрелости, а 60 — зрелость зрелости. И хотя С. Чесноков уже достиг третьей ступени, в это трудно поверить. Он весь в полете, открыт всем потокам жизни, еще пишет свою «главную книгу» и может запросто по просьбе друзей 2–3 часа кряду петь на вечере под гитару песни любимого А. Галича, перемежая их виртуозным исполнением зажигательного фламенко. Путь жизни Чеснокова сопряжен с внешне неожиданными перегибами, бифуркациями. В середине 1960-х окончил знаменитый МИФИ, теоретическая ядерная физика, спустя 4 года — диссертация по физхимии, затем — резкий уход в социологию, погружение в социологические исследования, их успешное продолжение и осмысление в знаменитом Институте системных исследований Академии наук СССР, написание книги.

И вдруг вновь, в самом начале 1980-х, бросил науку, поступил осветителем в Театр на Таганке.

Концертные вечера бардов (в их числе и свои песни), артистический мир художников и поэтов нонконформистов, увлечение поэзией Д. А. Пригова, Л. Рубинштейна. О причинах этих перегибов или «загибов» Сергей Чесноков рассказал два года назад в большом интервью в «Социологическом журнале». Частичный ответ находим и в публикуемых ниже заметках, в замечании, что «к тому времени Академия окончательно превратилась в отлаженную машину по эксплуатации престижа науки, превращению его в разнообразные ресурсы и власть над ними». И хотя это общемировой вектор — в СССР все неимоверно усугублялось организационной удавкой советской идеологии. Согласно афоризму мудреца-цитолога В. Я. Александрова, «в науке стала господствовать банда передовых ученых».

И Сергей Чесноков просто ушел из официальной науки в трудный мир самостоятельных и независимых ни от кого поисков истины. Примерно так же как Иосиф Бродский: встал в 8-ом классе посредине урока, вышел и, к ужасу родителей, больше никогда не вернулся в советскую школу. Однако, вспомним и Джорджа Оруэлла, который сразу после окончания престижного колледжа в Итоне, вдруг нанялся на пять лет в имперскую полицию в Бирме. Тут мы сталки-

ваемся с некоей инвариантой жизненного пути больших талантов — неожиданно, исподволь подступающего ощущения скованности, удушья, невозможности далее спокойно плыть по течению («а он мятежный просит бури») и играть по сложившимся правилам. Внешний бунт, эпатаж оказываются лишь одним из воплощений глубинного поиска целостности, решимости прожить собственную жизнь, найти свои правила игры и явить их затем миру. В книге, которую Сергею Чеснокову все-таки удалось опубликовать в начале 1980-х, но лишь при поддержке академика Канторовича, показана искаженность, скошенность правил, по которым большей частью собираются и анализируются данные в социологии, экономике и других науках.

Чесноков развил свою логику и математическую теорию «ДА» или Детерминационного анализа. Вдохновленный ее красотой и возможностями, он страстно расширяет сферы ее применимости, вплоть до лингвистики, медицины и генетики. В основном, через созданную с группой энтузиастов одну из первых в постсоветское время информационную фирму «Контекст». Настоящему творцу свойствен прозелитизм, комплекс Пигмалиона. Лекции Чеснокова, в которых оригинальность подхода, строгость изложения сплавлены с образностью языка бардов, острым словцом, анекдотом, притчей, пользуются успехом у студентов. Недаром, и книга о мудрецах-хасидах еврейского философа Мартина Бубера «Путь человека» (как-то счастливо подаренная мной) стала одной из любимых у Сергея Чеснокова. Характерны уже названия первых трех главок книги — Самоосмысление. Особый путь. Решимость. А вот и одна из хасидских притч. В дни Ха-

нуки рабби Нахум, придя в иешиву и застав учеников за игрой в шашки, весело спросил: «А правила игры в шашки вы знаете?». И оробевшие ученики услышали преображенную мудрость: «Вот вам эти правила. Во-первых, не делать двух ходов сразу, во-вторых, ходить только вперед, а в-третьих, если ты добрался до самого верху, в дамки, то можешь ходить, куда хочешь». Сергей Чесноков давно уже свободно ходит по зову своего вдохновения, «усовершенствуя плоды любимых дум».

В заключение одно добавление к публикуемым мемуарным заметкам. Так случилось, что в 1975 году сразу два советских ученых были удостоены Нобелевской премии: по экономике — Л. В. Канторович и «Премия мира» — академику А. Д. Сахарову. Власти не только не пустили Сахарова в Швецию, но устроили ему позорную вакханалию-травлю с коллективными подписями во всех газетах. Как пишет журналист А. Блох («Известия», 03.02.2000), в Президиуме АН Канторовичу долго «выкручивали руки», добиваясь подписи под коллективным письмом академиков с осуждением Нобелевского комитета мира. Стали грозить, что его тоже не выпустят из страны.

Леонид Витальевич устоял, а академическое начальство, стремясь оттянуть время, придумало кумам-надзирателям из ЦК КПСС витиеватую версию, что Канторович, «как новый лауреат Нобелевской премии, подписание коллективного письма считает для себя несвоевременным и думает написать индивидуальный протест». Сам Леонид Витальевич таких обещаний никому не давал и ничего не подписал.

Почитателей миллион, а в аптеку сходить некому, — говорила Фаина Раневская.

Для Леонида Витальевича в аптеку сходить было кому — любящие жена, дети, внуки, благодарные ученики... И все же одиночество еще более тотальное, чем то, что имела в виду Раневская, он, по-видимому, испытал в полной мере. Как почти всем, кому наука по-настоящему обязана своим развитием, судьба положила ему ходить душой узкими путями, где путники встречаются крайне редко. Повод так думать давали не только его работы. Одиночество сквозило в его облике. Оно не было заметно, когда он целеустремленно шел встретиться с кем-то, переговорить, решить какие-то вопросы. Однако порой у него был вид человека, которому трудно найти самое простое тепло, так нужное для жизни и такое недоступное.

Нобелевский статус помогал и мешал. Он привлекал к нему многих. Может быть даже слишком. Но одиночество от этого не уменьшалось.

В Институте системных исследований, где у Леонида Витальевича была небольшая, несколько человек, лаборатория, я в конце семидесятых работал в отделе Станислава Шаталина у Олега Пчелинцева. Занимался математической теорией правил, выводимых из наблюдений за частотами событий, известной как «детерминационный анализ».

Шаталин оказывал Леониду Витальевичу всяческие знаки внимания. Он с благодарностью и гордостью называл себя учеником Канторовича.

Временами Леонид Витальевич заходил в отдел по делу, а иногда просто посидеть.

Его облик, реплики, интонации в разговоре привлекали всех. Что бы он ни говорил, к его словам невозможно было не прислушиваться. Содержание ушло. Но запомнилась атмосфера. Помимо памяти о душевном строе этого человека осталось ощущение организации жизни, в которой служение науке было определяющим.

К тому времени Академия окончательно превратилась в отлаженную машину по эксплуатации престижа науки, превращению его в разнообразные ресурсы и власть над ними. Процесс общемировой. Институт Системного Анализа в Австрии под Веной и Римский Клуб, с которыми как бы сотрудничал московский Институт системных исследований, служили выразительной иллюстрацией. Но в Советском Союзе была своя специфика. Она определялась бериевским атомным проектом, другой военной тематикой, а также откровенной организационной функциональностью господствовавшей идеологии. Всем был памятен «волчий вой» внешне успешного президента Академии Сергея Вавилова, когда параллельно убивали его знаменитого брата Николая. Эти и другие наглядные уроки власти, как «жить с волками», были усвоены академиками и превращены в «науку наук», которой обязан был владеть и владел каждый, кто получал или стремился получить позиции в Академии.

У всех на виду были влиятельные начальники с высоким академическим статусом, у которых на языке наука, а под языком особняки, дачи, распределители. Они активно воспроизводили себя в себе подобных и как бы постоянно напоминали всем, что по-другому не бывает. Кто считает иначе, глупец или неудачник. На этом фоне пример Леонида Витальевича был особенно важен. Он был живое свидетельство, что может быть и по-другому, что служение научной истине не обязательно должно быть под пятой шкурных интересов.

Каким образом ученый влияет на коллег, общество, мир в конце концов? Благодаря чему воздействие его становится фактом? Работы? Конечно. Но не только. Помню Исаака Яковлевича Померанчука, его лекции в МИФИ, где я обучался теоретической физике. Его воздействие было огромно. Дело не в теории элементарных частиц, о которой он рассказывал. Поражало, как человек организует переход от простейших, казалось бы, фактов, к умозаключениям, выводящим на передний край фундаментальной науки. В научном действии, когда о нем читаешь, многое теряется. Когда же видишь его воочию, это воспринимается как чудо.

Такое чудо являл Леонид Витальевич. За ним безошибочно угадывался особый строй мысли и непрерывная внутренняя работа. Будучи сравнительно молодым, я тем не менее понимал, что к любым, даже внешне незначительным словам его следует относиться с особым вниманием. Таким людям, как Канторович, нельзя возражать, ориентируясь исключительно на кажущееся очевидным понимание их слов. То есть, конечно, можно. Но надо быть готовым к тому, что потом придется пожалеть о поспешности своих суждений. Мне не удалось избежать искушения. В результате я получил урок, который запомнил на всю жизнь.

Построенная Канторовичем теория линейного программирования дает возможность находить оптимальные решения экономических проблем, когда при заданных ограничениях на ресурсы нужно минимизировать издержки, максимизировать прибыль и т. д. Чтобы задачу поставить практически, надо задать критерий оптимальности. Это принципиально.

Однажды в Воронеже была очередная конференция, которую отдел Шаталина проводил совместно с Воронежским университетом. Конференция была посвящена социально-экономической проблематике. Эпоха Брежнева близилась к концу, империя билась в кризисе, а ученые обсуждали связи между «социальным» и «экономическим» в социалистической экономике. На этом фоне Леонид Витальевич в своем докладе говорил об общих проблемах применения линейного программирования для решения социально-экономических задач. В частности, он высказал предположение, что оптимизационные подходы могут стать основой для моделирования социальных процессов.

На обсуждении я возразил. В экономике эффективность оптимизационных методов бесспорна. Однако их полезность для моделирования социальных процессов сомнительна. Причина в том, что объектом моделирования здесь становится само формирование критериев. Критерии множественны и противоречивы. В этом суть социальной жизни. То, что одни хотят максимизировать, другие пытаются свести к минимуму. Здесь решающая роль принадлежит становлению языковых понятий, выражающих нормы и ценности. В этих условиях применимость методов нахождения максимума или минимума целевой функции на выпуклом многограннике принципиально ограничена.

Леонида Витальевича задела моя горячность. Он очень внимательно посмотрел на меня, но возражать не стал. Прошло несколько лет. Внутри анализа правил, который уже зарекомендовал себя как полезный метод анализа социально-экономических данных, появилась возможность поставить задачу о расширении силлогистики Аристотеля. Я напряженно искал метод ее решения. Каково же было мое удивление и восхищение прозорливостью Леонида Витальевича, когда выяснилось, что математический аппарат, ведущий к решению проблемы, основывается на идеях линейного программирования, выдвинутых и разработанных Канторовичем! Непредвиденная новая жизнь древнейшей логической системы, имеющей самое непосредственное отношение к устройству естественного языка, а значит и к социальным процессам, оказалась возможной благодаря человеку, создавшему фундамент современной математической экономики. Да, сказал я себе: когда слушаешь гения, не спеши думать, что понимаешь его, чтобы не пришлось потом жалеть. Я передал Леониду Витальевичу работу с изложением полученных результатов и принес извинения за неуместную поспешность в своих суждениях на той Воронежской конференции. Была осень 1985 года. Болезнь уже держала его в тисках. Всеволод Леонидович, сын Леонида Витальевича, говорил мне, что видел, как отец неоднократно возвращался к чтению этой моей работы.

О Леониде Витальевиче я знал с малых лет. Мой отец был морским инженером. С детства помню его выпускной фотоальбом. В 1941 году он окончил Высшее военно-морское инженерно-строительное училище (ВВМИУ) в Ленинграде. То был первый выпуск. Под одной из фотографий преподавателей была подпись «Корабельный инженер академик Галеркин Б. Г.». Среди прочих выделялась фотокарточка молодого человека с открытым, живым лицом. В светившихся умом глазах читалась доверчивая, активная направленность на мир. Подпись: «Доктор математических наук, профессор Канторович Л. В.». Познакомившись с Леонидом Витальевичем в Институте системных исследований, я испытал странное чувство.

К тому времени у него за спиной была большая часть жизненного пути и глаза его были глазами человека, который скорее ограждал себя от мира, чем стремился к нему.

Леонид Витальевич помогал многим. Мне посчастливилось оказаться среди них. В 1980 году, перед тем как уйти из Института, я сдал в издательство «Наука» инициативную монографию по элементарной теории правил под названием «Детерминационный анализ социально-экономических данных». Публикацию поддержал Шаталин. Но этого могло оказаться недостаточно. Книга не вписывалась ни в какие официально утвержденные планы ни Института, ни Главной редакции физико-математической литературы. Я попросил о поддержке Леонида Витальевича. То, чем я занимался, было в стороне от его непосредственных интересов. Тем не менее, он назначил мне аудиенцию. Во время встречи он подробно расспрашивал, как возникло понятие правила, в каком отношении оно находится с общепринятыми математическими понятиями, что послужило отправной точкой, как все это связано с теорией вероятности и математической статистикой. Разговор продолжался больше часа, после чего он согласился дать рекомендацию. Книга вышла в 1982 году. Если бы не поддержка Леонида Витальевича, публикация вряд ли состоялась бы. У Леонида Витальевича были выдающиеся учителя — Григорий Михайлович Фихтенгольц, Владимир Иванович Смирнов, Сергей Натанович Бернштейн, Андрей Николаевич Колмогоров. В этой книге (*«Леонид Витальевич Канторович: человек и ученый», том 1, Новосибирск, Изд. СО РАН, 2002*) публикуется письмо Николая Николаевича Лузина к совсем юному профессору Канторовичу, где Лузин говорит, что считает Леонида Витальевича первым кандидатом в член-корреспонденты Академии Наук по отделению математики. Однако избрание его членом-корреспондентом состоялось более чем 20 лет спустя, в 1958 году. Академиком он стал в 1964-м. Нобелевская премия была ему присуждена за работы, выполненные в 1930-х годах, почти 40 лет спустя, в 1975 году.

Насколько Леонид Витальевич был свободен от влияния статусных условностей в отношениях с людьми, я испытал на себе. В 1980 году я ушел из отдела Шаталина.

Но не в другой научный институт, а в театр на Таганке — сначала осветителем, потом пожарником. Это был мой личный выбор, не вызванный никаким внешним давлением. Для моих друзей в артистической, художнической среде мотивы этого шага были понятны. Но многие из знавших меня в научном мире восприняли это как поступок, свидетельствовавший скорее об эпатаже принятых норм, чем о серьезности жизненных планов. Исключения были редкими. Тем более они были мне дороги.

Однажды зимой 1983 года мне позвонил сын Леонида Витальевича и сказал, что он и его отец были бы рады видеть меня на их общем дне рождения. Оба родились в январе с разницей в один день, и в семье было принято день рождения отмечать совместно. Зимней морозной ночью я взял гитару и прямо из театра отправился в высотный дом напротив памятника Лермонтову, где метро «Красные Ворота». Там тогда жила семья Канторовичей. Когда застолье стало более свободным и можно было сказать несколько слов Леониду Витальевичу, я воспользовался этой возможностью. Он спросил, что заставило меня уйти в театр. Я ответил, что чувствовал необходимость основательно пройти гуманитарную часть пути, чтобы определиться с дальнейшими жизненными планами. По его реакции я понял: мысль, что цельность и единство жизни человека определяются не внешним планом, а внутренним, была для него абсолютно естественной. Ему не нужно было объяснять, почему важно слушать голос сердца, когда решаешь, как распорядиться своей жизнью в пределах, отпущенных Богом и судьбой. Я взял гитару и спел Галича, потом немного своих песен. В конце Леонид Витальевич попросил спеть песенку, написанную в его честь за несколько лет до того.

Дело было в Институте системных исследований 19 января 1978 года. Несколько человек из отдела Шаталина, в их числе и я, пришли в лабораторию к Канторовичу, чтобы поздравить его с днем рождения. Там уже сидели его сотрудники и он сам.

На обычном казенном столе стояли несколько бутылок. В руках у всех были стаканы и чайные чашки, и они не были пустыми. Я пришел с гитарой, а когда наступил момент, спел, как поздравление от отдела, песенку на мотив «Зачем же вам чужая Аргентина...», написанную мною к этому дню в честь Леонида Витальевича. В ней обыгрывалось то, что в одной из популярных интерпретаций решенная Канторовичем проблема нахождения экстремума линейной функции на выпуклом многограннике называлась «задачей раскроя фанеры». После первого куплета, где, с учетом жанровых особенностей, говорилось о приоритете Леонида Витальевича в создании теории линейного программирования, шли такие слова:

Кто наблюдал за яблока паденьем
Стремясь открыть законы тяготенья,
Кто вытеснять любил собою воду
Чтобы познать различных сил природу.
А Леня Кантор, будучи ребенком,
Любил кроить промокшие пеленки,
Он их кромсал на мелкие кусочки,
Но это были только лишь цветочки.
Пеленки кончились, настали интегралы.
Ему и это показалось мало.
Ребенок рос, был умница не в меру,
И вскоре стал закройщиком фанеры.
Среди закройщиков он самый первый номер.
Один король однажды чуть не помер,
Когда узнал про Ленины таланты.
И пригласил к себе в Стокгольм на рандеву.
И вот наш Леня, мастер на все руки,
Жить перебрался на Олимп науки,
Спускается с него, чтоб только выпить,
Прекрасным дамам ручки целовать.
Мы пьем за Кантора — он преотличный малый.
Средь женщин славится он силой небывалой.
И по секрету, хоть ему за сорок,
Он лихо пляшет танго и фокстрот!

У меня в мыслях не было явить какую-либо фривольность в отношении этого великого человека. Но слова были на грани допустимого. Когда Леонид Витальевич улыбнулся, стало ясно, что все в порядке.

Говорят, знаменитый Фихтенгольц предрекал юному Лене Канторовичу, что имя его будет во всех энциклопедиях мира. Так и случилось. Ценой стала жизнь. Уже перед последней чертой, прекрасно это сознавая и преодолевая физические муки, Леонид Витальевич не прекращал работу над тем, что связывал с будущим математики. Когда 10 апреля 1986 года была панихида в Доме Ученых, мне показалось, что мы провожаем в последний путь паломника, который под покровом видимых всеми регалий, невидимый, одиноко прошел своей дорогой.

«ЗНАНИЕ-СИЛА» №8, 2003 г.
Из выступления в театре песни «Перекресток» 16 ноября 2000 г.

ПЕСЕНКИ В ЖИЗНИ ПЕРСОНАЖА.
Галич, Окуджава

Персонаж это я. Песенки были в моей жизни как переживания, тексты, речь. С ними я вырастал, входил в жизнь. Коммунизм явление в языке, экономика — следствие. В 1960-х подавление языка оставалось основой государственной политики. Тогда песенки и стали экстерриториальным по отношению к официальной идеологии анклавом, где жила прямая речь, создавались свободные тексты. Там действовали Галич, Высоцкий, Визбор, Окуджава, Матвеева, Ким. Тексты песен были обращены персонально ко мне, к ним, к тебе. Они про меня, про мир. Было ли это способом создания персональной социальной теории? Конечно.

Но путь не прямой. Слушаешь песню, она начинает жить внутри своей жизнью. А думаешь о словах, — чувство уходит. Разум и ощущения по разные стороны бытия, старая история. Но интересно, что одни песни выдерживали испытание, даже становились ближе, больше трогали. Другие не выдерживали. Наивное восприятие укреплялось либо разрушалось.

Пехота и весна
У Окуджавы есть песенка:
Простите пехоте,
Что так неразумна бывает она.
Всегда мы уходим,
Когда над землею бушует весна.
И т. д.

Я много лет пел ее, прежде чем понял важную вещь. Наложились образы рек крови, жертв, отношение ко всему этому... В пятидесятых на моих глазах люди полуразрушенные возвращались из лагерей, 5 лет не прошло у многих. Галич пел: «А по этим дням, как и я, полстраны сидит в кабаках, и нашей памятью в те края облака плывут, облака». Реабилитированные получали компенсации: «4-го перевод и 23-го перевод». Тогда, точно, полстраны сидела в кабаках, шалманах, забегаловках. А их памятью на Колыму и Воркуту плыли облака.

В довоенные, военные, послевоенные годы кровавое колесо крутилось вовсю. В песенке о пехоте Окуджава говорит и о тех годах. Он сам прошел войну, был на фронте. В лагерях, как и Галич, не был. Отец расстрелян. О времени, которое для него и многих было временем ужаса, он говорит: «Нас время учило — живи по-привальному, дверь отворя».

Что значит «время учило — живи по привальному»? На холстах Дейнеки динамовские майки. Колонны по Красной площади, на машинах пирамиды тел, портреты Сталина, знамена. Крики толп: «Распни, распни его!» и расстрелы. В головах накрепко вбитое: «Любимая родная армия — непобедимая и легендарная, в боях познавшая радость побед...», это во время финской-то войны, когда сотни тысяч непобедимых полегли ни за хрен собачий.

Меня поразило, что следы той фантасмагорической пропаганды в душе пехоты Окуджава обозначает словами: «Нас время учило — живи по-привальному, дверь отворя». Он смещает акцент. Люди с холстов Дейнеки, персонажи пропагандистских фильмов у Окуджавы говорят о себе языком, не похожим на язык мастеров идеологически выверенной монументальной пропаганды.

В адресованных им словах люди реагируют на простой и бесспорный смысл. Концепция родины и врага с этой точки зрения — бронебойная идеологическая валюта, золотой запас, скажем помягче, прагматиков от идеологии (по-нынешнему — от пиара, политических технологий), умельцев управлять чужим сознанием. Нападет враг, надо защищать родину. Это понятно всем. Дальше можно круче: «если враг не сдается, его уничтожают», «пособников врага к стенке», «чеченцев надо давить» и прочая, и прочая.

И вот Окуджава делает такую вещь. Когда я понял ее, она показалась мне поразительно сильной. В особенности на фоне неприемлемой для меня практики замещения людей концепциями, — я видел ее со всех сторон — и со стороны палачей, и со стороны жертв. То было формирующим переживанием.

Окуджава оставляет в стороне трагический идиотизм в людях, веривших преступникам. Он берет лишь то, что оживляло идеологию со стороны самих людей, было жизненной основой доверчивости доверчивых. «Нас время учило — живи по-привальному, дверь отворя. Товарищ мужчина, а все же заманчива должность твоя». И дальше следует удар изнутри фантастической силы. Цель удара — не то, что легко отринуть, — майки там, пирамиды, лозунги. Это как бы вообще в стороне. Цель — чувство «живи по-привальному». И именно ему Окуджава противопоставляет не социально-экономические или политические прописи, а вещь, неизмеримо более важную и массе людей столь же понятную, как родина и враг. Что? Весну.

Хочешь — живи по привальному. Как учат. Живи… Но «куда ж мы уходим, когда над землею бушует весна?» Этот момент меня потряс. Когда это стало ясным, текст песни окрасился особым смыслом. Прошло больше тридцати лет, но живо это помню.

Галич, диссиденты и профессионалы-артисты

В знаниях о людях на языке сентенций и глубокомысленных социальных теорий людей не разглядеть. Окуджава вносил в язык знания на языке людских переживаний. Он делал то, что во все времена естественно для поэта, осознающего себя частью других, — шел к первопричинам драмы бытия.

То же делал Галич. Он слыл разоблачителем режима. Если бы я остановился на этом, Галич был бы мною потерян давно и навсегда.

Разоблачение помогает преодолеть зло, но в качестве основы жизни философия разоблачения не годится. Она бедна. И опасна прежде всего для ее носителей. Она на время способна возбудить ум, но для сердца пуста.

Когда разоблачение становится основой жизни, это беда. Тогда все, что ни делается, зависит от разоблачаемого. Им ограничиваются горизонты жизни. Разоблачаются репрессии Сталина — это горизонты репрессий. Разоблачаются зверства КГБ — это горизонты КГБ. Сама жизнь становится следствием разоблачаемого. То, что схватка со злом гарантирует обретение мудрости, — иллюзия.

Если фундамент артистического действия — разоблачение, искусство гибнет. Оно уступает место контридеологии, пафосу отрицания, мужеству, героизму, моральным сентенциям.

Люди замещаются схемами, и все вместе часто становится до безобразия тягостным и скучным, как, возможно, полезная, но невкусная еда. «Друг, ты пишешь так бледно и хило, что никто бы труда твоего не читал, даже если б его инквизиция вдруг запретила». Эта старинная испанская эпиграмма никогда не относилась и не могла относиться к Галичу.

Галич был артист. В основе его действия — чувство драмы. Верховную власть над собой он отдал клоунам-волшебникам и мальчику с дудочкой тростниковой. Есть такая хасидская легенда. В Судный день в местечковой синагоге цадик молил Бога о прощении грехов для собравшихся. Прошло много часов, но звезда, знак прощения, не появлялась. Там был сынишка портного, ему стало скучно слушать молитвы взрослых, он достал припрятанную тростниковую дудочку и заиграл. Все в синагоге зашикали на него, чтоб не святотатствовал. А Бог услышал мальчика и по звукам его простил их всех.

Артистическая правда сильнее любых разоблачительных речей. Для изгнания Галича хватило сотой доли того, что он сделал в своих песнях и балладах.

Диссидентская среда приняла Галича сразу и безоговорочно. Большинство в ней острее всего реагировало на подтверждения, что режим отвратителен. Режим действительно был дерьмо, но когда песни Галича превращались в оружие, словно терялся объем и все становилось плоским. Для меня это было мучением.

Интонации обличения в Галиче найти легко. Труднее от них избавиться. Но к этому стоит стремиться, потому что тогда с Галича, как слой штукатурки слетает, и обнажается еще более сильный материал. Когда слушатели искали обличения, мне было тяжело его петь. Как будто что-то очень важное подавлялось другим, тоже важным. Среди крутых диссидентов петь Галича было труднее всего. Не от страха, дело не в этом.

Мне было тягостно, когда из самых добрых чувств во мне видели человека, который демонстрирует гражданское мужество. А некоторые еще и проверяли – соответствую ли такой роли. Я пел Галича всегда и везде, но маска гражданского мужества была для меня унизительна, мне это было глубоко чуждо. Его слова о себе «мне как горькое право эта стыдная роль, эта легкая слава и привычная боль» я хорошо понимал. Было понятно, как может возникать легкая слава. А со стыдом в моем случае было еще понятнее. Я сжимался весь оттого, что как исполнитель был слаб, не был в состоянии преодолеть трагичные стороны диссидентской культуры и терял что-то очень важное, что я любил (и люблю) в Галиче, терял то, что было для меня синонимом живого действия.

Культура, где разоблачением зла и насилия замещены высшие проявления духа, слаба. Несильная жизнь. Не врать, помогать ближнему необходимо, но это лишь первый шаг к полноценной жизни. Драма все равно остается — при любом режиме. Зоны умолчания и лжи есть не только среди палачей, но и среди жертв. В атмосфере, где вериги подвижничества синоним вершин духа, трудно дышать. Такая атмосфера была характерна для московских кухонь, воспетых Юликом Кимом. Меня эти кухни привлекали и отталкивали одновременно. Своим я в них себя не чувствовал никогда. Хотел, был бы рад, пытался, но не чувствовал. Из-за себя.

Профессиональная артистическая публика старшего поколения создавала при Советах бескровную, анемичную культуру и продолжает теперь делать то же. В современных артистических колледжах Михалковы (ударение на «а») и им подобные сворачивают головки артистических бройлеров еще основательнее, чем при коммунистах. Сменился концепт, только и всего. Главный конфликт Галича был не с режимом, а с этой средой, со своими братьями-артистами. И в первую очередь не с теми, кто из любви, неведения или по нужде лизали партийные задницы, а с теми, кто, понимая все и вся, ведал, что творит. «И нечего притворяться, мы ведаем, что творим» — это к ним обращено, а не к гебешникам. К тем, кто, опираясь на глубокомысленную философию «великих задач большого искусства», занимался и занимается под покровом профессиональных ремесленных навыков беспомощным, скучным, а иногда и отвратительным наивным концептуализмом. Именно там происходит замыкание накоротко с песней о черте. Подыгрывая внешней смене обстоятельств, они теперь превозносят Галича как автора плохих советских пьес и фильмов, сказавшего правду о режиме. Получается плоско и глупо. Но удобно, потому что сам собой уходит в тень Галич — поэт, драматург и артист. Потому что тем, кто привык врать не только другим, но и себе, вопросы, поставленные Галичем, противопоказаны. Они как соль на раны. Особенно, когда скоро умирать.

И Галич, и Окуджава выводили драму бытия из прямого мироощущения своих персонажей. Только Окуджава действовал как поэт и прозаик, а Галич еще и как драматург. Роли действующих лиц на театре жизни у него всегда четко определены. Малый, женатый на профсоюзной мымре из ВЦСПС. Палач, который «получил персональную пенсию, заглянул на часок в "Поплавок"». Шофер, продавец антикварного магазина, кассирша, пьяница... Галич изнутри человека разворачивает действие, там истоки его сюжетов, кульминаций, развязок. Над умершим палачом «коридорная божию свечечку» зажигает.

Дети и снежная баба

С этой песенкой было особое происшествие.
На Арбатском дворе веселье и смех,
Вот уже мостовые становятся мокрыми,
Плачьте, дети, умирает мартовский снег,
Мы устроим ему развеселые похороны.
По кладовкам по темным поржавеют коньки,
Позабытые лыжи по углам покоробятся.
Плачьте, дети...

Кто эти дети, спрашивается? К каким детям обращается Окуджава? Мартовский снег он противопоставляет весне. «Мартовский снег», что это такое? Где ты, Адам? Сквозь черные прожилки, выбитые солнцем на весеннем снегу, проступают уходящие в прошлое усы. На похоронах Сталина в марте 1953-го потерявшие кумира рыдающие люди в центре Москвы давили друг друга. Я долго не понимал, что именно их Окуджава называет детьми. Именно к ним Окуджава обращается «плачьте, дети», обещая утешение в кузнечиках, которых хватит на всех. Это стало для меня еще одним потрясающим открытием.

Та же удивительная линия, что в призыве простить пехоте ее неразумность. Время было — конец пятидесятых. Вполне можно было остановиться на разоблачении идиотизма толп, лишившихся вождя. Но Окуджава черпал силы из другого источника.

Смертью Сталина началось умирание одной эпохи и становление другой. Тоже страшной, но другой. Такие ассоциативные ряды не сразу возникали в сознании, но они создавались, и на пространстве единого поэтического действия заплетали в одно целое разные стороны окружавшей реальности. Это были знания, которое я получал из песен. Дальше, конечно же, все тоже не случайно:

Плачьте, дети, умирает мартовский снег,
Мы ему воздадим генеральские почести.
Заиграют грачи над его головой,
Грохнет лед на реке в лиловые трещины,
Но останется снежная баба вдовой.
Будьте, дети, добры и внимательны к женщине...

Кто эта снежная баба? Понимаете, кто она? Она из того же снега, в котором дышит облик Сосо, большого, усатого. Тот снег леденил душу. Но из него возникли некие существа, они напоминали снежных баб. Пусть у них вместо глаз луковицы или угольки, а вместо носа морковка, но это были живые люди. И Окуджава говорит: «Будьте, дети, добры и внимательны к женщине».

В тот момент, когда я внял этому, я понял, что у Окуджавы вещей случайных нет. Можно думать, что песенка только про мартовский снег. Но зачем терять, если можно найти? Вокруг тьма ассоциативных рядов. И когда Окуджава берет слова и выстраивает их, он чувствует эти ряды, с ними соотносит свои слова.

Границы и шаги через них

Снежная баба многое определила в моей жизни. И в той, которую прожил, и в той, что, даст Бог, впереди. Я понял, что разделяющие границы проходят не между людьми. Они проходят через их души. Между людьми границ нет, а те, что есть, — фальшивые.

Время противодействовало такому пониманию. Физически и фактически по одну сторону было КГБ, по другую — диссиденты. С одной стороны те, кто выходил на площадь. С другой — чекисты, черные воронки, следователи, стукачи. Среди диссидентов действовала жесткая норма: никаких контактов с наследниками палачей. Жесткая и понятная: они грязны, не будь с ними.

Они действительно были грязны по уши. Полстраны сидело, а полстраны охраняло. Кто исполнял палаческие функции по доброй воле, осознанно, кто нечаянно, по глупости, недомыслию. Но так или иначе на уровне обыденной жизни важное начало той культуры было: отделить чистых от нечистых, мужественных от трусов, достойных от недостойных, добрых от злых.

И я понял, что это деление как объективно данное, изначально сомнительно. Всякие есть люди. И все в пути.

Говоря о ком-то, что он говно или мудак, я говорю о себе. Если это помнить, все становится на свои места. Границы проходят не между людьми, а через их души. И тогда становится само собой естественным, что сейчас думаешь о ком-то так, а потом — по-другому. Живущий не сравним. Бывает, что сборщик налогов становится Евангелистом, а разбойник первым попадает в Рай.

В конце концов все мы части друг друга, как бы ни относиться друг к другу. И тогда любой солист менее значим, чем оркестр, где каждый ведет свою мелодию. И главной становится проблема оркестровки, казалось бы, несоединимых начал. Их нельзя терять, — неразумно убегать от разнообразия. В горечи больше оттенков, чем в сладости, диссонансы богаче правильных гармонических созвучий, музыка без диссонансов бедна. Осознать это мне помог Окуджава.

Это было важным ощущением. Мне были интересны все люди, самые разные. И диссиденты, и гебешники, и ученые, и те, кому наука до лампочки. Такое понимание природы границ оправдывало этот интерес. И помогло делать шаги через границы в себе самом.

Я окончил МИФИ, факультет теоретической и экспериментальной физики по кафедре теорфизики. Аспирантура тоже была связана с теоретическими вещами, с гидродинамикой. Но внутреннее состояние требовало выбрать путь, который приближал меня к себе, и я ушел в Институт социологии. Окружавшие, кроме близких друзей, это трактовали по-разному, многие негативно. Но, сделав тот первый в жизни серьезный шаг через границы внутри себя, я понял, что прав. А культура, что меня окружала, которая назначала эти границы и ставила этот шаг под сомнение, эта культура не права.

Через 10 лет я получил еще более радикальный опыт преодоления границ. Из отдела Шаталина, где разрабатывали план экономических реформ, я уехал на год в Грузию, а вернувшись в Москву, пошел в Театр на Таганке. Сначала осветителем, потом пожарником. Мне это было необходимо. Так от песенок шли выходы на принятие конкретных решений:

как действовать, жить, что выбирать, куда идти. Прорастая в душе, песенки помогали этому.

Трубачи

Были песни, которые выдерживали требовательное отношение к себе, когда текст воспринимался не только буквально, впрямую, но и в более широком плане. Но были песни, которые не выдерживали. Например, песенка о маленьком трубаче.

Когда здесь, в «Перекрестке», в 1998 году отмечали 30 лет новосибирского фестиваля, Сережа Крылов спел песенку «Маленький трубач». Я тогда сказал ему, по-доброму, что «Маленький трубач» собран из обносков идеологической дряни, которой нам компостировали мозги. Сережа ответил тоже без аффекта чем-то вроде того, что «все вы, интеллигенты хреновы, не способны чувствовать реальность, принимаете за нее свои сны и фантомы...». Совсем недавно был вечер в Горбушке, Сережа там тоже пел «Трубача», зал подпевал с любовью. Все хлопали, туристы, кто там был, подпевали, замечательно, мило, тепло. Вот текст той песенки по памяти. Может, где-то ошибусь:

Кругом война. А этот в валенках,
Над ним смеялись все врачи.
Куда такой годится маленький,
Ну разве только в трубачи.
А что ему? Все нипочем.
Ну, трубачом, так трубачом.
Как хорошо, не надо кланяться,
Свистят все пули над тобой.

Везде пройдет, но не расстанется
С своей начищенной трубой.
А почему? Да потому,
Что так положено ему.
Но как-то раз в дожди осенние
В глухой степи, в чужом краю
Полк оказался в окружении,
И командир погиб в бою.
Ах, как же быть, ну как же быть?
О чем, трубач, тебе трубить?
И встал трубач. В дыму и пламени
К губам трубу свою прижал.
И за трубой весь полк израненный
Запел Интернационал.
И полк пошел за трубачом,
Обыкновенным трубачом.
Солдат, солдат, нам не положено,
И что там, верно, плач не плач,
В глухой степи, в траве некошеной,
Остался маленький трубач.
А он ведь он, все дело в чем,
Был настоящим трубачом.

От поделок советских идеологов-функционеров песенка о трубаче отличается искренностью и чистотой. В ней все верно, она точна. Заключенный в ней ужас не надо придумывать. Достаточно внять прямому смыслу слов в чуть более широком контексте, чем тот, что бытует в среде физиков-лириков или туристов.

«Над ним смеялись все врачи — куда такой годится маленький, ну разве только в трубачи». Ситуация абсолютно реальная. Врачи определяли, куда годится человек. При поступлении в МИФИ меня смотрели врачи, гожусь ли я, чтобы заниматься физикой. По здоровью я мог не пройти медкомиссию и воспринимал это как произвол. Впрочем, для меня и целина, и стройотряды тоже были насилием, а многие видели здесь романтику, даже любили это.

Но в песне есть место, из-за которого текст просто рассыпается в дым. Кульминация, это когда полк «оказался в окружении, и командир погиб в бою». Где это было? «В глухой степи, в чужом краю». Спросите: что делал полк в чужом краю? Ребята в Горбушке могли бы и спросить себя. На дворе-то 2000 год, всем все известно.

У туристов своя жизнь. Костерок, компотец-кипяток, палатки... Они поют песенку, а тут капли дождя, угли костра. Нормально? Не то слово. Выбор: включать — не включать. Один выбирает одно, другому важно другое. Тоже нормально. А тут Афган в близкой памяти, Чечня — вот она. В 1950-х, 1960-х тоже было о чем подумать. Маленький трубач пел Интернационал жителям Будапешта, потом Праги. Вставай, проклятьем заклейменный, — кого в чужом краю полк должен был победить под звуки этой песенки? Такие вопросы за пределами сознания тех, кто вдохновенно поет «А он ведь он, все дело в чем, был настоящим трубачом». Люди строят мир: «Я тебя слепила из того, что было. А потом, что было, то и полюбила». И отвяжитесь с вашими вопросами. Как не вспомнить Пригова:

Вся мелкая тварь, словно Пушкин, щебечет,
А крупная Лермонтовым говорит.
Кому говорит и чего говорит?

А после стреляет в овал человечий,

Который внизу где-то там проскакал.

А тот говорит ему вверх: «Аксакал,

Нехорошо поступаешь».

Трубач отличный малый, настоящий человек. Много не спрашивает, делает свое дело. Дали трубу, пошел с ней. А в чужом краю, когда командира убили, показал себя как герой. Все серьезно, как груз 200 из Урус-Мартана. В дыму и пламени прижал к губам трубу и запел «Батяня-комбат». За ним весь полк пошел. Такая лубочная картинка. Ужас.

У Галича есть строчки:

И какая, к чертям, труба

И какая, к чертям, судьба?

Мне б частушкой по струнам влет,

Да гитара, как видно, врет.

Это полемика с темой трубача, в том числе у Окуджавы, хоть у него образ радикально иной, чем у физиков-лириков. Там трубач выводит Интернационал, у Окуджавы — «самую главную песенку, которую спеть я не смог». И не в чужом краю, а «на скрещеньях дорог», напоминающих пастернаковские «скрещенья рук, скрещенья ног, судьбы скрещенья». Грамматические формы трубы у Окуджавы перекликаются с пастернаковскими формами судьбы. Глубокая линия.

И тем не менее там, где искусство становится идеологией (знак неважен), трубач Окуджавы и трубач Сережи Крылова в чем-то дальние родственники. Тут мне сложно, с трубачами у меня проблемы. Многое привязывает к стихам Окуджавы, а линия «избранных», трубачей, идет мимо, здесь разлом какой-то. Приходится уточнять. Не специально. Так получается.

«ЗНАНИЕ-СИЛА» № 3, 2004 г.

ПЕРСОНАЖИ ВТОРОЙ ЖИЗНИ.
Остров бабочек. Новелла Матвеева

Люди и Логос

«Если Окуджава — благодатный дождь, то Новелла Матвеева — удивительный остров», — говорил Зиновий Паперный. Будучи физически разными, мы, живущие, связаны в невидимое целое бесплотными представлениями друг о друге. Кто-то скажет: это далеко от реальности. Осип Мандельштам думал иначе.

У меня на полке рукопись книги «Люди, наука, логос», законченной 10 лет назад. Фрагменты, переработанные для журнала, стали серией публикаций. Одна, про бедствие метафоричности, поразившее современную профессиональную науку («Наука напрокат или метафорические игры в научную истину»), опубликована в декабрьском номере журнала «Знание-сила» 2003 года. Это — второй текст. Еще два появятся в ближайших номерах.

Эфемерность или реальность?

В статье «О природе слова» (1922 г.) Мандельштам писал: «Представления можно рассматривать не только как объективную данность сознания, но и как органы человека, совершенно так же точно, как печень, сердце».

В поле представлений других о себе каждый создает свое поле представлений о других. Думаю о человеке, связываю с его именем что-то важное для меня, значит даю ему жизнь в себе, и тем создаю еще одну его жизнь, другую, чем та, что принадлежит только ему. Дело, разумеется, не во мне. Все, кто знает человека или слышал о нем, поступают так же помимо воли. Соавторов другой жизни может быть много.

Две жизни

Первая жизнь дана изначально. Вторая созидается вместе с другими. С рождения (или раньше) обе соседствуют. Потом остается только вторая. По продолжительности и наполненности она зависит от земных деяний. От того, как в них проявились свободная воля, совесть, сердце, разум. Но не только. Зависит она и от всех, кто знает человека, прямо или косвенно соотносится с ним.

Ненужное тело предают земле. Или сжигают. Или, как в Тибете, отдают хищникам. Оно становится водой, воздухом, травой, пеплом, кладбищенским кустом, спелёнутой мумией. Заимствованные на время атомы и молекулы, поддерживающие дух, способны, отслужив, испытывать удивительные, но вполне умопостижимые превращения.

Более удивительна и трудно постижима судьба эйдосов, рожденных душой. Что с ними происходит после смерти? Во все времена это волновало бодрствующий дух, обжигая сознание леденящим ветром представлений о судьбе за гранью рубежа.

Миллиарды задумываются о второй жизни лишь в связи с репутацией перед Богом, совестью, близкими, друзьями, знакомыми, чиновниками, властью. Или не задумываются. Приведись оценить продолжительность второй жизни, я бы сказал: она у многих очень короткая. Возьмем состояние кладбищ. Но стоп. А язык? Он свидетельство усилий миллионов, миллиардов людей, живших задолго до нас. Они не писали книг, стихов, просто говорили. Это сейчас язык такой, каким его знаем мы. Но он же не был, а стал таким. Жившие, пользуясь им, пересоздавали его — для вас, меня, тех, кто будет после. В нем память о людях.

Имена исчезают, но, не всегда. «Нет, весь я не умру, душа в заветной лире мой прах переживет и тленья убежит».

Стад охранитель

Однажды мы шли с друзьями по Москве. С нами темнокожая американка, красивая, как пальма. Крупная, стройная, пластичная. Руки ее при ходьбе двигались в немыслимой гармонии с телом, головой, ногами. Хотелось смотреть и смотреть, целый спектакль. Под северным солнцем так не бывает. Шли по площади Пушкина. Она взглянула на памятник и остановилась.

— *Он черный?*

— *Да.*

— *Почему он здесь?*

Мы объяснили: русский поэт, предки из Африки, убит на дуэли.

— *Потому что черный?*

Нет, говорим, странная история, царь его недолюбливал...

— *Потому что он черный? Нет, опять говорим, была задета честь жены, ему пришлось драться, его убили.*

— *Она была черная?*

Зная об афроамериканцах по себе, она была удивлена, что в России трагическую судьбу здешнего поэта, ее соплеменника, с цветом кожи никак не связывают. Но Пушкина она не знала. А в России персонажей с таким именем в течение двух столетий было примерно столько, сколько здесь за это время родилось людей.

Многие думают, что Пушкин один. Жил, писал стихи, погиб на дуэли, мы о нем помним.

Конечно, это не так, причем с очевидностью. Что помнят, говорят, пишут о нем, в школе изучают, сами учатся, других учат, — все правда. Но при этом Пушкиных многие десятки, а на круг и сотни миллионов. Это реальность. Остальное такая же реальность или материальные свидетельства.

Книгой «Пушкин в жизни» Вересаев позаботился, чтобы последующие поколения помнили, что Пушкиных и при жизни поэта было много. Он был окружен толпами персонажей, носивших его имя.

А сейчас Пушкиных не счесть. Это целый народ. Представители его по имени неразличимы. Все, как один, Пушкины Александры Сергеевичи. В Логосе они образуют государство с двухсотлетней историей, имя которого — Пушкин. В государстве парламент, законы, конституция, священные книги, служители культа. Периодические реформы сопровождаются интригами. Политика вступает в конфликт с культурой. Возникают диссиденты и расправы с ними власть предержащих. Поднимаются восстания. Доходит до гражданских войн. Ежегодно в июне тысячи Пушкиных собираются в Михайловском, чтобы почтить память поэта-патриарха. Другие Пушкины предпочитают Москву или Санкт-Петербург, бывший Ленинград, бывший Санкт-Петербург. Пушкинисты и пушкиноведы собираются на научные конференции.

Люди живут, рожают детей, умирают. Детей, всех до одного, зовут Пушкин. Они тоже живут и умирают, рожают детей. У них своя вторая жизнь, как у персонажей с именем Пушкин, созданных Вересаевым, или у персонажей с тем же именем в анекдотах Даниила Хармса. Делаясь то, как пишет Пригов, «богом 4 плодородья», то «стад охранителем», то «народов отцом», Пушкин продолжает оставаться тем, кем его любят и воссоздают в своей душе люди, дающие ему столь богатую событиями и долгую вторую жизнь, люди, которым несть числа. Судьба по-своему завидная. Душа прах давно пережила — таким вот способом.

Мухомор

Всякий, поселяясь в сознании другого обликом, словом, поступком, отражением в текстах или услышанных от кого-то словах, становится персонажем. Люди живут, а рядом с ними, иногда далеко, живут их двойники, рожденные в союзе с другими людьми, не менее реальные, чем они сами. Возьмите человека по имени Ленин. Это про него, видимо, Даниил Хармс говорил «жил один рыжий человек, но волос у него не было, поэтому рыжим его называли условно». Сергей Курёхин считал его мухомором, а пионеры над его трупом на Красной площади до сих пор галстуки повязывают и клянутся быть всегда готовыми к чему скажут. Персонажи «отслаиваются» от человека и, наделенные атрибутами прототипа, ведут свою жизнь. В конце концов их может стать так много, словно это особое племя. Как все дети, они могут быть похожи или не похожи на своих родителей, — того, чье имя номинально носят, и того, в чьей душе возникли и живут.

Владимир

В июле 1980 года на похороны Владимира Высоцкого пришли толпы людей. Сотни тысяч. Запрудили площадь, стояли на крышах остановленных троллейбусов. В каждом образ человека с хриплым голосом, невысокого роста, который писал и пел песни, как ни до, ни после не смог и не сможет делать никто. Он лежал на старой сцене театра, усыпанный цветами. А сотни тысяч рожденных им персонажей, похожих и не похожих на него, проходили мимо длинной вереницей, чтобы последний раз увидеть того, кто каждому из них дал имя Владимир Высоцкий. Когда с 1981 по 1985 я в роли пожарника дежурил на входе-выходе Театра на Таганке, днями, вечерами и ночами эти персонажи стучались в театр. Я им двери открывал, говорил с ними. Большинство были гении. Встречались идиоты. Меньше всего было тех, кто делал свое дело предельно просто, не врал себе и другим. Кто скажет, что из них одни более реальны? Пережившая прах душа певца пошла новым для нее путем, вот и все.

Армии и полководцы

При жизни человек сохраняет власть над двойниками-персонажами. Бывает любопытно смотреть, как писатели, актеры, художники, поэты, политические деятели, превращаются в полководцев над армиями своих персонажей. Кого продвигают по службе, кого оттесняют, ссылают, предают анафеме. Одним роль фаворитов, другим — отверженных. Случаи, когда это делается красиво, редки, чаще все прозаично и скучно.

Мотивы понятны. Мало ли чего натворят эти бездельники, если ими не заниматься? Клевета — тоже персонажи.

С ними приходится соотноситься, иначе какое она имела бы значение? Давший имя сонму бесплотных существ имеет право и на власть над ними. Да, но власть не безусловна. Соавторы тоже творцы, у них тоже власть. Сотканные из представлений эфемерные существа не обязаны походить на материальный прототип. Даже на элементарно приличного человека, каким по слабости или иным непредосудительным причинам каждый хотел бы выглядеть в глазах других.

Не позавидуешь, когда огромная армия двойников перестает обращать внимание на прародителя и делается агрессивной. Легко потерять голову. Тогда люди часто действуют как теряющие власть диктаторы, исключения редки. Рано или поздно человек уходит из этого мира, а персонажи с его именем получают независимость и начинают новую жизнь, — долгую, короткую, бедную событиями или богатую, как получается.

Пожарник

У меня, как у всех, свои персонажи. Они ходят по миру под моим именем, кто-то жив, кого-то уже нет. Близкие друзья, дальние знакомые, те, о ком помню и о ком забыл. Есть такие, с которыми не связывает ничто, кроме имени. Есть приличные люди и мерзавцы. Есть даже гении, воры и стукачи. Бывает, встречаясь, испытываю чувство, что не знаком.

Многие живут сами по себе, со мной никаких отношений. Но есть Сергеи Чесноковы, которые уверены, что они — это я. Персонаж Марселя Марсо надел однажды маску, та приросла на всю жизнь. Когда маску надевает человеку его персонаж, — другой случай. Распространенная манера. Если откровенная агрессия, проще. Если добрые побуждения, сложнее. Снять, выбросить маску, значит создать проблему, которой для другого обычно нет. Люди не думают, что совершают насилие. Для них это неожиданность, часто обидная. Тогда приходится терпеть или даже поддерживать маски социолога, осветителя, пожарника, кандидата химических наук, барда, профессора, гитариста, физика, логика, математика, а то и, самое неприятное, субъекта, который ищет себя и не может найти. Почти все, — маски профессий. Когда говоришь, что профессия одна, — жизнь, не верят.

Альтернатива — частичность в общение или одиночество. То и другое не люблю. Отчасти отсюда этот текст. Не посягая на самостоятельность моих персонажей, он, может, в чем-то упростит мое с ними общение. Пока ведь я их прототип, не наоборот. Пусть, уж если носят мое имя, по возможности знают и ценят тех, кого знаю и ценю я. Вот некоторые из них: Александр Галич, Новелла Матвеева, Светлана Богатырь, Михаил Шварцман, Лев Рубинштейн, Дмитрий Пригов, Отар Иоселиани, Дмитрий Лион, Эрик Булатов, Юрий Любимов, Булат Окуджава.

Все состоявшиеся артисты. У каждого прочное имя, многочисленное племя разбросанных по свету одноименных персонажей. Собрать вместе, — получится огромная разноликая толпа. В ней затеряны те, кто обязан своим рождением также и мне.

Факт существования соавторов в их создании для меня жизненно важен. Галич, Шварцман, Лион, Окуджава ушли. Богатырь, Булатов во Франции. С Иоселиани лично не знаком, он тоже во Франции. Это не меняет сути. Каждый помог мне оформить часть меня, не думая о том, ничего не требуя взамен, делая свое дело. Ничего удивительного в моей благодарности им нет. Слова о них тоже маски. Надеюсь, не обременительные. На лидерство среди себе подобных они не претендуют. Сказанное остается сказанным мной, не более. Сегодня — о Новелле Матвеевой.

Остров бабочек. Новелла Матвеева

Набегают волны синие
Зеленые, нет синие
Как хамелеонов миллионы
Цвет меняя на ветру.

Я видел эти волны, как они набегали, меняли свой цвет. Я слышал их удивительные мелодии. Вместе со мной слышали их миллионы людей, слышали и слушали с огромным вниманием. У них было имя: песни Новеллы Матвеевой. Было и есть. Ее тоненький голосок на серебряных подковках, вправленных в звуки гитары, пролетел, прошелестел легким и теплым ветром над затурканной, зачумленной эпохой.

Убежден, самый верный ключ к пониманию той эпохи — состояние языка. Не экономика, не политика, — язык. Согласен с Приговым:

Нет, Сталин тоже ведь — не случай
Не сам себе придумал жить
Не сам себе народ придумал
Не сам придумал эту смерть
Но сам себе придумал сметь
Там, где другой бы просто умер
Чем жить

Утренний рис

Когда «оттепель» конца 1950-х прекратилась, для меня, как и многих, тексты окружавшей культуры были непригодны для личного употребления. Собрания сочинений Шекспира, Лескова, Чехова, Достоевского не могли заменить прямую речь. Она зазвучала голосом Новеллы Николаевны. Он поразил параллельностью бытия, я доверял ему. В этом была всем известная вечная магия. Артистическое поле действия во все времена безгранично, в нем всем есть место. Суть в первичности, но попробуй ее достичь. Матвеева с детства от нее не уходила, никогда не изменяла ей. В ее душе торговец чучелами птиц был навсегда отослан за горизонт. Вот почему я реагировал на звуки ее голоса как кобра на дудку факира. А так все просто:

Не играй с носорогом в домино
И не кушай толченое стекло,
Ты втолкуй нам, что черное черно,
Растолкуй нам что белое бело...

Оформляя себя, она всем дарила свои слова. Принимая их за свои, я мог дальше сам, с гитарой в руках, общаться с людьми, создавать вокруг жилое пространство, дом, которого не было. «Нас ласточка петь научила/ И полно о том толковать» отвечала она тем, кто поднимался на цыпочки, выставляя иконой заданные нормы культуры, прикрывая ими свое бессилие и анемичность, или утверждал замкнутую изысканность, сакральную отрешенность. Так в конце XVII века японский поэт Мацуо Басё ученику, написавшему «Я — светлячок полуночный/ Мне слаще всего полынь/ У хижины одинокой», ответил: «А я — человек простой/ Только вьюнок расцветает/ Ем свой утренний рис» (перевод Веры Марковой).

В пределах избранного амплуа Новелла Николаевна непререкаемо, неуклонно, всегда, сколько помню (с тех пор, как услышал ее песни, а потом, году в шестьдесят пятом, и познакомился с ней), делала и делает то, благодаря чему жизнь становится жизнью, а не просто вязкой цепью извне навязанных событий. Я свидетель: она умеет быть жесткой, сильной, даже беспощадной, защищая то, в общем, хрупкое, очень скромное, очень немногое, что нужно ей, чтобы работать, строить свое невидимое гнездо в Логосе, свой остров, который надолго останется во второй ее жизни в окружении бабочек и перелетных птиц.

Пропасть и мастерская

Помню концерт, кажется в начале 1980-х, на Кузнецком мосту. Ее песни пели девочки и мальчики. Их пальчики жеманно выщипывали правильные размеренные аккорды и арпеджио. Вышла Новелла Николаевна, спела три или четыре песенки, и волшебство вернулось. Но она его пресекла, снова отдала сцену другим людям. За кулисами я пытался говорить с ней. Она была доброжелательна и добра, но смотрела мимо. Невидимая пропасть отделила ее от меня, от других, здесь, в пространстве так называемого «реального» общения. Почему? Мне кажется, она так защищает то, без чего сама не может, не способна жить, и что, будучи основой доступного всем результата, находится за пределами видимости, недосягаемо. Никакой пропасти нет в ее отношениях с персонажами Питера Брейгеля Старшего (между 1525 и 1530–1569), Рембрандта ван Рейна (1606–1669), Франсуа Рабле (1494–1553), помогающими ей жить и работать.

Когда попадал в крошечную однокомнатную квартирку блочного стандартного дома на Малой Грузинской или полуразвалюху на станции «Сходня» и видел Новеллу Николаевну в фартуке, мне казалось, что она, работая со словами, трет их об этот фартук, а потом смотрит на просвет, прежде чем поставить куда надо.

Обстановка в ее доме напоминала гончарную мастерскую вдали от цивилизации. Кучи глины, в кадке вода, следы брызг от гончарного круга, печка, дрова. В углу под рогожей горшки. Благодаря им остальное кажется ясным. Только кажется. Посмотришь со стороны того, что предшествует лепке горшков, все меняется. Мир вообще другой, когда еще ничего нет, кроме вязкой глины, мутной воды в кадке, бесплотных образов да силы, требующей их воплощения вопреки обстоятельствам. Доступность обманчива. Я не раз видел, как дрянная респектабельность обращалась к ней с интонацией превосходства или снисходительной равноположенности. Это «Новелка» в ушах до сих пор, кровь стучит, как вспоминаю.

Я любил и люблю эти песни с тех пор, как впервые услышал их в начале шестидесятых. Сам пел их и пою до сих пор. Знаю, насколько неподражаема Новелла Николаевна.

Дело не в том, что ее нельзя повторить. Повторить, честно говоря, нельзя вообще ничего и никогда, даже если хочется. Тем более слова поэта. Тем более, спетые им песни. Никакое слово нельзя повторить. Оболочку фонетическую воспроизвести можно, но слово не только оболочка. Душе одного слово дает крылья, душе другого — ходули, а для третьего оно гиря, с которой тот даже ползать не может, не то, что ходить. Крылья, гири, ходули, — они будут звучать при мнимом повторении. Ничего не сделаешь, и не надо. Этим живо любое слово, слово поэта тем более.

Матвеева играет на гитаре изысканно просто. Создавая события, не сводимые к звукам и словам, она, доверяя себе, бесконечно точна и свободна. Так делают цыгане. Можно играть на гитаре всю жизнь и достичь большого мастерства, но так и не суметь сделать с тремя-четырьмя аккордами то, что с ними делают пальцы Новеллы Николаевны, подчиняясь внутреннему камертону.

Остров бабочек. Совы и кораблик

Мальчики и девочки окружали ее всегда. У них рюкзаки и розовые паруса Грина, в сердце — желание быть самими собой, ограниченное жесткими возрастными рамками. Приходит срок, мальчики и девочки взрослеют, их возраст переходит к другим, тоже не навсегда. Как перелетные во времени птицы или бабочки они садятся на прекрасный остров, которым песни Матвеевой были и остаются в этом мире. Потом улетают, унося память о нем. Но это не все. Матвеева, даже не узнанная, близкая родственница всем, чья жизнь внятно соотносится с миром и не загромождена хламом.

В жизни ей пришлось противостоять мощным силам, на фоне которых зло, творимое ей людьми глухими или душевно незрячими или закоренелыми негодяями, выглядит, при всей своей ужасности, довольно-таки игрушечным. Свой остров, свой мир, более близкий к действительности, чем материальная реальность, она противопоставила этим роковым силам и победила.

Привлеченные запахами цветов и трав, бабочки-однодневки одно время так облепили остров, что стало казаться, будто он только для них и создан. Матвеева говорила им:

Эхо, не путай слова мои
Я говорю не с тобой.

Но бабочки «спешили добраться до Египта, забыв Тита-ника совет». Искусствоведческие совы слышали эхо, но не разбирали слов. Им казалось, главное — паруса, рюкзаки, ро-мантика... В словах, из которых соткан остров, это описано (цитирую по памяти):

Оттуда, из сырости грустной
В лесок сухокудрый
Летит, кувыркаясь, сова
Крыла ее шустро грузные
Порхающие жернова
Летит сова прозорливо и слепо
С живых порханий посмертный слепок
Движеньем тяжким и скорым, как шок
Летит клочковато, летит нелепо
Летит, как зашитая в серый мешок
С косыми прорезями для глаз
Как пляска ладьи, где отшиблен и руль и компас
В воздухе свежем танец ее корявый
Прочь, абсурдная, прочь...
                    За черной как пропасть, канавой
Стеклянно блистают кусты
Как сосуды с целебным настоем. Ночь...

Культура, живущая определениями и прогрессом искус-ства, жевала плоды с острова. Она морщилась, я видел. Даль-ше переход к длинным дистанциям и другим персонажам с именем Матвеевой. Стали исчезать бабочки-однодневки, их привлекали другие места, где можно развлечься. Тогда Новелла Николаевна подняла руку, задернула шторку и закрыла остров от всех. Я знаю, в гавани у нее, готовый к отплытию, стоит натрудивший в морях полотно кораблик, веселый и стройный, который сам себя смастерил. А маленькой девочке, моей внучке Сонечке, которая живет в Хельсинки, голос Матвеевой нужен, чтобы заснуть, а потом, проснувшись, снова встретиться с миром.

«ЗНАНИЕ-СИЛА» № 4, 2004 г.

ПЕРСОНАЖИ ВТОРОЙ ЖИЗНИ.

Состоявшаяся встреча, которой не было. Отар Иоселиани

Всех, о ком пишу, как о персонажах, знаю или знал лично. Всех, кроме Отара Иоселиани. Один раз видел его в Москве, в старом особняке на Пречистенка (тогда Кропоткинской), занятом под «Дом ученых». Он говорил перед публикой о себе и своем фильме «Пастораль».

Неслучайные случайности

Любил и люблю фильмы, снятые этим человеком. Но тогда не это в первую очередь заставило меня оказаться там.

Осень 1979 года. Я старший научный сотрудник Института системных исследований. Меня, что называется, «держат», буквально прикрывают люди, симпатизирующие мне: Станислав Шаталин, Олег Пчелинцев. Заканчивался цикл моих работ по элементарному анализу детерминаций (правил). Первые образцы ДА-системы почти готовы. Общегородской семинар по математическим методам и методам измерений в социологии и психологии, который я вел тогда в здании Института, близился к завершению. Все, кого я знал из активно работающих в этой области, там уже выступили. Очертания элементарного анализа правил были ясны до конца. Оставалось написать монографию. Что дальше? Вопрос возник еще осенью семьдесят восьмого. Предвидеть события на два года вперед было несложно. А дальше? Ответа не знал. И тогда помог Иоселиани. Протянул руку и помог. Не зная, не думая о том.

Жизнь ученого никогда меня не привлекала. Внутренне я никогда ею не жил. Работа над математической теорией правил была как весло перевозчика, врученное судьбой. Я обязан был сделать ее, перед собой обязан. Чтобы уметь соотносить в себе надличностные точные знания о мире и личностные знания о людях. Наука против драмы и комедии человеческих отношений.

Близился момент, когда, казалось, за судьбу детерминационного анализа я мог быть спокоен. Я ошибался. Мало было сделано, а казалось — много. Об Аристотеле внутри моей теории правил еще ничего не знал, не подозревал даже. За всем, что удалось понять, смутно просматривалась физика платоновских форм, но только смутно.

С другой стороны, звуки гитары, отношения с людьми просили поддержки. Той, что сцена оказывают актеру, инструмент — музыканту, мольберт с холстом — художнику.

Москва — множество маленьких деревень. Друзей и знакомых много, но если о том, что в главном, моя деревня была крошечной. Повезло еще, что был в ней не один. Сообществом были два моих самых близких друга, художники-живописцы. Светлана Богатырь, ее холсты сопровождают книгу, откуда этот отрывок, и еще один, он потом выбрал мир, далекий от моего. Они видели, как я живу, сопереживали, помогали теплом и верой в осмысленность моих усилий. Не ученые, а художники, в самый сложный для меня период поняли и поддержали в главном то, что стало в итоге физикой Логоса. В течение многих лет я был свидетель их каждодневной работы над холстами. Жизнь всеми путями сходилась к этой работе, словно к скрытому центру притяжения, где, как лучи в фокусе собирающей линзы, концентрировался смысл всех событий вокруг и в нас самих.

Тонкий слой краски на холсте медленно, день за днем, становился судьбой моих друзей. Я видел, как это происходило. В моей же собственной судьбе место, которое у них было занято мольбертом, палитрой, тюбиками, мастихином, кистями, грунтовкой и всем, что ведет к красочному слою на нем, было устроено очень плохо. Я играл на гитаре, но пальцы не слушались. Писал слова, но они не были человеческими. Я хотел говорить, но был нем.

И тогда я понял, что должен серьезно заняться тем, что поддерживает душу в ее желании быть живой. Надо было пройти гуманитарную часть пути. Во всем, что касается эйдосов безлюдного мира, жизнь души была кое-как обустроена, помогало образование физика-теоретика. Но жизнь в Логосе вблизи от его ядра, где образы мира возникают в душе как персональные, не поддержанные именами, словно слепые мандельштамовские ласточки со срезанными крыльями, была обустроена плохо. Матвеева, Галич, Окуджава, Ким помогали, но не во всем. Надо было что-то делать.

Что, я не знал. Приобщение к чужому бессмысленно. Путешествия бесполезны. «Бесплодна и горька наука дальних странствий» — иллюзий на этот счет не было никогда. Мое было всегда со мной. О смене профессии нечего и думать, когда единственная профессия — собственная жизнь.

Что касается внутреннего, что-либо менять я не хотел. Все шло как надо. Что же касается внешнего, надо было убрать лишнее. Лишней была научная среда. Делая детерминационный анализ, я поневоле вынужден был терпеть формы выхолощенной, бедной, вялотекущей и во многом бессмысленной жизни, которой живет научная среда. Хорошие люди. Но особого рода душевная слепота, иногда добродушная, иногда агрессивная, царит в мире современной науки. Теперь, когда с анализом правил все встало на свои места, я почувствовал, что буду преступником по отношению к себе и своей душе, если не освобожусь от того, что не нужно ни сердцу, ни уму.

События жизни непредсказуемы. Они кажутся случайными. Но из них лепится неслучайная жизнь. Что завтра, знать не могу. Но знаю, что случайности, становящиеся неслучайными, бывают разные. В стенах научного института одни, за кулисами театра другие. И я принял решение.

Осенью 1978 года я сжег мосты. Объявил, что уйду через два года, и точно назвал время — осень восьмидесятого. Сказал, пойду туда, где жизнь ближе к жизни. Шаталин среагировал сдержанно. Пройдет, мол, два года, там посмотрим. Остальные смотрели с любопытством: ну-ну...

Куда уйду, я не представлял. Был образ какого-то жизненного пространства, где события подчиняются воле художника, которому я доверяю в его амплуа (не обязательно — принимаю как свое).

Может театр, может киностудия, еще что-то. Моя роль была неопределенной. Со стороны это выглядело странно, ареально. Это не беспокоило. Я умею и люблю быть полезным людям, когда сами они и их дела мне симпатичны. Руки на месте, голова и сердце тоже. Хорошо бы найти работу, близкую к амплуа актера или музыканта. Но придется мыть полы, таскать ящики, – тоже неплохо. Что угодно, лишь бы видеть, слышать, соотноситься с тем, что происходит. А там моя забота, как с этим обойтись. Я был готов на все.

Встреча

Предстояло от слов и мыслей перейти к делу. Это оказалось непросто. Время шло, срок приближался. И тогда явился персонаж. Не реальный человек, а персонаж по имени Отар Иоселиани. Он помог укрепиться в моем решении, планах, и в конце концов исполнить их. Случилось это так.

Фильм «Жил певчий дрозд» я знал давно. Не любить его, по-моему, невозможно. А тут, словно по заказу, в кинотеатре «Тбилиси» целую неделю показывали фильмы Иоселиани. Я посмотрел все. Там были и «Певчий дрозд», и «Георгобистве» («Листопад» в русском приблизительном переводе), где жизнь вина словно клеенка Пиросмани, где нарисованы судьбы людей. И «Пастораль», где трещины в грузинской культуре, выглядевшие в более ранних фильмах кракелюрами на старой живописи, приняли вид разрывов, грозивших катастрофой (потом она и разразилась, Иоселиани все предвидел). Какие-то еще фильмы, сейчас уже не припомню.

Я посмотрел и понял, что пространство, подчиненное воле этого художника, — то, которое мне нужно, чтобы решать свои проблемы.

Стал думать, что делать. Очевидно, надо было ехать в Тбилиси. Как? К кому? У меня никого там не было. Позвонил Юлику Киму, попросил поддержки. Я слышал, что у него в Грузии много друзей. Мы встретились в метро на Павелецкой. Он спросил, чего я хочу от Иоселиани. И вообще, зачем все это. Я стал говорить, что хочу изменить случайности, которые меня сопровождают. Под критическим взглядом Юлика слова жухли, все выглядело абстрактным умствованием. Он сказал, что Иоселиани как раз в Москве, на днях будет выступать в Доме ученых. Так я оказался на той «встрече кинорежиссера Отара Иоселиани со зрителями». Пошел туда с твердым намерением подойти и поговорить.

Внешне все действительно было как «встреча кинорежиссера» со зрителями, «разговор» с ними. Иоселиани говорил. Забыл, что, помню обрывки и атмосферу. Люди из зала задавали вопросы. Иоселиани отвечал. Но ни встречи, ни разговора не было.

В конференц-зале ученого дома над головами людей взлетали их вопросы, как воздушные шары, надутые уплотненной пустотой. Они летели на сцену. Там сидел или стоял, не помню, Иоселиани. Некоторые шары он пропускал, они пролетали мимо. Некоторые брал в руки и прокалывал, или они сами лопались. Когда пустота, сжатая оболочкой, высвобождалась, раздавался хлопок. Пустота возвращалась во всеобщее ничто. Иоселиани пожимал плечами. Его спросили, что он любит. Он ответил: «Я люблю пить вино». Надо хотя бы немного знать Грузию, чтобы оценить этот ответ. Потом показали фильм «Пастораль».

Я подумал тогда, что для него делать фильмы — единственная возможность сохранить себе жизнь среди людей. И еще, что у меня к нему нет вопросов. И сказать ему нечего. Я не подошел к нему. Просить о том, что мне было крайне важно, посчитал бессмысленным. Обремененный своим, он меня бы не понял. И сейчас думаю, что поступил тогда правильно.

В сущности, то был еще один урок для меня: человек сам в себе и тот же человек во мне — не одно и то же. Разные персонажи, хотя у них и одинаковое имя. Иоселиани в себе был далек от меня. В атмосфере, заполненной пустыми надутыми шарами, я не был уверен, что он не спутает меня. Еще налепит на меня наотмашь маску, от которой потом не поймешь, как избавиться. В той атмосфере он был закрыт наглухо. А другой атмосферы не было.

В то же время этот человек отдавал себя в своих фильмах всем, кто пожелает. Отдавал бескорыстно, без утайки, с аристократической щедростью. Всем, значит и мне. Я принял подарок. Так во мне появился тот Иоселиани, в создании которого я разделил авторство с живым человеком, не спрашивая на то его соизволения. Столь же реальный, как и живой. Этот человек был открыт ко мне. В общении с ним препятствий не было. Я понял, чтобы решить мои собственные проблемы, мне не надо обременять живого Иоселиани. Достаточно обратиться к персонажу, он мне поможет. И тогда я принял решение ехать к персонажу Иоселиани в Тбилиси, понимая, что, в общем, неважно, попаду я к нему реально на работу, или нет. Важно, что жизнь, изменив внешнее (не внутреннее) направление, получит новое качество, которое мне было нужно.

Миша Бермант работал, как и я, у Шаталина. Он знал о моих планах. Судьбе было угодно, чтобы он познакомил меня со своим другом юности Муртазом Бабунашвили. Тот был проректор по науке в Институте управления народным хозяйством Грузии. Он бывал в нашем отделе, участвовал в научных конференциях, которые проводил Шаталин. Он откликнулся, взялся помочь. Знакомство с ним я отношу к цепи реальных событий, происшедших в моей жизни благодаря созданному мной персонажу Иоселиани.

В марте восьмидесятого я закончил монографию «Детерминационный анализ» и сдал ее Владимиру Левантовскому в Главную редакцию физико-математической литературы издательства «Наука». Ее не было в официальных планах. Рекомендации нобелевского лауреата Леонида Канторовича и Станислава Шаталина помогли, чтобы ее приняли в печать. А когда наступила осень, я уволился из института, сел на поезд и уехал в Тбилиси. Муртаз ждал меня на перроне. Был стол у него дома, мы сидели, а потом меня унесли в больницу на носилках без сознания. Прямо за столом у меня открылось сильнейшее желудочное кровотечение, много крови было потеряно. Тбилиси начался с больницы и капельницы. Мудрое начало. Только к Новому Году я появился в институте. Как тень. С пониманием и щедростью, за которые я буду благодарен ему всю жизнь, Муртаз помог мне прожить в этом чужом для меня городе почти год, как я хотел. Год жестокий и щедрый. Его я ни за что не согласился бы вычеркнуть из своей жизни или заменить каким-нибудь другим.

Горячий хлеб

Иоселиани не было, той осенью он уехал в Париж и остался там. Но это уже не имело никакого значения. Я скоро понял, что даже если бы он был в Тбилиси, у меня не было никаких шансов попасть в пространство, где совершалась обыденная работа над съемками его фильмов. Одно то, что маленькая восьмиметровая «дворницкая под крышей», которую мне выделили для ночлега, находилась в Институте, где работал Муртаз, создавало вокруг меня облако персонажей, среди которых, как оказалось, наряду с нормальными людьми были и отъявленные мерзавцы. Маску одного из них на меня однажды налепил персонаж из фильма «Георгобистве». Еще с одним я познакомился благодаря другому симпатичному человеку, кинорежиссеру, работавшему с Тенгизом Абуладзе. Что там внешняя власть! Все в нас.

Встреча не состоялась. Но то, что мне было нужно как воздух, Иоселиани дал и без того. Он приоткрыл передо мной отношения Грузии с виноградной лозой, обвивающей крест в руке святой Нины. Подарил встречи с Шуриком Галустовым, Вовой Садовским, Юрой Чикваидзе, Эдиком Менабде, Еленой Надирадзе, Дато Бухрикидзе, Лией Асанишвили. Привел меня к аромату жареного лука, легким звукам кем-то задетых клавиш над улочками под Мтацминдой. Благодаря ему я чуть-чуть узнал Грузию, свою родину. Я родился в 1943 году рядом с устьем реки Риони, в землянке возле села Кулеви. Прожил там три месяца.

Запах горячего хлеба в старом городе в косых лучах утреннего солнца стал для меня именем того, что делать, к чему стремиться. Вдыхая его, я дал обет сделать в жизни сопоставимое с ним по сумасшедшей сопричастности к сути бытия. Тоже его подарок. Когда через три года в театре на Таганке ко мне явился Аристотель, вместе с удивлением я испытал огромную радость. Понял, пусть не во всем, что хотел, но хоть в чем-то могу почувствовать себя вровень с тем запахом хлеба.

Все, о чем пишу, происходило со мной. Но это и эпизод из второй жизни Иоселиани, никуда не деться. Так что рассказ все-таки о нем. Право быть соавтором его второй жизни он дал мне, как и миллионам других, очень просто: позволил быть его зрителем. Как устраивается вторая жизнь? Да вот и так тоже. Так возникают связи между людьми, образуется их ажурная вязь. Знакомиться лично не обязательно. Человек живет, оставляет знаки, что жив или был жив когда-то. Другой берет их, делает своими. Этого бывает более чем достаточно. Случается, знаки приходят из далеких времен. Что ж, они от этого не становятся менее действенными. Связи между людьми не подвластны, вообще говоря, ни времени, ни пространству.

Лена Берсон и Сергей Чесноков, 2023 г.

«ЗНАНИЕ-СИЛА» №5, 2004 г.

ПЕРСОНАЖИ ВТОРОЙ ЖИЗНИ.

Московский концептуализм. Пригов и Рубинштейн

В 1970–1980-х мне казалось, что язык, в котором живу, словно гигантское существо, пораженное болезнью, при которой мясо заживо сходит с костей. Тогда и возникло авангардное направление в искусстве андерграунда, объявившее своим кредо концептуальную открытость, «московский концептуализм». Вместе с Ильей Кабаковым, Эриком Булатовым, Иваном Чуйковым, Всеволодом Некрасовым, Андреем Монастырским, другими художниками, поэтами, артистами, среди его «отцов-основателей» были Дмитрий Пригов (05.11.1940–16.07.2007, прим. ред.) и Лев Рубинштейн (19.02.1947–14.01.2024, прим. ред.).

ДМИТРИЙ ПРИГОВ

Слон в книжном магазине

Аудитория московский концептуализма выросла на фоне тотальной атомизация сообщества. Господствовала массовая «социальная шизофрения», — расщепленность сознания жителей на «обиходное» и «концептуально-идеологическое».

Начало восьмидесятых. Папа с малышом едут в автобусе. Сын в окно видит лозунг. Громко читает по слогам «На-ша це-ль ком-му-низм» и на весь автобус спрашивает:

— *Папа, что это? — Все обернулись на папу.*
— *Тише, — говорит папа. — Я тебе дома расскажу.*

1970 год, столетний юбилей государственного персонажа по имени Ленин. Человек в книжном магазине спрашивает, нет ли хорошей книжки для ребенка.

— *Есть, — говорит продавец. — «Наш большой и добрый друг».*
— *Нет, — говорит человек. — Этой книжки мне не надо.*
— *Да это не то, о чем вы подумали, — успокоил продавец. —*
Это про слона.

Границы текстов, непригодных для жизни, обозначались предельно четко. В Одессе конца 1970-х сам видел за оградой из колючей проволоки вместо «Стой, запретная зона!» плакат с надписью «Тебе туда надо?». Но это внешний план.

Текстовые пейзажи

Москва не «большая деревня», а тысяча маленьких деревень. В семидесятых, восьмидесятых ее логос напоминал кратер потухшего вулкана, которому взрывом снесло вершину. После долгого молчания подземная активность пробивалась гейзерами, фумаролами, лагунами ледяной, теплой или кипящей воды. Крошечные свистящие жерла раскаленных газов сиреневого, серного, зеленоватого цвета были разбросаны всюду на фоне безжизненного инфернального пейзажа с редкими вкраплениями миниатюрных оазисов, укрытых от посторонних глаз дымной атмосферой тления. Декорации — лозунги, газеты, журналы. Ими государство обстреливало жителей. Сейчас все скрыто. Мгновенно постаревшие тексты, словно древние моллюски в ракушечнике, живут в архивах, макулатурных залежах библиотечных хранилищ.

А тогда фантастические текстовые ландшафты, грандиозные пейзажи знаков, лишенных содержания, были общедоступной реальностью. По ним бродили безучастные, изумленные или озлобленные люди, сновали деятельные коммунисты и комсомольцы. Взмывали фантастические всполохи: «Брежнев», «Рейган», «Картер», «Пятилетка, год завершающий», «Гласность», «Перестройка». Разбухали до невероятных размеров, на полнеба. Лопались как фейерверк, рассыпались мириадами осколков, исчезали. Это родина Дмитрия Пригова и Левы Рубинштейна. И моя, соавтора их персонажей.

Д. А. Пригов и Сергей Чесноков, 1987 год.
Из архива Сергея Чеснокова

Без акваланга

Дмитрий Александрович Пригов поселился на остове языка, когда тот был оголен. Ни у кого не спрашивал разрешения.

Поэты, артисты, сохраняя себя, ходили в скафандрах, аквалангах, снабжавших пригодным для дыхания воздухом. На улицу без защиты опасно было выходить. А Пригов из квартиры в Беляево вылетал наружу налегке, как индеец в прерии. Дышал открытыми легкими, не боясь отравления. Саламандрой прыгал в дымную, пропитанную гарью атмосферу языкового тления. Он полюбил язык таким, какой есть. Один из немногих внял его старинному зову. И тот отплатил благодарностью. Пригов не только выжил, видя, что творилось, не только осознал (в отличие от многих) все в предельно широком социокультурном контексте, но и довел это осознание до артистического действия, где соединились жизнь, лира и судьба.

Имена

Пишу пристрастно. Формальная память никакая. Механически запоминать не могу. До кретинизма. В англо-русском словаре помню страницу, где нужное слово, как открывал ее раньше, где там клякса... А слово, сто раз смотрел, не помню, хоть убей. Не поддержанное переживанием, оно улетает из памяти мандельштамовской слепой ласточкой. А что волнует, окрашено эмоционально, запоминаю легко. Входит в память без усилий. В 1960-е и 1970-е так было с текстами Галича, Окуджавы, Матвеевой. В 1980-е — с текстами Пригова и Рубинштейна. Клубки узнаваемых ощущений формировали облик мира в сознании, но имена не были жилыми. Пригов дал имена. Точные, легкие, ясные. Они моментально шли в дело. Королевский подарок. «Премудрость Божия пред Божиим лицом/ Плясала безнаказная и пела/ А не с лицом насупленным сидела/ Или еще с каким таким лицом...». Из Библии, конечно. Но надо же обозначить отношение к явленному перед глазами, к тому, что культура, встав на котурны, обходит стороной. «Иной умрешь раз, да и пожалеешь/ Ведь мог бы жить, явления являть/ Иной же вроде нечего жалеть...». «Пташки весело поют в небе поднебесном/ А и следом разный люд распевает песни/ Жизнь идет, а ведь вчера думалось кончаемся/ Конец света, все, ура. Как мы ошибаемся/ однако». «Только вымоешь посуду, снова грязная лежит/ Уж какая тут свобода, тут до старости б дожить/ Впрочем можно и не мыть. Только вот приходят разные, говорят посуда грязная/ Где уж тут свободе быть». «Поскольку ты сам выбирал где родиться/ То с кротостью пущей неси вот этого места событья и лица/ А нет, так тем боле неси...». «Обидно молодым конечно умирать/ Но это по земным по слабым меркам...». «Странна ли, скажем, жизнь китайца/ Когда живет на свете грек...». «Несильная жизнь эту жизнь производит...».

Ряд бесконечен. Образы практического бытия не были охвачены языком. Им, вкрапленным в отношения с миром, Пригов дал имена, стянул обручами ассоциаций, вставил в язык. Масштаб действия огромен. Теперь там, где «Мандельштам с доверенным щеглом», «с птенцом Катулл, со снегирем Державин», там и Пригов «с Милицанером милым», тоже своего рода птицей. Нравится кому, или нет. Мне же приятно это видеть, слышать, осознавать. Сильная жизнь.

Кошки лечат

Пригов из рысьеглазых пантер. Независим. Лапы гибкие, бесшумные, сам сделал их такими. Его интересует все и ничего. Незаметно появляется и исчезает. Где бы ни возник, хоть на минуту, вид, словно он здесь изначально, «прирожден всему как пыль», и пробудет минимум вечность. Пробует лапой. Играя, выпускает когти, не теряет меры. Принципиально держит дистанцию.

В восьмидесятых Пригов ложечкой вливал в гортань языка микстуры своего изготовления. Одна комната его квартиры была превращена в провизорскую, там Дмитрий Александрович в милицейской фуражке готовил нужные составы. Перетягивал сухожилия, лечил суставы, реформировал ментальную динамику, наращивал соединительную ткань, где поражена. Никого не касаясь, касаясь всех.

Вот у меня свидетельства его акций. Небольшие, в четверть писчего листа, книжечки стихов, текстов и азбук с предуведомлениями.

Экологическая поэзия: узкие бумажки, на каждой — фраза печатной машинкой: «Граждане!...» и в конце «Дмитрий Алексаныч». «Граждане! Вчера как-то уж особенно холодно было и неприятно! Дмитрий Алексаныч». «Граждане! Глаза человека много скажут вам сверх его возможности даже осмыслить себя самого! Дмитрий Алексаныч». «Граждане! Родители наши состарились уже — а мы все дети! Дмитрий Алексаныч». Сотни, если не тысячи. Раздавал их, расклеивал на заборах, стенах домов. За этим был выслежен и арестован гэбэшниками. Они не выдержали, когда прочли: «Граждане! Рыбка малая в пруду вырастает в зверя огромного и на сушу прогуливаться выходит, прохожих пугая! Дмитрий Алексаныч». Принудительно освидетельствован психиатрами. После обращений литераторов и друзей «в инстанции» признан здоровым и выпущен.

Маленькие, по размеру тех книжечек, «гробики отринутых стихов». Листки со стихами скреплены скобками с четырех сторон. Стихи лишены жизни волей автора. Отогнешь скобки, прочтешь — совершишь эксгумацию.

Демоны, алфавит, «хвостики», артикуляционные пустоты

Легкость стиха, изящество, с каким он работает, у меня вызывали радость. Приятно смотреть, когда кто-то делает свое дело так. Его тексты мне нравилось вертеть перед глазами, трогать, обнюхивать, приближать, как красивые вещи, от которых толк не в музее или на выставке, а там, где они живут.

Семантическими болотными огоньками вспыхивают «демоны текста»:

> *Заглянула в таз с водой*
> *А он там сидит, живой*
> *С длинной раной ножевой.*
> *Кто ты, кто ты, как те звать?*
> *Отык, отык, актезв ать?*

Алфавит превращен в магическое кольцо. Вокруг, как набегавшиеся котята, собрались и тычутся в соски-буквы фразы, реплики, обломки текстов культуры:

> *А мой дядя самых честных правил*
> *Ба, твой дядя самых честных правил*
> *Вот, его дядя самых честных правил*

Эй, кто дядя самых честных правил?
Ю-ю-ю, вот дядя самых честных правил
Я дядя самых честных правил
А что?

Небольшие, словно японские, формы в шесть, семь, восемь, девять строк с «хвостиком». Чтение как отведение тетивы лука. «Хвостик» отпускает тетиву и определяет направление полета стрелы:

Друзья, прекрасен наш союз
Я этой мысли не боюсь
И даже не боюсь другой, сомнительной и дерзкой
Гляди, друзей вкруг нас союз
Соседей, жен, детей союз
Советский вокруг нас союз
Как Царскосельский.

Вправленные в миниатюрные формы изящные артикуляционные пустоты, вроде Бао Дая, способные вспыхивать разными цветами, смысловыми гранями, оттенками в зависимости от контекста, ювелирно подобранной оправы: «О таинстве жизни гадая/ Сидели мы в страшный мороз/ И ветер холодный принес/ Нам голос живой Бао Дая/ Он пел, что не надо томиться/ О прелести жизни страдать/ И был он, едри его мать / Родной, словно в воздухе птица/ Замерзающая». Или: «Живи, а нам свое отдай/ Мы многого-то и не просим/ Но что положено, то спросим/ За нас заступник Бао Дай/ Он здесь блюдет закон и меру/ Незрим как точечный зверек/ Смотри не стань же поперек/ Не то нашлет Милицанера/ На тебя». Прошло 20 лет, а написано словно сегодня.

Лица

Забота о персонажах, носящих его имя, — органическая часть артистического амплуа Пригова. По-моему, они для него как животные, которых надо каждый день кормить и пасти на текстовых полях. Пастух метафизических тварей на текстовых ландшафтах. В обращении с персонажами, носящими его имя, Пригов демократичен и добр, независимо от их характера и отношения к нему. Не стесняет их никак, те полностью свободны. Очень редко можно слышать от него легкое недоумение по поводу некоторых из них, очень редко. Могучая позиция. Благодаря ей у Пригова есть друзья, враги, почитатели, недоброжелатели. Но нет тех, кто, сталкиваясь с ним, так или иначе не становился бы его сотрудником по работе в языке.

Среди персонажей с именем Пригов инфернальные эстеты, женоненавистники, ерничающие шуты, творцы-пересмешники вторичных банальных сентенций. Один из них, живущий во мне, — строгий классический поэт, родственник Кеведо, Борхеса и Даниила Хармса. Он свободно работает по обе стороны мнимой границы, отделяющей тексты письменные от текстов изобразительного искусства. Кроме Льва Рубинштейна среди современников не знаю никого, кто принял бы на себя в логосе роль столь же простую, универсальную, четко очерченную, равно приближенную как реальному персональному, предкультурному, так и метафизическому культурному бытию.

Пересечения

Работая пожарником на Таганке, я был ночью, когда все уходили, безраздельный хозяин театра. Пользуясь этим, я устроил там встречу Нового 1984 года со знакомыми и друзьями-художниками. Вместе с Ильей Кабаковым, Светланой Богатырь, другими артистами был Пригов. Новогодний стол был в артистической. Под музыку на огромной пустой ночной новой сцене среди заснеженной Москвы он выделывал немыслимые па. Театр не знал, он жил днем, там шла другая драма. Где-то сохранились снимки, фотографировал Вася Кравчук, его уже нет...

В театре я открыл обобщение силлогистики Аристотеля, написал об этом несколько научных статей. Среди них одну по предложению профессора Дмитрия Александровича Поспелова, главы «Ассоциации искусственного интеллекта» (он сам никогда не вписывался в это странное название). Статья *The effect of semantic freedom in the logic of natural language* вышла спустя три года в американском журнале *Fuzzy Sets and Systems* (Vol. 22, 1987). На английский ее переводили Дмитрий Пригов и его жена Надя Бурова (1940–2024). Перепечатывала текст по-английски Наталья Аристарховна, дочь колчаковского генерала Аристарха Васильевича Зуева. Жена этого генерала, Вера Григорьевна, поила меня чаем, когда забирал готовый текст. Они, как и Надя, были репатриантами из русской колонии Харбина.

Однажды на мой доклад в Институте социологии Пригов пришел послушать, откуда в социологических исследованиях берется силлогистика Аристотеля. Участники фасовали сказанное по полочкам эффективного поведения. А Дмитрию Александровичу любопытно было по сути. Странное ведь сочетание: социология, время советское, идеология свирепствует, Аристотель...

В 1990-е общение стало редким, почти прекратилось. Но не прекратилась поддержка Приговым моих занятий поверх личных контактов, через то, что происходит в его собственной жизни. Мне помогают его эстетика текстов, их содержание, организация бытия, отношения с миром.

Пригов сказал однажды, когда вместе шли на какое-то домашнее литературное действие: «Вы, Сергей Валерьяныч, в моих стихах содержание воспринимаете. Это редкость. В литературной среде по-другому». Конечно содержание. Иначе форма не видна. Без чернильного пятнышка точку, чистую форму, не увидишь. Кроме того, мне легче, у меня при себе дополнительный план отношений с реальностью форм.

Язык науки служит общению с миром вне людей. Он радикально иной, чем язык общения между людьми. Собеседник другой, другие задачи коммуникативные. Объединяет их реальность форм. Мы с Приговым действуем в разных языках, а порождающая реальность одна. И строй отношений действия с индивидуальным бытием один. Есть что-то родственное. Видно и у него были похожие ощущения, иначе не сказал бы как-то, что мы напоминаем братьев, которых в младенчестве разлучили и воспитали по-разному.

Жизнь эйдосов в языке и сознании — главная тема Пригова, отправная точка его сюжетных построений. «В краю жемчужном Бао Дая», «Стих как воля и представление» ... Он певец драмы рождения, становления и угасания эйдосов, создаваемых людьми. Но ведь, по Платону, из эйдосов все мироздание построено. Творимое людьми лишь часть.

Реальность эйдосов особенно ярко проявляет себя не только в языке, в мышлении. Она царит и в математике. Законы взаимодействия эйдосов Аристотель описал в силлогистике. Мне это очень интересно. Пригову же все равно. Полноту бытия он находит исключительно в человеческом языке. Не удивительно, что его способ рассматривать эйдосы другой, чем у меня. Мне не жаль. По-моему, это не только неизбежно, но и замечательно. В мире форм он — «тенью легкой», его Милиционер — «тенью тени», и вообще «все мы — птицы»: щегол, птенец, снегирь, Катулл, Державин, Мандельштам, Пригов, его «милицанер». Он привык соглашаться с теми, кто видит здесь метафору. Сам, наверное, так считает. А я — нет. Для меня это реальность столь же очевидная, как реальность материальная, физическая. Такова эйдетическая природа мира. Обживая доступную мне сторону жизни, я имею возможность так понимать его работу. Он дает к тому повод. Это самая ценная, самая важная поддержка моих занятий. Я благодарен ему за это.

АВАНГАРД И ТРАДИЦИЯ

Открытая концептуальность

Почему концептуализм? «Хорошая» концепция во главе угла в отличие от «плохой»? Скажем, классическая живопись — «несовременно», а авангард — «современно»? Будь правы искусствоведы, транслирующие такую белиберду из текста в текст в оправе из производных от слов «модерн» и «авангард» («постмодерн», «поставангард» и т. д.), не о чем было бы и говорить. Всё суть концепции, здесь ключ к пониманию. В том числе и то, что говорится здесь. «Не концепций» не бывает, вот ключевая мысль.

Положенная в основу эстетики, она формирует культуру, в которой все — личное дело. С позиций этой культуры мгновенная диагностика «высоких идей» на выгороженных участках между слоями дерьма — не проблема. Герметичные концепции типа «национальная идея», «красота спасет мир», «истинная поэзия», «подлинная духовность», «настоящее искусство», «великое государство» и т. д. здесь мгновенно персонифицируются, теряют ореол сакральности и лишаются способности быть инструментами насилия.

Учебное пособие по герметичности у всех перед глазами, — концепция коммунизма. Монстр среди концепций, по герметичности она соперничала с наукой, по всеохватности — с религией. Произведения соцреализма — тоже пособие, герметичное концептуальное искусство. Среди вершин — холсты Дейнеки, Налбандяна, фильмы «Кубанские казаки», «Цирк»...

Концепции — материал художественного действия. Такой же, как краски, холст, графические знаки. Кредо московского концептуализма. Тоже концепция. Но открытая, не герметичная, своеобразная «антиконцептуальная концептуальность». Ее практическое утверждение художниками напоминает по стилю утверждение «антианархической анархии» в уставе батьки Махно, где за первым пунктом «Никто никому ничего не должен» следует второй: «Никто не обязан выполнять первый пункт».

Никто не претендует на «правильную концепцию», которой следует заменить другие. Нет претензий и на особую жизнь «вне концепций вообще». Многие артисты так настроены. Но лишь немногие практически придерживаются открытой концептуальности. В том числе среди тех, кто причисляет себя к московскому концептуализму или близок этому кругу. Выставки, акции, хэппенинги, перформансы, домашние вечера... Имен много. Внутри себя отдаю должное всем. Но четкие, безупречно ясные артистические действия, представляющие <u>открытую</u> (подчеркиваю) концептуальность, связаны в моем понимании почти исключительно с именами Кабакова, Булатова, Пригова и Рубинштейна.

Разные ракурсы

Бессмысленность лозунгов типа «Наша цель коммунизм» у диссидентов вызывала отвращение, оправдывала сопротивление режиму. А художники то же самое воспринимали как свидетельство, что между текстом и представлениями о его смысле находятся люди. Люди создают текст. Они же создают его смысл. И, вообще говоря, это не одно и то же.

Простая мысль. Но она противостоит тысячелетнему стереотипу, утверждающему, что смысл в тексте, текст и его смысл неразделимы.

Когда говорят «в книге написано», понятно, о чем речь. И непонятно. В книгах нет того, что мы там находим. Неоспоримый факт. Все в нас.

В одной телепередаче показывали книги из Матенадарана (хранилище древних рукописей в Ереване), написанные в первые века армянской письменности. Рисованные буквы, миниатюры, медный оклад. Безумно красиво. «Краски растирал Минас, сын такого-то», «Медь добыл Саркис, сын такого-то»... Во всем ощущение чуда: человек умирает, а то, что он думал, как видел мир, остается в книге навечно.

Геометрические знаки, рукотворные образы только половина дела. Другая в нас. В наших умениях соотносить знаки со значениями.

Смысл и текст разделимы, это два разных объекта. Текст это знаки, смысл это мы. Читая, мы воссоздаем смысл, оперируя контекстами и правилами, которые сформированы в нас человеческими отношениями. Без контекстов и правил любой текст — мертвый материальный объект, больше ничего. Контексты и правила можно создавать наряду с текстами. Художники это прочувствовали как никто. Вопреки своей воле тому помогали менторы от искусства. Неизбежная десакрализация текстов культуры обнажила огромное поле художественного действия между текстами и смыслом, знаками и значениями, означающими и означаемыми. Здесь укреплен московский концептуализм.

Выход за пределы

История культуры размечена вехами сменяющих друг друга концепций. Герметичность закрепляется академиями. Контрконцепции взламывают ее. Поначалу открытые, они в конце концов тоже делаются герметичными, их сменяют новые концепции.

Когда нужно выразить драму становления и преодоления герметичности, эстетические возможности текстов культуры, настаивающих на собственной исключительности, ограничены. Даже новаторские, как манифесты Малевича и

Филонова. Исключительность — та же герметичность, о преодолении себя она говорить не любит и не может.

Здесь точка приложения философии и эстетики авангарда. Авангард дает точку опоры в переживаниях драмы взаимодействия между концепциями личностного бытия и герметичными концепциями (политическими, культурными), за которыми власть.

В десятые годы прошлого века Марсель Дюшан (Marcel Duchamp, 1887–1968) выставил в качестве произведений искусства готовые вещи (ready made): писсуар, расческу, велосипедное колесо, сушилку для бутылок. Шок интеллигентной публики был подтверждением правильности его эстетических и философских посылок. Понятие «произведение искусства» это герметическая концепция. Оперирование контекстами — способ преодоления ее герметичности.

Произведение искусства не существует вне контекста. Он часть произведения, даже когда о нем молчат. Холст Родченко на аукционе «Сотбис» в Москве продали за 300 тысяч фунтов стерлингов. За что заплатили деньги? За покрашенный черной краской потертый холст с белой полосой по диагонали? Ответ: за холст и за контекст, в котором холст становится ценностью.

Люди стоят в недоумении перед «черным квадратом» Малевича: за что миллионы долларов? За это?! Итог бесплодных усилий интеллекта — глубокомысленная покорность или взрыв возмущения. Когда разговор о контексте запределен, проблема неразрешима. Неразрешим и парадокс точной (до абсолютной физической неотличимости) копии с холста признанного великим художника. Если копия неотличима, где оригинал? И сколько он будет стоить, неотличимый от копии? И почему? Они ищут вещь, которая «чем дальше, тем милей», она же ускользает или прячется. А реальность, которую эстетизирует авангард, эфемерна. Есть от чего прийти в замешательство.

Дополнительность

Слово *авангард* путает карты тех, кто прочитывает его как «прогресс», «передовое», «то, чему принадлежит будущее» и т. д. Это не годится, авангард просто самостоятельное направление в искусстве. Он давно уже не отрицает, а дополняет традицию, хоть у него иная эстетика, иное отношение к артистическому действию. Для артрынка противопоставление авангарда традиции, безусловно, удобнее.

Традиция ставит во главу угла содержание, форма средство. Авангард ставит во главу угла форму, средством оказывается содержание.

Существование формы, как «объекта номер два», осознавалось во все времена. Форма дает начало арифметике и геометрии, это знали Пифагор и Платон. Но эстетически заданным фактом искусства эта универсальность стала только в двадцатом веке. Благодаря авангарду.

Авангард и тексты

Традиционно для многих создание текста и создание его смысла единый процесс. Смысл в тексте, одни его понимают, другие — нет. Текст диктует смыслы, словно он одушевлен. Отсюда срыв к власти текста над человеком. В России на этот счет давние традиции. В начале XVI века монах Максим Грек (1475–1556) из Ватопедского монастыря на Афоне был приглашен в Москву исправить неточности в переводах Библии и Евангелий на старославянский. Получил 30 лет застенков, когда выяснилось, что возврат к оригиналам ставит под сомнение герметичные идеологемы, возникшие из-за ошибок переводчиков.

В эстетике авангарда создание текста и создание смысла не одно и то же. Они связаны, но не так жестко. Автор сообщает тексту свое смысловое поле. Другие, читая текст, присоединяют новые смысловые поля. Создается «облако эйдосов» в людях вокруг текста. Оно меняется со временем. Это и есть реальность смысла. «Что на самом деле думает (думал) автор» отходит на задний план, становится деталью ситуации или идеологемой. Текст, как нечто самостоятельное, лишь посредник в отношениях между людьми.

Драма и комедия жизни текстов — сквозная тема авангардного искусства, всех его форм. Здесь смысловой ключ к пониманию и восприятию авангарда.

В рассказе Борхеса «Пьер Менар, автор Дон-Кихота» интрига в том, что два физически идентичных письменных текста абсолютно разные, потому что написаны разными авторами, в разное время и имеют разные смысловые поля. С позиций традиции это интеллектуальная шутка. С позиций авангарда — констатация очевидного обстоятельства.

ЛЕВ РУБИНШТЕЙН

Бытие в слове

Что такое литература и искусство во всеобщем смысле, не знаю. Употребляю эти слова, как они живут во мне. Другой скажет то же, и неизвестно, смогу ли понять. Дело не в относительности. Все зависит от роли текстов в индивидуальном бытии. Кому развлечения, кому — знания, кому — информация. Мне тексты помогают строить себя, говорить, значит жить. Не помогают — прохожу мимо. Мимо Левиных текстов пройти никак не мог. В начале 1990-х мы встретились на бегу в переходе на Пушкинской. У меня при себе была недавно вышедшая в Штатах книжка «Физика логоса». В спешке достал ручку, надписал Леве «Благодарю за бытие», и мы разбежались. Потом царапало. За бытие людей не благодарят. Надо было «за бытие в слове». Наложение «за бытие» и «забытие» тоже никуда не годится. Сделано и сделано. Но мгновенный импульс был точен: я действительно считаю, что наше бытие (мое, в частности) равносильно бытию в слове. Такова природа. За Левино бытие в слове я благодарен ему. Он сам так выстроил себя и свой путь в языке. Наверное, не без помощи, но это о другом.

Театр текста

Середина восьмидесятых. Один из вечеров Левы был на Тишинке в квартире моих друзей — Сергея Ракитченкова и Ольги Ортенберг. Альт и арфа в оркестре Большого театра, они должны были эмигрировать в Штаты, в Сан-Франциско, но «сидели в отказе», как тогда говорили.

Это был театр текста. Реквизит — стул, и все. Тексты — пачки карточек, похожих на библиографические. На каждой — реплика: слово, междометие, знак препинания, фраза, несколько взаимосвязанных фраз. На целое произведение до сотни таких карточек.

Лева читает, перекладывая их. Каждая реплика — нота или аккорд в окружении других нот, аккордов. Между короткие паузы. Голос без украшений. Интонационные акценты точны и выразительны.

Тексты Левы словно зрительный зал, куда приглашены читатели, зрители, слушатели. Места каждый может выбирать как хочет. Реплики на карточках одновременно и текст, и декорации. Текстовые пейзажи на втором, третьем, четвертом семантических планах. У Левы я их особенно люблю, он работает в них как живописец. Их композиционная и лексическая четкость напоминает мне осенние пейзажи юга Франции или старинные гобелены.

В театре все свободны. Никто не затягивает в концептуальные сети. Принцип открытой концептуальности. Лева следует ему неукоснительно. Артистическая свобода, простота, выверенная форма.

На фоне декораций, между карточками, сам Лева, его собственный голос, живой, теплый и такой прозрачный, ясный, какой, наверное, был у мальчика из хасидской легенды, у его тростниковой дудочки, звучавшей в синагоге.

Словарь реплик

Литература монологична, повседневность жива диалогами. Тексты монологов и диалогов отличаются по форме и по сути. Монологи конструируются на основе грамматики и лексики. Диалоги образованы чередованием реплик. В них со словарем лексики на равных соперничает «словарь реплик». У нас нет традиции составлять такие словари. Реплики не входят очевидно, как слова, в нормативно заданный арсенал языка. Они более гибко, чем лексика, отражают состояние языка.

Что сделал Лева? Это поразительно. Он взял и подчинил поэтический текст языку диалогов.

Говорят: словарь слов и выражений. Поэты приручают словари слов. Лева приручил словарь выражений, попутно переопределив понятие «выражение». У Левы это имена обширного круга многозначных сцеплений смыслов, разбросанных по текстовым ландшафтам.

Выражения гораздо более строптивы, чем слова. Их труднее заставить жить, как того хочет поэт. Они крепко привязаны к локальным ситуациям. Они живые, но жесткие в своей очерченности, локальной закрепленности в Логосе. Более изменчивы, текучи, пластичны. Их смысловая материя разнообразна, многолика, но в то же время значительно менее широка, чем смысловое поле лексики.

Карточки

Текстовые ландшафты вокруг нас. Письменные, произнесенные, устная речь. Обрывки фраз на улице, в трамвае, заголовки газет в сутолоке метро. Радио, телевидение, обложки книг на лотках. Стихи, литературные тексты.

Мне трудно представить, как мог бы Лева подчинить себе эту стихию, превратить в поэтический материал, если бы не избрал форму, которая ассоциируется скорее с техническим этапом *лингвистического исследования*, чем с литературным, поэтическим произведением.

О связи между собой реплик на карточках можно в равной степени сказать, что ее нет и она есть. Нет, потому что тексты на карточках демонстративно свободны друг относительно друга. Это подчеркнуто физической отдельностью, взаимной отделенностью карточек. Реплики, где записаны владельцы бумаги, это их личная собственность, они не намерены делить ее ни с кем. «Прости, это моя карточка», — говорит один текст другому, — «а это — твоя». На фоне прямой, очевидной, видимой, сильно социализированной семантики тексты карточек либо не связаны вовсе, либо эта связь только слегка обозначена, рудиментарна. Лева почти полностью отказался от традиционных форм смысловой взаимосвязи элементов текста. Следуй он им, они связывали бы его по рукам и ногам.

С другой стороны, связь есть, очень сильная. Карточки следуют одна за другой. Строгий порядок. Реплики связаны положением в общей цепи текста. Связь и формально позиционная, и смысловая. На каждой карточке имя эйдоса, семантическая вспышка, окруженная полем ассоциаций. Как удар кистью китайского или японского каллиграфа. Ассоциативные поля вокруг них взаимодействуют между собой. По отношению к каждой карточке все остальные играют роль и текстового, и (что важно) внетекстового контекста.

Карточки способны сбить с толку. Помню, очень удивлялся, когда прочел у искусствоведов, что Левины тексты – это «поэзия каталогов», возникшая под влиянием современных компьютерных технологий. Надо же! Тогда еще перфокарты были, и некоторые Левины тексты действительно были на перфокартах. Но причем здесь каталоги и компьютеры? В формальной идее Левы нет внешнего по отношению к языку. Ход не от языка вовне, к чему-то инородному, а, напротив, от поверхностных структур языка к его глубинным структурам.

Кажется, у П. Бицилли читал, что в ранней европейской литературе был распространен композиционный принцип, когда автор строил произведение в виде коротких зарисовок, следующих одна за другой, как виды в окне современного поезда. У старых японцев это, по-моему, тоже распространено.

Жизнь души в потоках впечатлений. Они словно карточки Левы. Он придал этому визуально распознаваемую форму, сделал неизменной рамкой, универсальным контекстом своей поэтической работы. Шаг отчаянный, он сходу направлен за горизонт принятых в культуре форм письменного литературного языка. Сейчас все понятно. Но уверен, в Левиной судьбе был период, когда это был шаг в потемки.

Он шагнул и создал особый текст. Его единица не слово, а реплика, высказывание. Чередование карточек стало возвратом к простейшему натуральному синтаксису. Левин текст похож на киноленту, в роли кадров тексты реплик. Пространство между карточками стало дополнительным средством прочтения текста читателем. Это диалоги между персонажами. Бывает, между людьми, как в обычном тексте. Но часто персонажами становятся сами реплики. Или стили, в которых они выполнены. Или представляемые ими фрагменты текстовых пейзажей, на фоне которых мы живем.

В театре Левы у этих персонажей четкие роли, они взаимодействуют драматически или комедийно. Фантастика. По сути Лева открыл и освоил новый вид текста. И у него блестяще получилось!

В литературе монологи — хищники. Они пожирают реплики, всасывают их в свое чрево. Лева показал, что это не фатально. По-моему, потрясающее открытие. Когда реплики под защитой театра, который он создал, монологи им не страшны.

Михаил Бахтин в статье «Проблема речевых жанров» (написана в Саранске в 1953 году) утверждает, что не слово фундамент речи, и не предложение, а высказывание, реплика. Почему? — Начала и концы слов заданы нормами лексики и морфологии. Позиционно слова над речью. В том смысле, что нормы языка диктуют их вид, а не речь. А начала и концы реплик подчинены говорящему «здесь и сейчас». Реплики подчинены речи, она диктует их начала и концы. Через них в язык входят люди, их воля, активность в повседневном языке. Прародители слов реплики, не наоборот. Арсенал реплик неизмеримо шире, чем арсенал лексики. Кроме того, репликой может быть жест, интонация, любой целостный образ.

Поддержка

С конца семидесятых мне стало сложнее писать тексты. Всегда не любил полуритуальные квазинаучные тексты, предназначенные не для людей. А тут с ужасом убедился, что заражен той же заразой. Тяжеловесные обороты, длинноты, микширующие вводные слова, придаточные предложения. Кажется, так точнее, в действительности просто язык захламлен. Надо было что-то делать. Помог театр. Труднее всего было противостоять логике текста, выросшей на многослойной семантике. Когда услышал и увидел работы Левы, восхитился сразу.

Язык обиходных диалогов менее всего поражен идеологемами — и тогда, да и сейчас. Он более всего приближен к индивидуальному бытию. Именно его Лева и сделал главным героем своих текстов. Следующие одна за другой карточки ломали зараженную логику, восстанавливали первичную простоту. Для меня это было как чудо.

Рука сама выводит «Лева», а не «Лев Семенович». Не из панибратства, его нет и тени. Так цыгана, поющего песни, называют независимо от возраста Сашей, а не Александром с отчеством, Гришей, а не Григорием.

Два глаза лучше

Скажут: авангардный поэт, и вдруг ассоциировать с ним что-то цыганское. Не умаление ли его «авангардного достоинства»? По мне так ничуть. Я не понимаю и не принимаю опасений такого рода, вижу в них чуждый мне дух кастовости. Манера соотносить авангард и традицию через конфликтное противопоставление была естественной в начале века, в первые его десятилетия, отчасти даже в конце столетия. Она бесплодна. Человек, имея два глаза, смотрит только одним, причем одним одно, другим другое. Что-то противоестественное. Почему не смотреть двумя глазами?

Культура едина. Авангард открыл в ней новые выразительные возможности, новый взгляд, новый объект, новые принципы эстетики. Открыл, это правда. Так что ж с того, как говорят в Одессе?

Да, художники, зрители, слушатели, искусствоведы размежевываются по приверженности авангарду или традиции. Да, в современном мире этот процесс размежевания принял острые формы. Но нельзя не видеть, что, если исключить момент естественного самоопределения, важный для любого артиста, в остальном в процессе этом преобладает социологическая компонента. Он в той части пространства культуры, где нет тайны, где царствует идеология, герметичная концептуальность, а не открытый взгляд на вещи.

Непримиримость, разделительные барьеры нужны зрителям, искусствоведам, тем из них, кто привык чувства делать заложником ментальных концепций или экономических интересов. Художники сами создают барьеры своими манифестами, это правда. Но природа их иная. Здесь концепция только буек на поверхности, который обозначает место над глубиной, где находится душа художника. Непримиримость художника это всегда в конечном итоге непримиримость к фальши и к убийству живого. Все остальное — производное. Может быть поэтому художники способны слышать и понимать друг друга сквозь барьеры концепций и идеологический лед культуры.

Я уверен, что по прошествии какого-то времени грандиозный барьер, который разделяет в современном Логосе авангард и традицию, рухнет, как в свое время рухнула Берлинская стена, железобетонный эквивалент идеологии размежевания. Только произойдет это не в результате «победы» авангарда над традицией или, напротив, традиции над авангардом. И не из-за слияния, которое невозможно в силу разной природы их объектов и эстетики. Произойдет это потому, что ни одно из двух этих мощных течений в культуре не способно быть самодостаточным. Такова природа мира, так устроен Логос. Эстетика и философия дополнительности, которым еще предстоит развиться и занять свое место в культуре, — вот путь, который я предвижу. Проходить его первыми будут художники. Не мыслители, не философы, а художники, артисты. Собственно, они уже и проходят его. И Лева Рубинштейн здесь один из самых ярких для меня примеров.

На платоновский, дантовский пир, уходящий в прошлое и будущее, Лева пришел не с пустыми руками. Его приношение как хлеб. Без малейшей фальши он живет в слове как свободный человек, который оставляет свободными других. Он рассказал, что происходит с таким человеком. Рассказал, как до него не смог никто. Авангард? — Да. Традиция? — Поостерегусь сказать нет. Но здесь уход в сторону. Есть поэт Лев Семенович Рубинштейн. С этого все начинается. Во мне. Уверен, не только.

От редактора:

Дмитрий Александрович Пригов (5 ноября 1940 — 16 июля 2007). Был госпитализирован 6 июля 2007 года после обширного инфаркта. Скончался в кардиологическом отделении 23-й московской (Яузской) больницы 16 июля 2007 года в возрасте 66 лет.

Лев Семенович Рубинштейн (19 февраля 1947 — 14 января 2024). 8 января 2024 года на пешеходном переходе в районе дома № 9 по улице Образцова в Москве Льва Рубинштейна сбила машина. С переломами и черепно-мозговой травмой он был госпитализирован в Институт скорой помощи имени Склифосовского. Утром 14 января 2024 года на 77-м году жизни Лев Семёнович скончался в реанимации НИИ скорой помощи имени Склифосовского.

«Демоскоп Weekly». N 243–244, 17–30 апреля 2006

ПАМЯТИ ОЛЕГА ПЧЕЛИНЦЕВА
Из дома вышел человек...
памяти Олега Сергеевича Пчелинцева, 1936–2006

Восьмого апреля 2006 года Олег вышел из дома на прогулку и, сбитый джипом, ушел навсегда.

Почему-то сочетание обыденности и случайности в этом последнем событии его жизни у меня крепко связалось со всем строем прожитых им семидесяти лет. Превращать внешне случайные события в неслучайные было его призванием. Господину случаю он умел противопоставить строго выверенный распорядок жизни и четко простроенный план собственного сознания. Кажется, так действовали старые средневековые мастера. В деталях укрепляли размеренность своей жизни, чтобы она давала нужный результат. В тот роковой день случай, казалось, победил. Но последнее слово осталось за Олегом. Им стала вся его теперь уже завершенная первая жизнь. Вторая продолжается памятью о нем.

Рутину обыденности он не просто любил. Он понимал ее и обладал редким даром укрощать ее нрав. Из пожирательницы времени она становилась у него покорной служанкой, помогающей во всем, что требует долгих, кропотливых, точно организованных усилий. «Совестный деготь труда» — это и об Олеге тоже. Его уход — последнее действие длинной череды превращений доступного ему потока событий в упорядоченное целое.

За поминальным столом 12 апреля Валерий Гребенников сказал, что Олег прожил в высшей степени успешную жизнь. Не от существительного успех, а от глагола успел. Точнее не скажешь.

Олег и правда много успел. Наряду с главным (с юности сумел стать собой, остался равным себе до конца своих дней, с Марьяной построил семью, вырастили двух изумительных дочерей и дождались внуков) он успел в еще одном фундаментальном деле своей жизни: сделал лично своим мир земли и людей. Земля и люди были в нем нераздельны, как нераздельны они в реальности. В ограниченной лексике научных институтов он «крупный специалист по региональной проблематике». Но оставим этот язык.

Можно в два счета связать масштаб личности Олега с любимой им Землей с большой буквы, планетой. Но в том и дело, что грандиозность Олега не в размерах предмета его научных занятий, а в невероятном количестве деталей, которыми он владел в душе, и которые в душе связал между собой. Огромная Земля была для него тем же, чем крохотная планета для владеющего ею маленького принца Сент-Экзюпери. Своим домом в самом теплом, детском смысле. В этом его грандиозность. «Всесильный бог деталей, всесильный бог любви Ягайлов и Ядвиг» был его близким другом. К слову, с другим богом, современным, номинальным, повадками и манерой вовлеченности во власть напоминающим приснопамятных сотрудников идеологического корпуса ЦК КПСС, у Олега не было никаких отношений. И не случайно ни одного официального представителя этого «бога» возле гроба в момент прощания не было, как не было ни одного фальшивого или пропитанного елеем тайной идеологической власти слова.

Оставаясь гигантской реальной территорией, земля вместе с людьми, городами, лесами, пустынями составляла в его душе опорные точки ума и сердца. Он любил ее и знал всю, до мельчайших подробностей. Как-то вернувшись из похода по Западному Кавказу (дело было в конце 1970-х) на вопрос Олега, где был, я ответил, что в районе малоизвестного селения в верховьях реки Келасури. И сказал название, какое, уже не помню. Его не было и нет на картах. Но хорошо помню, как Олег характерно кашлянул и прочел небольшую обстоятельную лекцию об этом селении, о тех, кто там живет, с каких пор, какие там строят дома, какой разводят скот, какой там климат, какие проблемы у людей. Все было живо, и все было правдой. Но я это видел, а он знал. Точно так же обстоятельно он мог рассказать (и рассказывал!) о сопках хребта Сихотэ-Алинь в Приморье на Дальнем Востоке (по впечатлениям моего детства и здесь все совпадало!), о городах, поселениях, местностях США, Мексики, Бразилии, Африки, Индии. Вообще о любой точке планеты на самой подробной карте.

Землю он знал всю. Но за пределами тогдашнего СССР ее своими глазами не видел. И не мог в принципе. Внешним временем правили тогда люди столь же амбициозные в претензии на зрячесть, сколь слепые. Почти как сейчас, но в наивной жестокости менее избирательные. Зато видеть сквозь ограничения он мог, и видел, как никто другой.

Никому ничего не навязывая, Олег успел своим примером расширить мир тех, кто с ним соприкасался. Успел вызвать благодарное восхищение редчайшим сочетанием твердости собственной точки зрения и толерантного признания точки зрения другого. Внятно возражая, он вызывал благодарность, а не горечь, раздражение или гнев. В словах за поминальным столом это вернулось множеством примеров, предвестием доброй, сердечной и долгой памяти о нем. Многим, кто значительно моложе, он предложил способ жить, строить отношения с людьми не как поучение, а как факт своей собственной жизни, состоявшийся рядом. Могучая позиция.

Избегая наград, званий, власти и прочих ситуативно привлекательных, но временных и безусловно второстепенных вещей, Олег поздно защитил докторскую. Его уговаривали, он отнекивался. Почему? Есть разные объяснения.

Мне казалось, для него довольно рано в жизни наступило время, когда ученые степени, как социальный ресурс, перестали его интересовать, отодвинутые на задний план задачей успеть. Не потому, что он не нуждался в материальной поддержке. Нуждались они с Марьяной, с детьми, еще как нуждались. Но с течением времени его все больше страшили потери и все меньше привлекали приобретения от участия в инфантильных играх взрослых людей, видящих человеческую мудрость в умении оседлать престиж науки, превратить его в ресурсы и управление ими.

Навлекая на себя подозрения в патологической «скромности», Олег сторонился науки как идеологии. Под «идеологией» я подразумеваю состояние, при котором наука перестает быть живым знанием, становится мертвой, будь то марксизм советского образца или идеологическая валюта в ролевых социальных играх с тщательной имитацией вторичных признаков высокой науки. Его не интересовала власть, в том числе загримированная под образ науки. Я всегда знал его сторонником самого простого и фундаментального способа получать научные результаты: любить то, что стремишься узнать, служить ему, подчинять этому повседневность, быть внимательным к деталям, работать над собой, преодолевать собственную косность.

Нас в 1976 году познакомил Костя Соколов, работавший тогда в ЦЭМИ. Олег руководил лабораторией региональных проблем в научном коллективе Станислава Шаталина и был оппонентом Кости по кандидатской диссертации. Я же был безработным.

Мы поговорили о методах анализа данных, и Олег с помощью Шаталина взял меня в свою лабораторию. Его не беспокоило, что формально я никогда никакого отношения к регионалистике не имел. Он считал, что то, что я делаю, надо поддержать, этого было достаточно. А для меня это было чудо. Спасение того, что в моих глазах делало существование осмысленным. Еще одно чудо — коллектив Шаталина. Климат в нем, а главное — люди. Это одно из моих самых ярких и теплых жизненных впечатлений. И этим я обязан Олегу.

Я храню именной альбом отца, он получил его в мае 1941 года как выпускник первого выпуска Высшего военно-морского инженерного училища в Ленинграде. Там среди фотографий преподавателей есть с детства знакомая фотография молодого профессора математики Леонида Витальевича Канторовича. Это Олегу я обязан встречей и возможностью личного общения с этим величайшим ученым. Считая Шаталина своим учеником, он часто бывал в отделе, участвовал в шаталинских школах, семинарах, конференциях.

Олегу я обязан тем, что смог завершить первый цикл своих исследований по детерминационному анализу, написать книгу. Ему же, не меньше, чем Шаталину и Канторовичу, я обязан возможностью опубликовать в «Науке» эту книгу, которая шла вне всяких институтских планов. Работая потом в Театре на Таганке, я получил результат, который для себя считаю лучшим: расширение силлогистики Аристотеля путем вычисления минимума и максимума дробно-линейных функций на выпуклых многогранниках. В сущности, идея таких вычислений была сформулирована и выведена в жизнь Леонидом Витальевичем как раз в те годы, когда он преподавал математику моему отцу. Когда все было готово, и Дмитрий Александрович Поспелов предложил это опубликовать у себя в Известиях Академии Наук, в серии Техническая кибернетика, возникла, естественно, столь же идиотская, сколь и неизбежная тогда проблема оформления акта экспертизы на статью. Директор театра на просьбу подписать акт выпучил глаза. Тогда именно Олег по моей просьбе поставил свою фамилию в качестве соавтора, оформил акт экспертизы на статью через экспертный совет Института системных исследований, а потом при публикации снял свою фамилию, сославшись на то, что «ознакомившись с окончательным вариантом рукописи, пришел к выводу, что его вклад недостаточен для полноправного соавторства». У него не было ни малейших колебаний.

Давно нет Леонида Витальевича. Нет Шаталина. Нет многих. Теперь нет Олега.

12 апреля он, уже бесплотный, собрал знавших его сначала на Литовском бульваре, потом на Нахимовском проспекте. И еще раз подкрепил непреложную истину: неприметные нити человеческой памяти, скрепляющие мир людей, прочнее, чем все институты вместе взятые.

Сборник «VIVAT, ЯДОВ!»,
посвященный юбилею В. А. Ядова. Март 2014 г. Стр. 312.
Издание Института социологии РАН

«ЯДОВ И ЕГО РАБОТА»

В предисловии к книге «Человек и его работа в СССР и после» (2003) студентам-социологам адресованы слова:

«Человек и его работа» — тема вечная... Работа (work, Arbeit, travail) — это есть совокупность усилий, которые человек направляет на преодоление трудностей *материала, среды, почвы (курсив мой — СЧ)*, чтобы создать нечто необходимое и полезное или излишнее, но красивое, чтобы этим творением кто-то мог пользоваться или радоваться ему».

В живом языке понятие работы относительно. Для кого-то работа это жизнь, а кому-то жизнь — это работа. Как у Окуджавы: «расплата за ошибки / она ведь тоже труд. / Хватило бы улыбки, / когда под ребра бьют». Поэтому, говоря о Ядове и его работе, придется расширить смысл слов *материал, среда и почва*.

Ядов как фраза, термин, понятие

В поисковой системе Google запрос «Ядов Владимир Александрович» открывает ссылку на статью «Социологического словаря»[1], которая начинается словами «Ядов Владимир Александрович — российский социолог». А в конце статьи после ремарки «Найти все значения выражения «Ядов Владимир Александрович» следуют ссылки:

---

[1] http://mirslovarei.com/content_soc/JADOV-VLADIMIR-ALEK-SANDROVICH-10414.html

- <u>Что такое Ядов Владимир Александрович</u>
- <u>Толкование фразы Ядов Владимир Александрович</u>
- <u>Определение термина Ядов Владимир Александрович</u>
- <u>Что означает понятие Ядов Владимир Александрович.</u>

И пояснение: Если Вы искали другое значение слова/фразы «Ядов Владимир Александрович», воспользуйтесь поиском. Значения термина могут серьезно отличаться в зависимости от тематики выбранного словаря. Если у Вас есть своё определение данного слова/термина, вы можете его добавить в нашу коллекцию.

Свое определение у меня есть. Добавляю его в коллекцию.

Стиль жизни

Прежде всего, Ядов это стиль жизни в себе и среди людей. Стиль, укорененный в европейской культуре, о котором говорит Мандельштам в статье «Франсуа Виллон» (1913), обозначая предпосылки Ренессанса в житийном фундаменте позднего средневековья: «Средневековый человек считал себя в мировом здании столь же необходимым и связанным, как любой камень в готической постройке, с достоинством выносящий давление соседей и входящий неизбежной ставкой в общую игру сил». В точности о Ядове, — насколько могу судить.

Плеяды и связь поколений

Ядов это плеяда. Левада, Грушин, Шубкин, Гордон, Карпинский, Лацис, Шаталин... Заславская, Здравомыслов, Карякин, Лапин, Фирсов, Шкаратан, Шляпентох, много других. Много, но список легко обозрим. Все стали самостоятельными в марте 1953 года плюс-минус год-два. Когда, по словам Окуджавы, с «генеральскими почестями» умер «мартовский снег», а «снежная баба осталась вдовой».

Его поколение непосредственно предшествует моему. Для младших старшие — ближайшая по времени точка притяжения и отталкивания в выборе личной судьбы. Для меня Ядов — символ связи поколений. Фактом и сутью своей жизни он поддерживал и поддерживает связь времен.

Без языка

С первого класса в Корсакове (Сахалин, 1951), через все мое детство и юность проходит ощущение пропасти между «языком сверху» и реальностью. Всякие «члены», политики, философы, ученые, рабочие и колхозники говорили издалека по радио и в газетах о жизни в стране.

Отца, инженера, окончившего в сорок первом Высшее военно-морское инженерное училище (ВВМИУ) в Ленинграде, кидало с семьей от окраин до окраин. От Владивостока и Петропавловска на Камчатке до Одессы и Измаила; от Кулеви возле Поти, где я родился, Новороссийска и Севастополя до Москвы. Я видел жизнь в стране своими глазами. А слова по радио и в газетах были словно про другую планету. Особенно, когда говорили из Москвы.

С окружающими вблизи было то же, что по радио и в газетах. Кто-то вымучивал советские штампы как обереги. Кто-то «всем сердцем поддерживал» и «творчески развивал».

Государство, объявившее язык своей собственностью, методично разрушало его залпами идеологических «Катюш» во всех сферах жизни. Все было поражено, по выражению Клямкина, «идеологической блевотиной» во имя политической стабильности.

Я не хотел становиться немым. Вокруг уверяли: станешь. Не стал, — люди помогли, их прямая речь. Мандельштам, Пастернак, Пригов, Рубинштейн, Бродский, Шаламов, Авторханов, Беленков, Сахаров, Ковалев, Шрагин, Шиханович, Солженицын, Галич, Окуджава, Новелла Матвеева, Ким. Много имен.

Но построить картину социального мира, в которой все, на что откликается душа, взаимосвязано естественными (с моей точки зрения) началами, мне помогли немногие. Среди них один из первых Ядов. Помог, не зная того, личным «преодолением трудностей материала, среды, почвы».

Ядов и язык

Весна 1969. Закончив аспирантуру по теоретической физике, поступаю к Грушину в Институт конкретных социальных исследований. За год до того вижу и слышу Шляпентоха в Новосибирском Академгородке. Пел у него дома во время фестиваля в марте 1968 года. У Лена Карпинского на Зубовской вижу и слышу Лациса, Амбарцумова, Бурлацкого, Тимура Гайдара, Лисичкина, Карякина, Владимира Кривошеева, Бориса Орлова, Черниченко. В Институте слушаю Грушина, Леваду, Шкаратана, Здравомыслова. И Ядова. Он приезжал из Ленинграда.

Моя бабушка пела в старом романсе: «как мне нравился твой разговор». Разговор Ядова поразил меня.

Говорит как свободный человек. Говорит о проблемах

осознания реальной жизни. Ясно, спокойно, доказательно. Говорит в идеологическом логове системы так, будто запреты его не касаются.

Прямой язык. Открытый. Непривычный стиль нейтральной констатации. Внятно формулирует проблемы, ставит задачи, разворачивает исследовательские программы. И не «вообще», а в реальных условиях того общества, той каждодневной реальности. Человек в единстве со своей речью. На него хочется смотреть как на портреты Гольбейна. Все привлекает: натура, стать, внутренний стержень.

Никакой идеологической тухлятины. Оценок минимум. Но суть прозрачна, и оценки становятся очевидными. «Минные поля» учтены. Идеологические ищейки все понимают, нервничают, но бессильны, — придраться не к чему.

Ядов демонстрировал язык, сама возможность которого на фоне сталинской идеологии и тоталитарного общества казалась химерой. Он сделал его, опираясь на предшественников и учителей. По-своему и убедительно. Показал всем, кто его видит и слышит, мне, в том числе, как можно говорить о фундаментальных социальных проблемах, не становясь на запятки и не унижаясь до пресмыкательства, двуличия, глупости.

Я вообще никогда не видел Ядова душевно незрячим. Или прикрывающимся рационализациями, от которых делается неловко и тошно. Он может красноречиво смолчать. Но когда говорит, умеет не умалчивать, — без конфронтации, сохраняя собственное достоинство и уважая право на такое же достоинство тех, против кого направлены его слова.

Он умеет жестко демонстрировать свою убежденность, давая собеседнику ясно понять, что тот не обязан разделять его точку зрения. Редкий дар.

У Леви Стросса есть критерий валидности социальных знаний: если социолог, знающий жизнь людоедов и попавший в их племя, оказался съеден, значит, жизни людоедов он не знал. Ядов — знает. И, оставшись в живых, остался человеком.

Диспозиция личности

Меня его язык поразил. Одно из самых ярких впечатлений в тогдашнем ИКСИ.

Галич на вопрос «как вы начали писать песни?» отвечал: «Просто. Встал как-то утром, включил радио — ничего не понимаю. Еще вчера все понимал, а сегодня — ну ни слова. Надо, думаю, что-то делать. Начал писать песни».

Ядов тоже говорит, что у него все само собой вышло. Случайно. Как-то Кон дал книгу по методам, говорит: «Посмотри»... Так и стал социологом.

Конечно, не случайно и не просто. Его работа и известный всем результат не были следствием лишь образования. Или подражания учителям. Людей с тем же образованием тьма. А Ядов один.

Не было это и следствием только знаковых событий: смерть Сталина, XX съезд. Хотя без них исключенный из партии в 1952-м выпускник философского факультета Володя Ядов вряд ли смог бы создать социологическую лабораторию в конце 1950-х, в начале 1960-х пройти стажировку в Манчестере и Лондоне, к семидесятым сформировать собственную социологическую школу.

Стимулом для концентрации усилий могло быть только внутреннее осознание важности задачи, формируемое пережитым, личной судьбой, судьбой близких, массой жизненных наблюдений. Те самые «диспозиции личности», «ситуативные установки, обладающие относительной самостоятельностью». Фантастические по силе, вообще-то, «диспозиции», если сподвигли его на такой упорный и целеустремленный труд.

«Преодоление трудностей материала, среды, почвы»... Работа внутри себя и над собой, равносильная жизни. Персональный личный проект. Ретроспективно ничего случайного, все случайности не случайны. А результат — мощное позитивное действие, вполне обыденное по форме. В числе многих я был тому свидетель и воспринимал это как чудо. То была поддержка для всех, кто строит свой язык, свою картину мира, делает свой выбор в жизни.

В одном поезде в противоположных направлениях

В практической политической философии СССР марксизм использовался прежде всего в трех планах: как ресурс «компостирования мозгов населения» в целях удержания власти, как красные флажки загона для сознания «за флажки нельзя, запретная зона», и как система опознавательных знаков «свой — чужой» для партаппарата[2].

Разрыв между «теорией» и жизнью был условием полити-

---

[2] Сейчас «марксизм по-советски» отброшен как политический хлам, на его месте нейролингвистическое программирование и «управляемая демократия», но политическая философия, рассматривающая сам язык как ресурс монопольного удержания власти, то есть функциональная суть ленинско-сталинской идеологической доктрины, роднящая ее с доктринами фашистского типа, не изменилась.

ческой стабильности. Эмпирическая верификация понятий государственного марксизма была под запретом. Понятно, почему. Объективность, не зависящая от интересов власти, разрушала управленческую функцию идеологии, увеличивала идеологическую неоднородность аппарата и дестабилизировала систему. Партаппаратчики это понимали очень хорошо.

После смерти Сталина функциональная суть идеологической доктрины сохранилась, несмотря на «развенчание культа».

В то же время после «партаппаратной либерализации» в 1956-м, как тогда говорили, «возвращения к ленинским нормам партийной жизни», стало политически модно вспоминать о необходимости более тесной связи обществоведения с жизнью. Даже такие высокопоставленные и жестокие слуги сталинской идеологической доктрины, как Митин и Константинов, поддержали либералов (Ядов, естественно, был среди них) в стремлении возродить социологию, создать Институт конкретных социальных исследований (ИКСИ). Но это было противоестественное объединение пассажиров одного поезда, едущих вместе в противоположных направлениях. К 1972-му все встало на свои места. ИКСИ разогнали, но главное состоялось. Разбросанные по закоулкам осколки института стали воспроизводить культуру мышления, которую уже невозможно было остановить.

Математика как символический капитал

Конец апреля 1969 года. Подвал на Писцовой. Осипов сидит на специфическом возвышении в крошечном, без окон, функциональном помещении (по-моему, туалет), переоборудованном в начальственный кабинет. Держит в правой вытянутой руке мою анкету с заявлением о приеме на работу в ИКСИ и визой Грушина.

— Здесь написано, — смотрит в анкету, потом на меня, — вы закончили аспирантуру как физик. Чему посвящена ваша диссертация?

— Решениям дифференциальных уравнений, описывающих движение жидкости в тонких пленках под влиянием поверхностных сил с учетом кривизны свободной поверхности.

— Дифференциальные уравнения... — Осипов распевает гласные и переводит взгляд поверх моей головы, куда-то вдаль, сквозь дверь, в узкий коридор подвала. — Ну что же, хорошо. Идите. Следующий! — Это означало, что я принят на работу в институт.

За рубежом в конце 1960-х уже приобрели популярность научные направления, демонстрировавшие внедрение математики в проблематику наук об обществе. Математическое моделирование, теория нечетких множеств, теория катастроф, «порядок из хаоса» Ильи Пригожина, синергетика, ряд других. Эти направления, вызванные перепроизводством математиков и физиков в мире, развивались благодаря превращению строгих понятий и результатов математики и физики в метафоры, отсылающие к социально значимым аллюзиям. В научном плане это были действия, ослабляющие науку. Как в басне Крылова: во имя желудей подрывание корней дуба. Но это мало кого волновало.

Ретрограды в СССР были не прочь воспользоваться авторитетом точных наук для укрепления своих позиций, не видя в том угрозы для идеологической машины. Либералы видели в том же возможность получить степени свободы, полезные для реформаторских устремлений.

И те и другие сходились, что математика символ научности, что «коль скоро математические методы за границей используется в социальных исследованиях, и нам нельзя отставать». И те и другие рассматривали математику как средство, которое нужно применять. Как применять? На каких началах? Кто это будет делать?

Методология и методы

Либералы были сплошь гуманитарии: философы, журналисты, политологи. Почти все сходились, что не надо самим разбираться в математических методах. Достаточно было грамматически правильно употреблять слова «формализация» и «позитивизм», чтобы произвести впечатление, что с математикой все понятно.

«Мы снимаем шляпу перед величием математики. Этого достаточно. Но мы владеем самым главным: фундаментальными философскими знаниями и вытекающей из них методологией. Да, нужны вычисления, математическая статистика, математическое моделирование. Надо привлечь специалистов в области точных наук, пусть делают свое дело, а мы будем руководить ими и развивать методологию».

В то же время было понятно, что мало «пригласить нужных специалистов и правильно ими руководить». Проблема применения точных методов в социологии это прежде всего проблема взаимодействия двух культур (прямо по Чарльзу Сноу): гуманитарной и естественнонаучной.

Создавая социологию практически с нуля, гуманитариям

нужно было самим вникать не только в методы эмпирической социологии, но и в способы применения математики, даже и в саму математику.

Понимая природу гуманитарности и важность проблемы эмпирической верификации теоретических понятий, надо было с методологической точки зрения разбираться во всем этом хозяйстве. А как это делать без профессиональной подготовки в области точных наук?

Ядов один из первых в тогдашнем СССР стал изучать мировой опыт социологических исследований и применять его на практике, подвергая методологическому осмыслению. Сначала как любопытный и пытливый человек: «Кон дал книжку, и пошло». А потом все глубже и глубже.

Детализация и внятность, с которыми он проник в проблемное поле мировой теории и практики методов эмпирической социологии, не имели себе равных. При этом он действовал и как практик, и как теоретик-методолог, выходя далеко за пределы потребностей своих исследовательских проектов.

Это было фундаментальное научное действие, которое соединяло методологию получения социальных знаний с методами эмпирической верификации понятий, используемых в социальных теориях.

Основные вехи и результаты этого беспрецедентного для тогдашнего СССР личностного проекта хорошо известны. Лаборатория в Питере (конец пятидесятых). Стажировка с подачи А. Д. Александрова в Манчестерском университете и Лондонской школе экономики и политических наук (1963–1964). Лекции Ядова в Тартуском университете, заложившие основы эстонской социологической школы. Четыре ежегодных школы-семинара недалеко от Тарту, в Кяэрику (Kääriku, 1966–1969), организованных Юло Вооглайдом, Марью Лауристин, Пээтером Вихалеммом и их коллегами (те школы сыграли огромную роль в формировании интеллектуальной среды эстонской и российской социологии). Изданная в Тарту в 1968 году книга «Методология и процедуры социологических исследований». И, наконец, книга «Социологическое исследование (Методология, программа, методы)», Москва, 1972 (обе книги сыграли ключевую роль в развитии социологии в бывшем СССР и современной России).

По характеру и предмету тот проект был несовместим с тоталитарными основами окружающего общества. Но он состоялся. Благодаря многим людям, но Ядову, — в первую очередь. Ядов был его душой. Вложенные им интеллектуальные усилия дали всходы и принесли добрые плоды, которыми долго еще будут пользоваться социологи и в России, и за рубежом.

Нам не дано предугадать, как слово наше отзовется...

Свои персональные интересы в социологии я сконцентрировал на процедурах, которые одни называют методами измерений, другие — методами анализа данных, третьи — методами шкалирования. Для меня это всё методы эмпирического реферирования текстов и понятий естественного языка с помощью диалогической практики. Реферирование текстов и понятий, используемых в социальных теориях я рассматривал (и рассматриваю) как частный случай.

Такой взгляд на вещи позволил мне получить результаты, которые, насколько знаю, полезны во многих областях науки и практики. Я имею в виду частотную теорию простых предложений в естественном языке, известную как детерминационный анализ, а также частотную теорию логических законов на примере силлогистики Аристотеля и ряде других примеров, известную как детерминационная логика. На мою собственную судьбу они оказывали и оказывают влияние на протяжении вот уже сорока лет, ушедших на то, чтобы их найти и развить. Детали, кому интересно, в моей книге «Феноменология диалогов в гештальт-теории, математике, логике»[3].

Поставить интересующие меня проблемы мне помогла работа в замечательном коллективе Б. А. Грушина, погружение в практические задачи проекта «Таганрог» и первых в СССР опросов общественного мнения.

Но могу сказать абсолютно точно: не будь Ядова, его книг, не будь мощного воздействия, которое он оказал на окружающих и на меня, в частности, я не смог бы уже к 1972 году понять и почувствовать самое главное. Что все без исключения математические методы анализа данных в социологических опросах суть методы эмпирического реферирования языковых текстов и понятий.

Ритор или простец?

Меня поражает в Ядове сочетание книжной учености и могучей внимательности к окружающей жизни. Стремление познать эту жизнь как она есть, без прикрас.

---

[3] Там, в частности, показано, что диалогическая практика, используемая социологами в опросах, отнюдь не пассивный «объект применения математических методов». Она не только порождающее начало фундаментальных объектов языка, — лексики, лексической семантики, грамматических форм (мысль Бахтина), — но и первоисточник основных понятий математики и логики.

Пять с половиной веков назад Кузанский написал диалог «Простец о мудрости». Приведу отрывок из него в переводе З. А. Тажуризиной (Николай Кузанский, сочинения, том 1, Институт философии, Москва, «Мысль», 1979; оттуда же взяты и сноски):

«На рыночной площади в Риме некий бедный простец повстречался с весьма богатым оратором, к которому обратился с приветливой улыбкой.

Простец. Поражаюсь... тому, что, утомляясь постоянным чтением бесчисленных книг, ты все же не пришел к смирению. Видно, это оттого, что знание этого мира, в каковом, по твоему мнению, ты превосходишь других, есть неразумие пред богом, и потому оно делает надменным...

Ритор. Как велика твоя дерзость, о ты, жалкий и совсем [невежественный] простец, что ты столь низко ценишь ученые занятия, без которых никто не может преуспеть[4].

Простец. Не дерзость, но любовь, о важный оратор, не позволяет мне молчать. Ведь я вижу, что ты посвятил себя исканию мудрости, но делаешь при этом много ненужных усилий; если бы я смог удержать тебя от них, так что ты осудил бы свое заблуждение, то, думаю, ты бы с радостью вырвался из таких застарелых пут... В самом деле, твой разум, связанный авторитетом пишущих, питается пищей других, но не естественной пищей[5].

Ритор. Если не в книгах мудрецов, то где же тогда содержится пища мудрости?

---

[4] Занятия — т. е. книжная наука, в отличие от той, которая «пишется в душе обучающегося» (Платон. «Федр», 275c – 276e)
[5] См. Платон («Федр» 248bc) о «мнимом пропитании» обманутых душ.

Простец. Я не говорю, что в них ее нет, но говорю, что ее здесь не найти в естественном виде. Те, которые первыми стали писать о мудрости, возрастали не на пище, которая в книгах, — их тогда еще не было, — но скорее естественной пищей они побуждались к тому, чтобы стать совершенными людьми; и они далеко превосходят в мудрости тех, кто полагает, будто благодаря книгам преуспевает.

Ритор. Вероятно, и без стремления к учености можно было бы узнать кое-что, но ни в коем случае — вещи трудные и важные, ибо знания возрастают только благодаря прибавлению.

Простец. Ведь это как раз то, что я утверждал, а именно, что тебя ведет авторитет и вводит в заблуждение. Кто-то написал слова, и ты веришь. Но говорю тебе, мудрость кричит снаружи, на улицах, и это [только] крик ее, ибо сама она обитает в высочайших [местах][6].

Ритор. Я вижу, хоть ты и простец, а считаешь себя мудрым.

Простец. Возможно, в этом различие между тобой и мной: ты считаешь себя знающим, хотя и не являешься таковым, поэтому ты заносчив. Я же признаю себя простецом, поэтому более смирен. В этом отношении я, вероятно, более ученый[7].

Ритор. Если ты — [невежественный] простец, как ты смог придти к знанию своего незнания?

Простец. Не из твоих книг, но из книг бога.

Ритор. Что же это за книги?

---

[6] См. Книга притчей соломоновых 1, 20 («Премудрость возглашает на улице, на площадях возвышает голос свой…»)

[7] Ср. Платон, «Апология Сократа» 21d («но он думает, что знает, не зная, а я, раз не знаю, так и не думаю, что знаю, чего не знаю»).

Простец. Те, что он начертал собственным перстом.

Ритор. Где они находятся?

Простец. Повсюду.

Ритор. Значит, и на этой площади?

Простец. Конечно! Я же говорил, что мудрость кричит на улицах.

Ритор. Я бы хотел услышать, каким образом. ...

Простец. Сначала скажи мне, что ты видишь на этом рынке?

Ритор. Я вижу, что здесь считают деньги, в другом углу взвешивают товары, в противоположном — отмеряют масло и другое.

Простец. Это суть действия той способности рассудка, в силу которой люди превосходят животных, ибо эти неразумные твари не могут считать, взвешивать и измерять. И теперь, оратор, обрати внимание на то, через что, в чем и из чего происходит такое и скажи мне.

Ритор. Через различение.

Простец. Верно говоришь. Но посредством чего существует различение? Разве считают не с помощью единицы[8]; («то первое, чем познаются количества, есть само единое; а потому единое есть начало числа как такового»).)?

Ритор. Каким образом?

Простец. Разве единица, взятая единожды, не есть один, а единица, взятая дважды, — два, а единица, взятая трижды, — три, и так далее?

Ритор. Так оно и есть.

---

[8] См. Платон. Парменид 144a («если есть единое, обязательно есть и число»); Аристотель. Метафизика, книга X (I), глава 1, 1052b 20-25.

Простец. Итак, всякое число бывает благодаря единице?

Ритор. По-видимому, так.

Простец. Значит, как единица есть начало числа, так и самая малая весовая единица есть начало взвешивания и самая малая единица меры — начало измерения. Пусть эта весовая единица названа унцией, эта единица меры — петитом[9]. Разве не так же взвешивают посредством унции, и измеряют посредством петита, как считают посредством единицы? Так из единицы возникает счет, из унции — взвешивание, в петите заключено измерение. Или не так обстоит дело?

Ритор. Именно так!

Простец. Но посредством чего достигают единицы, посредством чего — унции, посредством чего — петита?

Ритор. Не знаю. Знаю только, что не числом достигают единицы, ибо число существует после единицы, так и унция достигаются не весом, а петит – не мерой.

Простец. Ты говоришь превосходно, оратор: как простое существует прежде сложного, так и сложное существует после простого. Поэтому сложное не может измерить простого, но наоборот. Отсюда получается, что то, через что, из чего и в чем исчисляется все исчислимое, недостижимо посредством числа. И то, через что, из чего и в чем взвешивается все подлежащее взвешиванию, не может быть достигнуто посредством веса. Соответственно и то, через что, в чем и из чего измеримо все измеримое, недостижимо посредством меры.

Ритор. Это я ясно вижу.

Простец. Этот крик мудрости на улицах перенеси теперь в те высочайшие [места], где обитает мудрость, и ты найдешь

---

9 Петит — старая кельтская мера объема, 1/6 литра.

там гораздо более приятные вещи, чем во всех твоих столь роскошных томах сочинений».

Конец отрывка.

Между прочим, простец здесь дает фундаментальное решение 1) проблемы измерений в социологии и 2) проблемы соотношения между качеством (единым) и количеством (числом). Почему социологи, философы глухи к этому? Пятьсот пятьдесят лет прошло, а со времен Платона и вообще две с половиной тысячи. А всё глухи.

По признанной социальной роли Ядов теоретик и ритор. Но для меня он прежде всего гениальный простец, чутко прислушивающийся к голосу мудрости, которая возглашает на площадях, но живет в вышних. Это сквозит во всех его работах.

Читая Ядова

Я предпочитаю читать тексты Ядова как литературу особого рода, реферированные тексты, где стремление к ясности основано на эмпирической верификации теоретической мысли.

В его текстах всегда виден он сам, его социальное действие, феноменология его духа в отношениях с социальной реальностью. Это интересно понимать. С этим интересно полемизировать.

Одно удовольствие вступать в диалог с его текстами, дополняя выделенные в них вербальные реплики невольно всплывающими в сознании репликами невербальными, которые Ядов являет собой, своей речью, манерой говорить, думать, комментировать.

Простец и факторный анализ

Годы 1965–1972, по оценке Владимира Шляпентоха, — «золотой век» российской социологии. Для меня «золото» того периода в том, что самые глубокие проблемы методов эмпирической социологии можно было обсуждать как первичные проблемы, обращаясь в первую очередь к бытию, и лишь во вторую — к книгам. Содержание самых авторитетных западных и отечественных руководств по методам — новейших (Кумбс, Торгерсон) и более ранних (Терстоун, Кемпбелл, Стивенс, Саппес и Зинес) подвергалось активному критическому разбору на примерах из практики исследований. Точно так же было с руководствами по методам математической статистики, применяемым для анализа результатов опросов.

В 1970-е и позже в социологию все больше и больше входит «книжная премудрость», герменевтические штудии, следование рецептам авторитетов. Стиль советской идеологии структурно возвращается в неузнаваемо благопристойном культурном обличии, оставаясь тем же самым стилем книжников и фарисеев времен Иисуса и риторов времен Кузанского.

Снова входит в свои права классический конфликт между книгами, написанными людьми, и книгами, которые пишет социальная реальность, «возглашающая на площадях». Одновременно оформляется культура благопристойных мотиваций, позволяющая с полным знанием дела игнорировать этот конфликт или вообще закрывать на него глаза.

Но теперь простецам значительно труднее. Риторы, вооруженные нейролингвистическим программированием, оказываются социально более успешными менеджерами, чем простецы. Недаром годы директорства Ядова — 1988—2000 — точно совпали с годами горькой и трудной, но свободы.

В XX веке начала книжной культуры, которым противостоял простец Кузанского, проникли и в точные науки. Особенно во второй половине прошлого века. Целые направления, признанные научными, возникли и оформились в мире за счет превращения классических понятий и результатов точной науки в поэтические метафоры. Под прикрытием авторитета науки они преподносятся как развитие точных знаний, будучи по существу плохим эрзацем второсортной поэзии.

Например, фазовые переходы в физике твердого тела используются как метафоры социальных революций, превращаясь в теорию катастроф, переживаемых общественными системами. Поэтическую, разумеется, «теорию».

Еще пример: ячейки Бенара. В 1900 году французский ученый Бенар обнаружил такой эффект: если равномерно нагревать снизу горизонтальный слой однородной вязкой жидкости, возникает движение в виде шестигранных ячеек. Теория эффекта вытекает из гидродинамических уравнений Навье-Стокса и уже в 1960-е годы, насколько помню, была хорошо известна. Этот эффект стал метафорой того, как жизнь вносит порядок в системы, которые кажутся хаотическими. И миллионы философов, поэтов от науки, вот уже полвека живут интеллектуальными снами на тему «порядка из хаоса», словно «получили установку» на сеансах Кашпировского.

Фазовые переходы, ячейки Бенара, нелинейные методы, бифуркации, странные аттракторы, фракталы...

Легко ли гуманитариям, не получившим специального математического образования, уяснить, как именно гидродинамические уравнения описывают движение вязкой жидкости? Или в деталях понять, как уравнения квантовой механики описывают свойства атомов? Или ясно представить себе, почему, с какой стати необходимо вычислить собственные значения матрицы коэффициентов корреляции, чтобы найти факторы, которыми социологи объясняют социальные процессы? Вопросы, разумеется, риторические. Ответ очевиден: не легко. Не могут гуманитарии сделать это легким для своего понимания. Другой язык надо осваивать. Тот, что предназначен для разговора не с людьми, а с предельно объективным миром, что нас всех окружает. Слишком трудно, не могут.

А математики могут. Запросто. Но и к ним применимо «на всякого мудреца довольно простоты». Математики не хуже других умеют делать не только красивые вещи, но и творить глупости. И когда математик идет к гуманитарию, чтобы тот похвалил его работу, а тот по доброте душевной или из чувства недостаточности собственных знаний (наиболее развитого у людей мудрых и интеллигентных) хвалит эту работу, априори доверяя чужому профессионализму, легко может случиться неприятность. Глупость может получить права гражданства просто потому, что одета в математические одежды. То, что одежды краденые, гуманитарий распознать не в состоянии.

Возникнув в социальной практике, такие глупости закрепляются, становятся хроническими. Французская поговорка «если дурак, это надолго» безусловно применима к «научному бурьяну на стыках наук», о котором говорил один из моих учителей, знаменитый физик-теоретик Александр Компанеец. Тем более она применима к «бурьяну» на стыках гуманитарной и естественнонаучной культур.

Мудрому простецу, выведенному на авансцену научной культуры Кузанским, во все времена не просто было полемизировать с риторами. Но все же пять с половиной веков назад наука была другой. Тогда проще было распознать, где «мудрость, возглашающая на площадях», а где «пустая книжная премудрость».

Современному гуманитарному простецу значительно сложнее. Будучи мудрым, доброжелательным и интеллигентным, он просто не может в контакте с математической культурой настаивать на своем чувстве неясности, даже когда это чувство вполне определенное и вызывает отчетливый дискомфорт.

В Тарту, в начале семидесятых, Юло Вооглайд, иллюстрируя ничем не ограниченную интерпретируемость некоторых математических методов, рассказывал мне: «Математик принес результаты факторного анализа только к вечеру. Текст надо сдать завтра. Сидим всю ночь, придумываем теорию. Ура, придумали, — нравится, все согласовано. Под утро прибегает математик в кошмаре: извините, ошибка, вот правильный расчет. Ужас. Делаем новую теорию, очень хорошую, пишем текст и относим. Успели! Но может, это тоже была ошибка?».

Как поступает мудрый простец Ядов, когда чувствует, что не может найти ясности в математике? Это очень интересно, я сам видел.

Начало девяностых. Кабинет директора Ядова в Институте социологии. Стук в дверь. Входит математик. Приносит пачку таблиц распределений и говорит, что плюс к ним по собственной инициативе сделал факторный анализ. Ядов скупо, но тепло благодарит. Скользит внимательным взглядом по результатам факторного анализа. Еще раз ободряюще благодарит. Математик уходит довольный. Ядов бросает результаты факторного анализа в корзину под столом, раскладывает перед собой поудобней таблицы распределений и весь погружается в их изучение.

Жизнь в языке

Язык — универсальная основа социальной жизни, и именно его законы должны стать базой фундаментальной теории социальных процессов. Так говорят феноменологи, не вижу причин с ними не соглашаться.

Методы диалогической практики, используемые социологами в опросах и включенном наблюдении, те самые, развитию и методологическому осмыслению которых посвятил значительную часть жизни Владимир Александрович, естественно рассматривать также и как методы, вскрывающие социальную природу языка. Эта точка зрения чрезвычайно плодотворна не только для социологии, лингвистики и психологии, но и для понимания гуманитарных оснований точных наук, математики и логики[10].

Да и сама жизнь человеческая — прежде всего язык. Очень ведь древняя мысль.

Жизнь Ядова в языке — это люди, которых он собрал вокруг себя, приобщил к своему конструктивному действию, ввел в социологию или помог войти.

---

[10] За деталями отсылаю к моей книге «Феноменология диалогов в гештальт-теории, математике, логике»

Когда нужно обсудить самые трудные и самые интересные профессиональные вопросы, кто приходит на ум в первую очередь? Кто, работая над своими проблемами, открыт к диалогу по сути, без длинных предисловий, без отвлечений на второстепенные вещи?

Перебираю имена: Андрей Алексеев, Галина Саганенко, Борис Докторов, Овсей Шкаратан, Андрей Здравомыслов, Марью Лауристин, Пеэтер Вихалемм, Юло Вооглайд, Александр Тихонов, Олег Божков, Игорь Травин, Леонид Кесельман, Владимир Магун, Геннадий Батыгин (он ушел, но диалог с ним продолжается), Лариса Козлова... Ставлю отточие, потому что список далеко не окончен.

Вот и получается, что первыми невольно всплывают имена ближайших сотрудников и коллег Ядова в Питере, в Москве, в Эстонии. Что тут скажешь...

Жизнь Ядова в языке началась давно и это славная жизнь. Но 25 апреля я подниму бокал за то, чтобы она как можно дольше не становилась единственной.

Приветствуя других, Ядов иногда пользуется польским cześć[11].

Потрясающее приветствие.

Cześć, Владимир Александрович! И долгих лет!

---

[11] Cześć — уважение, почтение; честь, достоинство; слава; привет!

Тезисы выступления на международной конференции «Творчество Юрия Любимова в отечественном и мировом театре. 50 лет Театра Ю. П. Любимова и 80 лет его творческой деятельности». Москва, 23 апреля 2014 г., театр Вахтангова, ул. Арбат, 26

50 ЛЕТ РАБОТЫ, СВОБОДЫ И ОДИНОЧЕСТВА. ЮРИЙ ЛЮБИМОВ

Театр Юрия Любимова. Первые двадцать с лишним лет многим казалось, что здание на месте бывшей тюрьмы, сцена, труппа, репертуар и реквизит, все это прочно входит в понятие «Театр на Таганке». Так казалось. Но теперь мы видим, что это иллюзия. И сегодня, в день пятидесятилетия Театра на Таганке, мы можем освободиться от иллюзий. Драма и комедия человеческих отношений, которой посвятил свою жизнь Юрий Петрович, неотвратимо приводит нас к пониманию, что все, чем славен его театр, — это прежде всего он сам, глубинным одиночеством заплативший за свою энергию, решимость, щедрость и жертвенность, с которыми вернул нам всем язык, конфискованный государством, язык, низведенный до уровня тривиального ресурса удержания власти. Вернул вместе с нами же порождаемой драмой и комедией нашей жизни, высвеченной театральными прожекторами. Вернул, внес в нашу жизнь своим театром. Этот Театр шагнул далеко за пределы России. Он был, остается и останется один, единственный, как «Глобус» в Лондоне. Тот еще. Старый.

Университет

Пять лет, с 1981 по 1985, я провел в театре Юрия Петровича. То был мой гуманитарный университет. Уроки, преподанные театром, были нужны, чтобы жить и делать свое дело. По прошествии 30 лет эти уроки остались для меня столь же важными, как и тогда. Грандиозные уроки. Главный касался ответа на вопрос, казалось бы, отвлеченный: *достаточен ли текст (гуманитарный ли, научный), чтобы представлять в сознании людей знания о себе и окружающем мире?* Юрий Петрович укрепил меня в том, что ответ — категорическое нет. Без драмы, комедии человеческих отношений, без живых слов, обращенных друг к другу живыми людьми в мизансценах, на которые столь щедра окружающая жизнь, любые письменные знаки, любой текст это всего лишь застывшие пятна красителя, — не более. Подтексты, мизансцены, реквизит, пластика актера, сквозные ритмические и музыкальные линии, пронизывающие все, чем живо сценическое действие, это принципиально внетекстовая и даже внеречевая реальность. Без нее нет театра. В ее лоне живет и постоянно обновляется естественный язык. Только в ее лоне рождаются и находят свое место в жизни живые знания о мире, где так важна воля людей, их личный выбор. Как и знания о мире безлюдном, где воля людей не значит ровным счетом ничего.

Отношения Любимова с труппой, директором театра, надзирающими властями, плюс непрестанная работа мысли и сердца над текстами пьес и спектаклями, — все это могло бы разорвать душу кого угодно, но только не такого человека, как Любимов. Его способ проживать и соединять все эти напряжения в неразрывное целое с жизнью и театром, прост и высок в сугубо классическом смысле.

Труппа

Труппа это соратники, единомышленники Любимова, близкие друзья Высоцкого. Это сказка для зрителей, она легко живет на сцене, на вечерах встреч с актерами, в их книгах, в домах, где они бывают. А зависть, косность, непробиваемые амбиции — это реальность жизни за кулисами. Я видел, как Любимов тратил свою кровь, пробиваясь сквозь все это. Кто-то пишет подметное письмо (см. приложение), умоляет не губить театр, не делать репетиций запрещенного «Высоцкого». Кто-то доносит в органы. Кто-то восстает против власти режиссера, который делает «не то». Любимову это стоило огромных внутренних усилий и нервного напряжения.

Одни актеры возмущены диктатом Любимова, его «негибкостью», «недоверием к актеру». Как на антитезу ссылаются на режиссеров, которые дают свободу актерам. Другие говорят о «совместном с Любимовым творчестве». Но я же видел, как разбалтывались спектакли (тот же «Тартюф») даже после небольших перерывов. И каких усилий стоило Любимову добиться возврата к точной партитуре в потерявших важные внутренние линии спектаклях. Как должен работать с современным актером режиссер, который прозорлив настолько, что видит корни высокой культуры не где-то в небесах, за облаками, скрытыми временем, а здесь, совсем рядом, на расстоянии вытянутой руки? Режиссер, который имеет мужество довериться этим корням и требует от актера работы по-черному, чтобы сделать эти простые, но невидимые замыленному глазу истины доступными для зрителя в театре? Как он должен говорить с актерами, которые воспитаны в культуре, где любой живой голос погибает в зародыше под гнетом имитаций и подделок, где очевидная фальшь и тривиальное лицедейство въедаются как ржавчина в души актеров? Где на фоне идеологических обносков культуры процветают только амбиции и неизбывная вторичность? Чудеса, конечно, бывают. Но чрезвычайно редко, к сожалению. Очень трудно поверить, что происшествие в Праге в 2011 году было организовано людьми, приличными по сути.

Песня Высоцкого про дом, который всеми окнами обращен в овраг, а воротами на проезжий тракт — это про театр. Уже тогда в труппе был тот, кому Владимир адресовал слова «И припадочный малый, придурок и вор/ Мне тайком из-под скатерти нож показал».

Директор

С директором театра отношения особые. Я видел, как, тщательно прибирая к рукам плоды популярности театра, он спокойно подрубает корни дерева, приносящего эти плоды. У него с Любимовым, я видел, были отношения, мягко говоря, натянутые. Он противостоял Любимову, духу его театра, используя любую возможность, чтобы, выходя за пределы чисто административных функций, вмешиваться в детали художественного процесса. И когда Любимов вынужден был стать изгнанником, эти его начала проявились в полной мере.

Власть

Огромных душевных сил требовало от Любимова противостояние с властями.

Многие помнят атмосферу тех лет. Пудовые фиги в карманах. Слежка КГБ. Стукачи. Самиздат и работа в стол как норма жизни. Свобода слова на кухнях. Диссиденты, не скрывая лица, идут на площадь, летят на выстрел, попадают в тюрьмы и лагеря, чтобы спасти свою душу и совесть.

На этом фоне Юрий Петрович ведет глубоко эшелонированное многолетнее позиционное противостояние с властью. Со всей ее вертикалью. Не только как феноменальный по мощи художник. Не только как человек, который демонстративно утверждает артистическую свободу и фундаментальные принципы морали. Но как блестящий тактик, стратег и дипломат.

Откровенность и сила, с которыми Юрий Петрович отстаивает дело своей жизни в отношениях со всеми уровнями власти, беспрецедентны. Его слова, обращенные к чиновникам, исключают полунамеки. Он не скрывает лица. Никаких фиг в кармане, все напрямую. С детства, с ареста родителей, как сын лишенцев, он знает в деталях привычки и манеры всех участников современной ему драмы и трагедии, всех этих мудаков и орангутанов вне клеток, как знали своих персонажей Шекспир, Мольер, Пушкин.

Я видел, как он сталкивает лбами чиновников разных уровней власти. Своими точными действиями на поневоле общей с ними жизненной сцене он ставит их перед неразрешимыми проблемами в их собственных отношениях с системой, которой они служат. В мизансценах, которые он для них создает, они вертятся как вошь на гребешке. Но ничего не могут с ним поделать. Мечтают уничтожить. Говорят о том в кулуарах и официальных приказах. Угрожают, но не могут. И, в конце концов, разъяренные, доведенные до патологического бешенства, лишают его гражданства.

Это было фантастическое зрелище: грандиозный, расширенный далеко за пределы обычной театральной сцены театр в живой жизни. Все, кто попадал в напряженное поле этого театра, оказывались участниками спектакля, которым режиссировал Юрий Петрович. Возможности для режиссуры он создавал сам, своей волей. Будучи главным режиссером «на работе в советском смысле», он, по сути, действует при этом как сугубо частный артист, который представляет в конечном итоге только себя, свои личные отношения с жизнью, людьми, временем. Это вообще немыслимо. Никто больше так не действовал. Никто.

Оглядываясь назад, вспоминаю наслаждение, с которым из темноты репетиционного зала слушал Юрия Петровича, объясняющего актерам, что и как они должны играть, представляя персонажей «Тартюфа». Станиславский? Мейерхольд? Михаил Чехов? Возможно. С учетом оговорок, разумеется, которые делает сам Любимов. Но в области режиссуры как способа жить, стиля жизни, его главный учитель, несомненно, господин де Мольер.

Цена

Спрашивается, можно ли заниматься всем этим, не нанося ущерба самому главному в театре — работе над спектаклями, над театральным языком? Выявлять подтексты, находить пластические решения спектаклей, планировать внутренние диалоги, работать с художниками и композиторами, конструировать многочисленные варианты мизансцен, чтобы выбрать один единственный, остро переживать отношения с авторами пьес, от античности до сегодняшних дней, и работать, работать, работать?

Факт налицо: да, возможно. Возможно, если во всем видеть единый театр, охватывающий все проявления драмы, комедии и трагедии человеческих отношений, через которые приходится проходить, оставаясь живым. Если знания и опыт, полученные во всем, через что пришлось пройти, укрепляют живой голос театра в мире имитаций и подделок. Если спектакли делаются для всех живущих, а не только для избранных. Возможно, когда есть воля и силы платить огромную цену нерожденными или убитыми спектаклями, потерянным временем, брошенным в пасть агрессивной пустоте, и тотальным одиночеством. Возможно, когда рядом Каталин.

Да, она защищает Юрия Петровича от тех, кто беззастенчиво пожирает его энергию в театре и за его пределами. Она помогает ему выдержать усилия, принимая часть их на себя там, где это возможно. Действуя самоотверженно и бескомпромиссно в отношениях с мерзостью и зловредной глупостью, она вызывала и вызывает огонь на себя. Ее прямота и диагностическая точность непривычны в русской культуре, но без них она не смогла бы стать надежной опорой Юрию Петровичу в главном деле его и ее жизни. Те, кто понимают глубину жизненного и артистического подвига Юрия Петровича, кто представляет, какой ценой он дается, не могут не испытывать глубочайшей благодарности к ней.

Два Николая

Год Оруэлла 1984, самое начало. Театр Любимова задушен. Любимов вынужден остаться за границей. Возвращение угрожает жизни его и его семьи. Два Николая — директор театра Дупак и Губенко, — идут в ЦК к Демичеву получать указания. Губенко в числе кандидатов на место Любимова.

Эфрос уже дал согласие сыграть на стороне власти. Главный идеологический кукловод («химик», как его называли) Петр Демичев требует представить дело так: власть хочет сохранить театр; Любимов мешает и пакостит.

После встречи с Демичевым Дупак и Губенко 2 февраля устраивают общее собрание театра на новой сцене после репетиции «10-и дней». Чередуясь, они рассказали театру о том, как именно он, то есть театр, должен думать о Любимове и о том, что происходит в связи с его изгнанием. Видимо для того, чтобы затем «от имени коллектива» доложить наверх, что «все как один…» и т. д. Собрание было недолгим. Я был там. Вот дословная запись в моем дневнике.

Дупак. Мы заявили Петру Ниловичу, что я и наш коллектив возмущены непотребными заявлениями Юрия Петровича. Мы ждем Юрия Петровича, будем рады ему, но пусть он не надеется, что он вернется как победитель на белом коне. Он должен будет осознать свои поступки и дать им партийную оценку.

Мы много лет работаем и привыкли все свои вопросы решать здесь, у себя, в коллективе. Но выносить решение вопросов на суд западных журналистов — это, извините, негоже.

По непроверенным данным Юрий Петрович сделал заявление, что он якобы связан обязательствами на год. Если это так, это возмутительно. Обязанности, я понимаю, у него есть прежде всего перед Таганкой.

Губенко. «Триумфы» еще будут, пока не схлынет политическая шумиха. А потом… (жест рукой) — он же должен это понимать! На нем лежит ответственность! Он бросил нас на произвол судьбы. Им оставлены здесь сто профессиональных инвалидов, вся труппа театра!

Дупак. В связи с эмиссаром (в театре ходила идея послать к Любимову в Лондон эмиссара от театра на переговоры с ним — *СЧ*) Петр Нилович сказал, что в Лондоне есть наш представитель, посол. Но, как известно, Юрий Петрович считает возможным не являться в посольство. На приеме по поводу вручения ему премии наш атташе по культуре Мягков предложил прийти в посольство, Юрий Петрович отказался.

Губенко. Он известен как актер... (пауза) режиссер. Ему же сказано, что он будет продолжать работать... в меру своих сил и таланта.

Дупак. Мы будем продолжать работать над «Борисом Годуновым», который в работе, — раз он не принят. Мы должны убрать подтексты. Юрий Петрович говорил: «Текст — Пушкина, подтекст — мой». Мы должны убрать подтексты, поставить его безо всяких подтекстов. По (с улыбочкой) Александру Сергеевичу Пушкину.

Театр слушал молча. По поводу Пушкина в исполнении Дупака и Губенко у Пригова есть такой стих:

> *Вся мелкая тварь словно Пушкин щебечет,*
> *А крупная Лермонтовым говорит.*
> *Кому говорит и чего говорит?*
> *А после стреляет в овал человечий*
> *Который внизу где-то там проскакал.*
> *А тот говорит ему вверх: аксакал,*
> *нехорошо поступаешь...*
> *И еще его же:*
> *Когда большая крокодила*
> *По улицам слона водила*
> *То следом всякая мудила*
> *За ней тотчас же выводила своего слоника...*

Дмитрий Александрович Пригов

Юрий Петрович, вот фотография Дмитрия Пригова.

Он парит над сценой Вашего театра. Его творческое наследие (графика, 40 тысяч стихов в самодельных книжечках, инсталляции, скульптура, видео-перформансы) принял на хранение Эрмитаж, который выставкой работ Пригова открывал 54-ю Венецианскую биеннале современного искусства 2012 года. Рядом его жена, Надя Бурова, ныне вдова. Фотография сделана в Вашем театре в новогоднюю ночь 1985 года. Я дежурил в ту ночь. Ночью весь театр в моем распоряжении, и я пригласил друзей-художников встретить Новый 1985 год в Вашем театре. Вы были в изгнании, но для меня театр оставался Вашим и только Вашим. Там были Илья Кабаков, Лев Рубинштейн, другие артисты, ныне это мировая элита современного искусства. Тогда, в 1985-м, я считал своим долгом символически связать их с Вашим театром и сделал это.

Театр и Аристотель

Я изучал теоретическую физику и защитил диссертацию в кругу самых первых учеников Ландау. Занимаясь исследованиями в области гуманитарных оснований точных наук, я в конце 1970-х осознал, что мне нужно укрепить мои представления о практике гуманитарной культуры. Так я попал в Ваш театр. Именно здесь, в театре, весной и летом 1983 года мне посчастливилось сделать лучшую свою математическую работу. Она дает новую жизнь древнейшей античной системе силлогизмов Аристотеля. Тогда же работа была доложена на московском семинаре логиков и год спустя опубликована в «Известиях Академии Наук». В ее основе идеи великого Леонарда Эйлера и математический аппарат Нобелевского лауреата 1977 года Леонида Витальевича Канторовича. Мне выпала честь быть близко знакомым с ним по работе и ощутить его поддержку моим действиям в науке.

Этой работой я обязан урокам, полученным мною в Вашем театре. У меня в руках оттиск этой работы. Посвящение Вам со словами «Вряд ли в мире есть другой театр, где античное наследие получило новую жизнь помимо театральной сцены» я написал в день Вашего 90-летия. Но тогда мне не удалось передать этот оттиск Вам. Позвольте сделать это сегодня, присоединив книгу 2009 года, которая развивает результаты и уроки, полученные в Вашем театре. Благодарю Вас. Я был бы рад, если бы это нашло место в Вашем домашнем архиве.

Индеец Эпиваха

В заключение, продолжая метафору приглашения на конференцию в Вашу честь, я хочу передать через Вас, Юрий Петрович, привет тому маленькому мальчику, который выдрал перья из чучела орла у соседки Насти, соорудил из них наряд индейца и самозабвенно декламировал:

> *Я индеец Эпиваха*
> *Никогда не ведал страха,*
> *На медведя я ходил*
> *И зверей без счета бил.*
> Мы все родом из детства!
> Москва, 23 апреля, 2014 г.

Приложение
ДОПОЛНИТЕЛЬНЫЕ ШТРИХИ
Почему я оказался в театре

Гуманитарий с детства, я любил и люблю точные знания.

Живые слова и голоса меня волновали всегда. Звуки гитары, цыганской, испанской, — я всегда был открыт перед ними. Моя бабушка (она была лишенка) и мама пели романсы на два голоса — я умирал от счастья.

Гуманитарная истина персональна. Ее рождает душа. Истина профессиональной науки, напротив, имперсональна. Ее рождает мир, которому наплевать на людей. Первая истина предшествует второй. Не наоборот. Вторая рождается только в лоне первой. Всегда, исключений нет. Вот почему, получив образование физика-теоретика, я выбрал темой жизни редкую проблему: гуманитарные начала точных наук. Сугубо личный проект. На всю жизнь. Мне сейчас 70 (*23.04.2014 г.,* — *прим. ред.*).

В конце семидесятых, уже имея за плечами десятилетний опыт исследований и изложив его в монографии, я понял, что мне нужны практические уроки гуманитарного действия, равнозначного жизни. «Таганка» для этого лучшее место. Случайно увидел объявление: театру нужен осветитель. Было ясно: с образованием и кандидатским дипломом физика-теоретика в театр с улицы не возьмут. Помогли друзья. Юрий Карякин и Фохт-Бабушкин (зам. директора Института искусствознания) позвонили директору театра Дупаку. Тот сказал: пусть приходит. Так я оказался в театре и прожил в нем без малого пять лет. Как в университете. Да это и был университет. Гуманитарный университет «Театр на Таганке», факультет осветителей и пожарников.

Владимир. Я пришел в театр 2 октября 1981 года. Сразу попал на репетиции «Владимира Высоцкого». Светил с правой ложи. Там же получил первые уроки и увидел противостояние театра и властей. Работа шла вопреки запретам. Власть буквально расстреливала театр, Любимова прежде всего. Приказы с запретами и угрозами один за другим вывешивались на стенах. Любимов методично, неукоснительно, не таясь, делает все, что запрещено. Ярость властей невероятная. На запреты и угрозы уволить его Любимов отвечает ответными угрозами покинуть театр, репетициями, прогонами, показами спектакля общественности, открытыми обсуждениями спектакля в фойе старого театра. И, параллельно, мощной дипломатической активностью высшего класса.

Я вел дневник. Вот реальный эпизод, который показывает, какими драматическими напряжениями все это давалось ему, и как все это происходило реально.

Из дневника. В ответ на очередной строжайший запрет властей приглашать иностранцев и снимать спектакль на видео, Любимов, не таясь, приглашает на репетицию спектакля Би-Би-Си со съемочными камерами. Перед репетицией читает вслух подброшенное ему анонимное письмо, написанное в тоне традиционного российского такого юродиво-го-праведника, где сам он мистически предстает убийцей своего малолетнего сына Пети и всех актеров труппы. Сцена потрясающая. Письмо короткое. Написал кто-то из труппы, это очевидно. Актеры на сцене. Все готово к прогону. Любимов обращается к труппе:

Любимов. Я прихожу домой, вчера, смотрю — письмо. Мне. И написано: прочтите немедленно. Я хочу вам его прочесть, и мне очень интересна Ваша реакция (читает): «Прихожу я вчера домой, ложусь спать и снится мне сон: как будто я спускаюсь по лестнице черного хода, а прямо перед собой смотрю — в пролете стены, как бы в окне, выходящем на улицу, стоит ребеночек и ручкой одной мне машет, а в другой — голубь белый. Я всматриваюсь — господи, да это Ваш сынок стоит, высота большая, того и гляди, упадет. Я к нему, сердце замерло, а сделать ничего не могу. И чувствую — не дотянусь и спасти не могу. А он смотрит на меня и говорит: Вы не бойтесь, я сам не убьюсь, меня папа убьет, — и поворачивает личико свое от меня к улице. Я на улицу сквозь дверь, а там лежат — все Ваши актеры лежат. И Владимир Семенович, и Демидова, и все-все. А сынок Ваш говорит: папа их всех убил. А потом и меня убьет. И вдруг смотрю — и Вы ходите. Ходите среди них, и почему-то — под зонтиком. А сынок опять говорит: он им как отец. Он их всех породил, и убьет, а потом и меня убьет».

Любимов. Вот такое письмо, как вам нравится? А в конце приписка: не делайте репетиций, не губите театр. И почерк — смотрите — видоизменен. И человек не поленился — написал (подписи, конечно, нет) и принес сам письмо. И к двери приколол. Так что имейте в виду: положение очень серьезное. Если завтра спектакль не разрешат, я уйду из театра. Ну, давайте репетировать.

И началась репетиция. Актеры были глубоко взволнованы. В первой сцене из Гамлета у них стояли слезы. Офелия не могла допеть, ее душил плач. В зале кто-то насчитал до девяти камер. Спектакль записывают.

— Для истории, — сказал Любимов в зал, отчетливо и мощно. — Пусть эти временщики знают, что для истории это не погибнет.

Это было 30 октября 1981 года. На следующий день, 31 октября, состоялся запрещенный расширенный показ спектакля «Владимир Высоцкий» для общественности Москвы. Зал был переполнен. После показа в фойе старого здания состоялось запрещенное обсуждение.

Политика? — Нет, язык!

Поразительна цель Любимова в амплуа глобального режиссера. Мне кажется, цель эта — язык в буквальном и самом общем смысле. Средствами театра Юрий Петрович возвращает людям язык, который у них конфискован властью, раздавлен катками идеологии и спецслужб, господствующими нравами, временем. И даже культурой, в конце концов, если, следуя Гершензону в «Переписке из двух углов», определять понятие культуры как Мандельштам в черновых набросках к «Разговору о Данте»:

> «Здесь уместно немного поговорить о понятии так называемой культуры и задаться вопросом, так ли уж бесспорно поэтическая речь целиком укладывается в содержание культуры, которая есть не что иное, как *соотносительное приличие задержанных в своем развитии и остановленных в пассивном понимании исторических формаций.* (курсив мой, СЧ).

[«Египетская культура» означает, в сущности, египетское приличие; «средневековая» — значит средневековое приличие. Любители понятия культуры, несогласные по существу с культом Амона-Ра или с тезисами Триентского собора, втягиваются поневоле в круг, так сказать, неприличного приличия. Оно-то и есть содержание культуропоклонства, захлестнувшего в прошлом столетии университетскую и школьную Европу, отравившего кровь подлинным строителям очередных исторических формаций и, что всего обиднее, сплошь и рядом придающего форму законченного невежества тому, что могло бы быть живым, конкретным, блестящим, уносящимся в прошлое и будущее знанием. Втискивать поэтическую речь в «культуру» как пересказ исторической формации несправедливо потому, что при этом игнорируется сырьевая природа поэзии. Вопреки тому, что принято думать, поэтическая речь бесконечно более сыра, бесконечно более неотделанна, чем так называемая «разговорная». *С исполнительской культурой она соприкасается именно через сырье* (курсив мой, СЧ).]

Это Осип Эмильевич писал в 1933 году за год до ареста и за 5 лет до гибели в лагере. А вот Гершензон, в 1920 году, письмо VIII В. И. Иванову в «Переписке из двух углов», позволю себе процитировать его значительную часть:

«Все знали, что Наполеон не родился императором. Какая-нибудь простая женщина, глядя на него из толпы во время пышного парада, могла подумать: "Теперь он — Император, почти утративший личное имя, владыка народов, — а в пеленках он был ничем для мира, только дитя своей матери". — Так, стоя в музее перед знаменитой картиной, я мыслю о ней. Художник писал ее для себя, и в творчестве она была неотделима от него, — он в ней и она в нем; и вот, она вознесена на всемирный престол, как объективная ценность.

Все объективное рождается только в личности и первоначально принадлежит только ей. ... «Гамлет» только раз цвел всей полнотой своей правды — в Шекспире. ... И как Наполеон в Аяччио, так ценность свободна и правдива только в младенчестве, когда, безвестно-рожденная, она играет, растет и болеет на воле, не привлекая ничьих корыстных взоров. Потом мир вовлекает цветущую ценность в свои житейские битвы. В мире ее полнота никому не нужна. Мир почуял в ценности первородную силу, заложенную в ней ее творцом, и хочет использовать эту силу для своих нужд; его отношение к ней — корысть, а корысть всегда конкретна. Оттого в общем пользовании ценность всегда дифференцируется, разлагается на специальные силы, на частные смыслы, в которых нет ее полноты, и, значит, нет ее сущности. Как дуб нужен людям не в природном своем состоянии, но распиленный на части, так ценность мила им только в дроблении ее существа, как многообразная полезность. Наконец, ценность становится общепризнанной ценностью, и ее венчают на царство. Венценосная ценность холодна и жестока, а с годами и вовсе каменеет, превращается в фетиш.

В ее чертах уже нет и следа той свободной и открытой силы, которою некогда дышало ее лицо. Она служила стольким страстям, высоким и низким! Один хотел вёдра, другой дождя, и она всем угождала, подтверждая каждому его ложную, его субъективную правду (*это и есть гуманитарная истина, в отличие от научной, в этом именно ее смысл и величие* — СЧ). Теперь она самовластно диктует миру свои законы, не внемля личным мольбам. Что было живым и личным, в чем обращалась и пульсировала горячая кровь одного, то становится идолом, требующим в жертву такое же живое и личное, каким оно само увидело свет. Наполеон-император и картина на музейном троне, — равно деспоты.

Кроме ценностей-фетишей, конкретных и осязательных, есть еще ценности-вампиры, так называемые отвлеченные ценности, нечто вроде юридических лиц в царстве ценностей. Они бесплотны и невидимы; они образуются из отвлечений от конкретных ценностей, потому что в духовной сфере точно так же действует закон сцепления, как в физическом мире, где испарения земных водоемов скопляются в тучи. Из многих «Гамлетов» и «Сикстинских Мадонн» путем отвлечения возникла общая ценность — Искусство; и так родились они все, — Собственность и Нравственность, Церковь и Религия, Национальность, Культура, и сколько, сколько еще: все из эманаций лучшей крови самых горячих людских сердец. И каждая из них имеет свой культ, своих жрецов и верующих. Жрецы убежденно говорят толпе об «интересах» и «нуждах» боготворимой ценности и требуют жертв ради ее процветания. Государство жаждет мощи, Национальность — единства, Промышленность — развития, и т. д.; так, призраки сами, они реально повелевают миру, и чем отвлеченнее ценность, тем она прожорливей и беспощадней. Может быть, последняя война (1914 года, — *прим. СЧ*) есть только невиданная гекатомба [в Древней Греции жертвоприношение — сотни быков, — совершавшееся в особо торжественных случаях — *примечание В. В. Сапова*], которую несколько умопостигаемых ценностей, заключив между собой союз, совместно потребовали через их жрецов от Европы.

Но в каждой отвлеченной ценности, как бы ни раздувалось ее ненасытное чрево, трогательно мерцает искра Божества. Отдельный человек, сам того не зная, чтит в ней святость какого-нибудь личного и неискоренимого своего влечения, которое обще ему со всеми людьми; только этим живым чувством и сильна ценность. Ем ли я, утоляя голод, прикрываю ли наготу свою, или молюсь Богу, — мое дело есть только мое, такое простое и личное. И вот мое личное возведено в социальность, в безличность, а оттуда — еще выше, в Эмпирей сверхличных начал, — глядь — одинокое чувство оказывается включенным в сложнейший иерархически-централизованный строй, простая молитва обросла необозримой громадой Богословия, Религии, Церкви. Что было во мне потребностью сердца, объявлено моим освященным долгом, взято из моих рук, как любимое, и поставлено надо мною, как миропомазанник.

Бедное сердце, как мать, еще любит в тиране свое происхождение, но и плачет, повинуясь его безличной воле. И наступает час, когда любовь превозмогает покорность: мать свергает тирана, чтобы снова обнять в нем сына. Приходит Лютер с горячим сердцем и разрушает культ, богословие, папскую церковь, чтобы освободить из сложной системы простую личную веру...

А ценности еще не всё, и с ценностями еще можно бороться. Но как бороться против тех ядов культуры, которые вошли в кровь и отравили самые истоки духовной жизни? Есть паутинные сети умозрений, из стальной паутины, сотканной вековым опытом: они пленяют ум неощутимо и верно; есть торные пути сознания, куда незаметно вовлекается лень; есть рутина мышления и рутина совести, есть рутина восприятий, трафареты чувств, и бесчисленные клише речений. Они подстерегают самое зачатие духовных зародышей, тотчас обволакивают их и как бы в любовных объятиях увлекают на избитые пути. Наконец, есть несметные полчища знаний, страшные своей многочисленностью и непреклонностью; они наводняют ум и располагаются в нем по праву объективной истины, не дожидаясь, пока голод призовет нужных из их числа; и дух, отягощенный ими, никнет в тесноте, бессильный и усвоить их существенно, и низвергнуть. Я говорю, следовательно, не о свободе от умозрения, а о свободе умозрения, вернее – о свободе, непосредственности и свежести созерцания, чтобы мудрость отцов не запугивала робких, не потакала косности, и не застила далей, чтобы стала быть новая восприимчивость и новая мысль, не каменеющие тотчас в каждом обретении, а вечно пластичные, свободно-подвижные в бесконечность. Тогда-то и явятся те веселые странники и нищие духом, беспечные и любознательные, о которых вы (т. е. В. Иванов, письмо адресовано ему, — *СЧ*) говорите: теперь их нет, или есть только мнимые, теперь никто не проходит как чужеземец, *мимо* алтарей и кумиров, но и вы, мой друг, незаметно для себя возлагаете жертвы на многие алтари, и бессознательно чтите кумиры, ибо яд, говорю я, в нашей крови. И не я хочу закрепить человечество на горизонтальной плоскости, – это вы пишете «пойдем дальше, не озираясь, и не меря пути». Я говорю именно: личность на этой равнине – вот вертикальная линия, по которой должна восходить новая культура». *Конец письма.*

Это Гершензон пишет в 1920 году. А к середине 1930-х те самые ценности-вампиры, о которых говорит Гершензон, новая российская власть быстренько объявила полем своих первейших интересов. Перевела их в статус ценностей идеологических и оформила управление ими через партийных «жрецов» в Отделе Пропаганды ЦК КПСС и «полу-жрецов» в виде «Советской Творческой Интеллигенции» в Творческих союзах. С помощью этой нехитрой, но кошмарной для жизни людей технологии, важнейшая часть человеческого языка была изъята из свободного обращения и, превращенная в исключительный ресурс власти, быстро стала безжизненной раковой опухолью. Именно здесь находится то реальное поле противодействия власти, на котором действовал театр Юрия Петровича. Сейчас отдел пропаганды и идеологии заменен парой «СМИ — Православная Церковь», но суть от этого не меняется.

Говорят, театр Любимова политический. Это неправда. Когда на дворе диктатура, люди поневоле привыкают называть «политикой» вещи, касающиеся их сугубо частной жизни. Дурная привычка. Государство, а точнее, те самые мудаки и орангутаны, которые присвоили себе исключительное право представлять «интересы государства и общества», объявили частную жизнь людей предметом своих политических интересов. Так делают диктаторы всех мастей, включая суперсовременных. И поддакивая им, люди соглашаются: мол, да-да, политика. Простой фокус, но страшный. Чушь какая-то. Авторитарная власть конфискует язык людей. Мордует его как хочет, делает его ресурсом своей стабильности. Конфискует важнейшую составляющую частной жизни граждан в свою пользу. А люди, поддакивая пропагандистам и политтехнологам, всякий разговор об этом называют «политикой».

Не было никогда в театре Любимова политики в том ложном, искаженном смысле, который господствовал и господствует в России. Не было, и нет. Если, конечно, относиться с уважением к реальному смыслу слов в своем собственном родном языке. Не было «политики» в театре Любимова. А было и есть восстановление живого человеческого языка на фоне издевательств над ним, политиканствующей лжи и имитации. Восстановление средствами театра. Защита живого языка от агрессии со стороны власти. Но не только защита. Суть артистического подвига Юрия Петровича в развитии этого языка, чему он подчинил и жизнь свою, и свой театр. Развитие, которое принесло ему мировую славу.

Директор

Из дневника. 24 ноября 1981 года. Репетицию «Высоцкого» отменили. Любимов был у Альберта Михайловича Роганова (секретарь МК по идеологии). Того самого, который в 1967-м, будучи комсомольским идеологическим надсмотрщиком над тем, что делает в Москве молодежь, запретил деятельность московского клуба песни. Сейчас он запретил проведение репетиций «Высоцкого».

В 10 утра — собрание театра. Обсуждали, что происходит. Я выступил от имени осветителей, предложил, чтобы подписывать письма в защиту спектакля могла не только труппа, но и службы, те же осветители. А дальше было вот что.

Вечером спектакль «10 дней» на большой сцене. Спектакль идет в резких световых тонах. За кулисами, в полутьме даже в «почти темноте» — я стою. Мимо проходит Дупак. Проходит мимо.... Как бы не замечая в темноте. И вдруг — резкий, кошачий жест, — оборот ко мне, руки кладет мне на плечи, и, глядя мне прямо в глаза, с мягко выстроенной агрессивностью, приглушенно говорит:

— Буду откровенен. Мне не понравилось то, что вы утром говорили. Вы (дальше отеческий горьковатый тон) съели мало соли здесь. Ваш вклад ничтожен. Вы не имели права выступать.

— Я вас понимаю, я действительно ничего полезного для театра не сделал.

— Здесь много подзуживают. Я рассчитывал от вас услышать *другое*. Вас *такие люди* рекомендовали, я их уважаю, а вы...

— Простите, Николай Лукьянович, я говорил то, что считал нужным сказать. А люди, меня рекомендовавшие, знают меня таким, какой я есть.

— Я надеюсь, вы меня поняли.

— Да, я вас очень хорошо понял. Он отошел. А мне стало гадко. Я отодвинулся глубже в темноту. Потом вышел — надо было посветить пистолетом из угла сцены. И снова голос Дупака, — он опять подошел незаметно.

— Это здесь ваши провода!? Вы работаете сегодня на сцене? Что это такое? — Пинок носком ботинка в провода. — Что это такое?! Провода *мешают*. Их надо *убрать*. Я надеялся на вас. Я думал, вы принесете нам культуру, поможете, как все организовать, всю эту технику...

— Простите, Николай Лукьянович, я вам сказал, что на меня рассчитывать не стоит. Если бы я хотел заниматься техникой, я не пришел бы сюда вообще...

— Да, но сначала я надеялся на вас (в подтексте: вы меня нагло обманули).

Повернулся и ушел. Я как обосранный, стою за кулисами. Кругом бегают актеры. Кто готовится к выходу, кто после выхода. А я? Что я здесь делаю? В голове проносится: выскочка, лезет... что ему нужно... откуда вообще взялся... наблюдателей хватает, греют руки... Тут, вижу, Шаповалов из темноты. Делает вид, будто не может надеть бушлат. Крутит его руками, пантомима.

— Вот, не могу надеть, — говорит в пространство, не глядя на меня, но вроде будто и мне. — Когда надо, всегда трудно. Ночью снится — реплика, мой выход, а я голый... Или реплику забыл.

Я делаю вид, что не замечаю. На его пластичном лице улыбка. Я в ответ улыбаюсь, но внутренне напряжен. Вдруг он подходит, пританцовывая, прямо ко мне вплотную и говорит:

— Я виделся с Леном Карпинским... И тут я понимаю, он ко мне подошел; его обращение не безлико. Оно не в пространство.

— Мы вместе были у адвоката Табакова, пили. Ну, девочки конечно... Ну, это не очень... А вот Лен Карпинский... Какой интересный человек! Он о вас хорошо говорил...

Мне стало легко. Я обрадовался, как ребенок. Теперь с Виталием могу здороваться, быть собой, а не в маске непонятного осветителя. Спасибо тебе, Лен!

Шаповалов ушел на сцену. И тут один актер, он стоял рядом, говорит:

— Ты песенки пишешь?

— Да.

— Напой мне, очень нужно для репертуара, что-нибудь веселенькое...

— Да особо веселенького как-то нет. Вот «Лили Марлен» в переводе Бродского...

Он убежал на сцену, а я — светить раскидушкой (фонарь такой) на белый квадрат с какими-то плакатами.

Театр как жизнь без остатка

Высоцкий пел: «Я из дела ушел. Из такого хорошего дела. Ничего не унес. Отвалился, в чем мать родила...».

До 25 июля 1980 было лишь два человека, для которых суть этого театра была полностью равнозначна их собственной личной жизни — без изъятия. Это Любимов и Высоцкий. Когда я оказался в театре, там остался только Юрий Петрович. Я убедился в этом на собраниях труппы, где обсуждали ситуацию после того, как Юрий Петрович остался за границей.

Запись в книге судьбы

В моей трудовой книжке много записей. Там автографы кадровиков многих научных институтов, где я работал в разное время. Но есть одна запись, которой я особенно горжусь: «Театр драмы и комедии на Таганке. Зачислен на должность пожарника». 2 октября 1981 года. И поверх печать: «МОСКОВСКИЙ ТЕАТР ДРАМЫ И КОМЕДИИ».

Запись не совсем точная. Я поступил сначала осветителем, потом только перешел в пожарники по совету Юрия Петровича. Но это неважно, для меня это запись не в трудовой книжке, а в книге моей судьбы.

Театр помог мне, не помогая. Как бы говоря — хочешь делать свое дело — делай. Помощи не жди. У тебя — своя жизнь, у нас — своя. Именно это было особенно ценно для меня. Это была действенная помощь в том, как построить свою жизнь дальше.

Эфрос

Самые страшные трагедии происходят по эту сторону баррикад.

Я помню день, когда Эфрос впервые появился в театре как главный режиссер в марте 1984 года.

Первая встреча с труппой началась с вопроса Вени Смехова к Эфросу. Сохраняю лексику без купюр:

— Хули Вы пришли?

— Вы ничего не понимаете, я лучший вариант, — был ответ.

Жуткая трагедия. Он выбрал ее сам.

В фойе на стенде были вывешены поздравительные телеграммы. Они напоминали похоронные. Не хватало траурной рамки. Она появилась через три года. Я уже не работал в театре. На похороны пришел.

Сверчок

Моим приятелем был сверчок, который жил в кирпичной кладке стены на входе в новое здание театра. Зимними ночами, когда все уходили из театра, я, укрывшись одеялом, спал на диване в фойе нового входа. А сверчок пел. Иногда я набирал в рот воды и брызгал в щель. Обиженный, он умолкал ненадолго, а я успевал заснуть.

Аристотель

С детства меня интересовали люди и наука. Как устроен мир вне людей и как устроен мир людей. Родился в Грузии во время войны, детство провел на Дальнем Востоке, отец военно-морской инженер-строитель. Семья была по стилю цыганская.

Благодаря театру я сделал лучшую свою математическую работу. Она возникла из спора с Дмитрием Александровичем Поспеловым. Я утверждал, что силлогистика сидит внутри детерминационного анализа. Он возражал. Весну 1983 я провел над постановкой задачи. Работал в комнатке пожарников за новой сценой. Пожарники мне помогали — освобождали, когда надо. В начале июня позвал Дмитрия Александровича Поспелова и показал, как ставится задача. Мы сидели в гримерке за новой сценой. Он понял, но все равно сомневался. В конце августа я показал ему решение. Он принял его сразу, устроил мне выступление на семинаре логиков в ИПУ (Институт проблем управления) и сказал, чтобы я написал статью без ограничения на объем для Известий АН, где он, как главный редактор, ее опубликует. Статья вышла через год, осенью 1984-го.

Как главный редактор специального выпуска американского журнала Fuzzy Sets and Systems, который представлял англоязычным читателям состояние научной мысли в СССР, Поспелов предложил мне также без ограничений на объем написать статью для этого журнала. На английский ее переводили Надя Бурова и ее муж Дмитрий Александрович Пригов. Статья вышла три года спустя под названием The Effect of Semantic Freedom in the Logic of Natural Language. http://www.sciencedirect.com/science/article/pii/0165011487900121

Глобальный театр

Меня поразили механизмы под новой сценой. Особенно ночью, когда театр пуст. Громадные, невидимые для зрителей, откровенно материальные конструкции из металла и бетона, единственное назначение которых — поддерживать эфемерные, сугубо нематериальные события на видимой всем сцене. И кошки, которые живут между ними. Своя жизнь.

Но больше всего меня поразила глобальность сценического пространства, на котором Юрий Петрович действует как режиссер. Это пространство никогда не ограничивалось сценами Таганки (тогда, в 1981–1983 годах он ставил на двух сценах, старой и новой, малую отдал Анатолию Васильеву).

Он режиссировал все пространство, в котором жил и живет его театр. И внутреннее, и внешнее. Для других, так сказать, тонко чувствующих режиссеров это внешнее пространство советское было лишь тем, чем оно было — предметом сопротивления или просто миром вне театра. А для него это была естественная часть драмы и комедии человеческих отношений, которые представлял театр его жизни. Сейчас это пространство расширилось далеко за пределы границ России, а бывшее здание Таганки вместе с теми, кто в нем, стало лишь тем, чем и должно было стать: незначительной частью мира, который называется Театр Юрия Петровича Любимова.

Песенка входящему

Театр позволил мне существовать в его пространстве таким, каким я хотел и мог быть. Я был свободен, и это главное, за что я театру бесконечно благодарен. Все также были свободны в отношении меня. В том числе и те, кто, не задумываясь, надевал на меня маску, какую ему хотелось. Вместо слов об этом я написал песенку для спектакля «Старший сын» по Вампилову, его ставил Юра Погребничко. Я играл там себя. В программке было обозначено: Сергей (в пьесе такого персонажа нет), играет Сергей Чесноков. Билетершам, гардеробщицам спектакль не понравился. Они называли его «Страшный сын». С ними был солидарен директор театра и многие актеры труппы. Не все, правда. Спектакль быстро сняли.

Там, напомню, некий студент и его приятель оказались за городом и опоздали на последнюю электричку. В поисках ночлега попали в чужую квартиру, и студент ради шутки сказался сыном хозяина. Тот подумал, что все может быть. А потом глупая шутка изменила жизнь всех, кто в этом участвовал. Юра Погребничко раскрывал тему студента как тему Вампилова, который вошел с черного хода в литературу, как «незаконный сын» Чехова. Спектакль игрался как джазовая пьеса на урезанном пространстве чеховских «Трех сестер», в тех же декорациях.

Песенка обращена к студенту как к чужому, от лица подлинного сына хозяина дома. Чтобы закрепиться в теме, я написал эту песенку себе от лица театра как «Песенку входящему». Выбрал актрису и от ее имени написал. Песенка в спектакль не попала, но у меня осталась:

> *Откуда ты, зачем ты к нам пришел,*
> *Когда зима расхлебывает слякоть,*
> *Когда лицо устало жить в оправе*
> *И вещий сон остался вдалеке?*
>
> *Оставь отца, отец уже не знает,*
> *Откуда к лужам прилетает ветер,*
> *Откуда в почках остаются силы*
> *Весной взорваться бешеным листом.*
>
> *Ты здесь чужой, ты вырос где-то там,*
> *Твое лицо покрыто темной пеной,*
> *Твоих ботинок крепкие подошвы*
> *Привыкли мять покров иных дорог.*
>
> *Тебе пятно над притолокой двери*
> *А мне глаза утраченного брата*
> *Тебе охрипшей охры переливы*
> *А мне печаль его больной души.*
>
> *Моих сестер тебе не разгадать,*
> *Их огоньки живут в оконных стеклах,*
> *Их голоса в невидимых деревьях*
> *Себе сплетают на зиму гнездо.*

Пойми меня, мне страшно, я боюсь

Улыбок темных, внешних пониманий.

Мне кажется, что ты еще не знаешь,

Чем платит жизнь за право быть собой.

Так кто же ты, откуда ты пришел?

Что ищешь ты? И где твои родные?

И почему расплавленное время

Тебя прибило к моему огню?

Окончание университета

Я ушел из театра весной 1985-го. 13 марта хоронили Черненко, там впервые появился Горбачев в качестве только что избранного генсека. Я дежурил. Все, и я тоже, смотрели телевизор в артистической нового зала. Когда гроб опускали в могилу, кто-то из туалета выкрал большое зеркало, чтобы продать и купить водки (такое уже случалось). Я получил третий выговор от администрации и решил, что хватит. Театр был пуст. Я получил, что хотел. Университет окончен. Подал заявление и уволился.

Об Авторе

Сергей Валерианович Чесноков (1943) — российский ученый, математик, социолог, культуролог, музыкант, специалист по методам анализа данных и применению математических методов в гуманитарных исследованиях и проектах.

Известен как создатель детерминационного анализа и детерминационной логики, исследователь гуманитарных оснований точных наук, активный участник песенного движения и артистического андеграунда в СССР и современной России до 2010 года.

Сергей Чесноков родился 29.06.1943 в Кулеви (Грузия). Отец военно-морской инженер-строитель. Семья часто переезжала из города в город. В детстве и юности (до 1960 года) увидел реальную жизнь и быт тогдашнего СССР от Новороссийска, Симферополя, Севастополя до Владивостока, Корсакова, Советской Гавани, от Москвы до Петропавловска-Камчатского и Измаила на Дунае. Это сформировало спектр и особенности профессиональных интересов Чеснокова в гуманитарной и научной областях.

В 1960-м Чесноков, стремясь получить хорошее физико-математическое образование, поступил в Московский инженерно-физический институт (МИФИ) и закончил его в 1965 по специальности теоретическая ядерная физика. В 1966 он продолжил образование в аспирантуре Института электрохимии АН СССР, в теоротделе, которым руководил ученик Л. Д. Ландау физик-теоретик В. Г. Левич. Непосредственными научными руководителями и учителями были физики-теоретики Ю. А. Чизмаджев и В. С. Маркин. Диссертацию по физико-химической гидродинамике Чесноков защитил в 1969 году.

С 1961 года, параллельно учебе в МИФИ и аспирантуре, Сергей Чесноков участвовал в песенном движении тогдашнего СССР как организатор, теоретик движения, музыкант и исполнитель. В мае 1967 года в Петушках (Московская область) при поддержке московского клуба песни он организовал конференцию по проблемам бардовского движения в СССР, куда пригласил А. Галича, Ю. Кима, других авторов и исполнителей Москвы, Ленинграда, Новосибирска, а также музыковедов (В. Фрумкин), литературоведов и социологов.

На конференции Чесноков предложил создать федерацию клубов песни Москвы, Ленинграда и Новосибирска. Федерация была создана, а Чесноков был избран ее президентом. На той же конференции он предложил идею провести всесоюзный фестиваль бардов. Идея была поддержана, и по предложению Валерия Меньшикова местом проведения был избран Новосибирский Академгородок. Совместно с коллегами Чесноков активно участвовал в организации этого фестиваля, который состоялся в марте 1968 года. Он вошел в историю андерграундной культуры СССР как единственный случай, когда Александр Галич у себя на родине получил возможность открыто исполнять свои песни и баллады в переполненных залах.

В 1969 году, суммируя личный жизненный опыт, Чесноков пришел к выводу, что настолько же, насколько ему близки точные науки (физика, математика), настолько же для него неприемлема и чужда культура, которая в условиях дефицита гуманитарности формировалась под влиянием естественных наук в молодежной среде тех лет. Осознав переживаемый им личный конфликт как конфликт естественнонаучной и гуманитарной культур, описанный Чарльзом Перси Сноу в статье «Две культуры и научная революция» (1957 г.), Чесноков решил разобраться в гуманитарных основах точных наук, считая, что это в любом случае важно для людей его склада, совмещающих амплуа ученого и артиста.

С этой целью в 1969 году он поступает на работу в Институт конкретных социальных исследований АН СССР (сейчас Институт социологии РАН) в отдел профессора Б. А. Грушина, чтобы изучить, как соотносятся с гуманитарной культурой и нормами естественного языка методы математической статистики, когда они используются в социологии. Это был первый шаг в намеченной им программе исследования гуманитарных оснований математики. С 1969 по 1972 он тщательно изучает технику социологических опросов, задачи анализа данных, мировой опыт применения математических методов в социологии и психологии, участвует в работе ведущих научных семинаров по математическим методам анализа гуманитарных данных. В частности, большое влияние на Сергея оказало участие в домашнем семинаре психолингвиста Р. М. Фрумкиной.

С самого начала Чесноков обратил внимание на тот факт, что все знания о сознании людей в социологии формируются через обмены репликами в диалогах, образующих серии специального вида. Эти серии имеют вид матриц данных (в международной практике — data matrix), хорошо известных специалистам по анализу результатов опыта в любых науках, в том числе в естественных. Все математические методы анализа данных есть методы преобразования матриц данных. С другой стороны матрицы данных в социологии суть гуманитарные объекты, результат диалогов на естественном языке. Осознав, что универсальность матриц данных символизируют фундаментальную роль гуманитарных диалогов в построении всех вообще человеческих знаний о мире, Чесноков стал изучать, как математические методы анализа, оперируя репликами диалогов, соотносятся с нормами естественного языка.

В 1972 году, продвигаясь по намеченному пути, Чесноков пришел к выводу, что в математике отсутствует важный для гуманитарных исследований и проектов класс методов анализа статистических связей, играющих ключевую роль при построении прогнозов и объяснительных процедур. Эти связи суть правила специального вида, связывающие классы реплик. Такие правила получили название детерминаций. Детерминации скрыто присутствуют в матрицах данных. Надо было понять, как их обнаруживать, делать явными. Чесноков приступил к созданию математической теории детерминаций, которая получила название «Детерминационный анализ» (теория правил). Разработка математических основ детерминационного анализа велась 8 лет.

К тому времени Чесноков оказался в эстетической оппозиции культуре «бардов». Он перестал заниматься организационной деятельностью, связанной с песнями, дистанцировался от массового песенного движения. Его реальной жизненной средой стала среда андерграундных художников, поэтов, литераторов. Он продолжает выступать с домашними концертами, сохраняя неизменный интерес лишь к немногим авторам, среди которых Александр Галич, Александр Вертинский, Булат Окуджава, Новелла Матвеева, Юлий Ким и несколько других имен.

К 1980 году Чесноков завершил первый этап теории детерминаций, работая в Институте системного анализа (тогда ВНИИСИ ГКНТ и АН СССР) в научном коллективе С. С. Шаталина, ученика Л. В. Канторовича. Теория была изложена в монографии «Детерминационный анализ социально-экономических данных». При поддержке С. С. Шаталина, Л. В. Канторовича и Д. А. Поспелова в 1980 году монография Чеснокова была принята к печати Главной редакцией физико-математической литературы издательства «Наука» и вышла в свет в 1982 году (переиздана в 2009 г.).

После сдачи монографии осенью 1980 года Сергей Чесноков уехал в Тбилиси с целью, как он говорит, «пройти гуманитарную часть пути» (в частности, продолжить писать песни) и понять, что делать дальше. Он намеревался попасть на работу к кинорежиссеру Отару Иоселиани в любой роли, вплоть до подсобного рабочего. Не застав Иоселиани (той осенью он уехал жить и работать во Францию), Чесноков пробыл в Грузии до осени 1981-го, написал ряд песен и вернулся в Москву, где устроился в Театр на Таганке к Юрию Петровичу Любимову. Работал осветителем, затем пожарником до весны 1985 года. В спектакле Юрия Погребничко по пьесе Вампилова «Старший сын» играл камео — самого себя (в программке спектакля в разделе «Роли и исполнители» было сказано: «Сергей Чесноков, играет Сергей Чесноков»). Стал профессионально заниматься гитарой, начал изучать фламенко.

Работая в театре, он продолжал размышлять над развитием детерминационного анализа. В 1983-м Чесноков поставил и решил задачу, которая привела его к открытию неизвестного ранее мощного обобщения силлогистики Аристотеля. Математический аппарат, использованный им, был основан на идеях Л. В. Канторовича. Осенью 1983-го это открытие, с подачи Д. А. Поспелова, было доложено в Институте проблем управления АН СССР на Московском семинаре логиков под руководством Г. С. Поспелова, а затем опубликовано в форме детальной статьи в «Известиях АН СССР» за 1984 год (в серии «Техническая кибернетика»). Эта работа положила начало новому направлению в логике, известному как «детерминационная логика».

В 1984 году Чесноков по предложению Д. А. Поспелова написал статью об эффекте семантической свободы в естественном языке для специального выпуска американского журнала *Fuzzy Sets and Systems*, представляющего научные достижения СССР в области кибернетики и искусственного интеллекта. Выпуск журнала с этой статьей появился в 1987 году. На английский язык текст статьи переводили Д. А. Пригов и его жена Н. Г. Бурова. В тот период Чесноков активно интересовался московским концептуализмом, прежде всего работами Д. А. Пригова, Л. С. Рубинштейна, И. И. Кабакова, Э. В Булатова и других. Участвовал в организации первой бесцензурной выставки «Художник и современность» на «Каширке» в 1987-м, читал лекции о московском концептуализме в рамках программы, сопровождавшей ту выставку.

После работы в театре Чесноков на некоторое время вернулся в коллектив С. С. Шаталина, когда тот был советником

М. С. Горбачева по экономике. В 1989 году он создал частную компанию «Контекст» и занял позицию абсолютно частного исследователя вне каких бы то ни было государственных институтов.

С 1984 по 1991 год Чесноков развил основания детерминационной логики и опубликовал полученные результаты в виде серии работ в Известиях АН СССР. Среди них была и работа 1986 года в соавторстве с В. С. Ротенбергом, где впервые высказана гипотеза, что мозг человека оперирует большим количеством небольших по размерам матриц данных, представляющих серии проводимых человеком диалогов.

Сотрудничество с В. С. Ротенбергом привело Чеснокова к предположению, что связанные детерминациями классы тождественно неразличимых реплик в сериях диалогов представляют собой эйдосы, о которых в свое время Платон говорил как о фундаментальных объектах, конституирующих мироздание.

Первый набросок теории мира как Логоса, представляющего совокупность эйдосов, был дан в небольшой монографии «Физика Логоса», опубликованной на русском языке в Нью-Йорке издательством «Телекс» в 1991 году.

С конца 1980-х Чесноков, развивая приложения детерминационного анализа в разных областях науки и практики, предпринял значительные усилия, чтобы построить теорию, объясняющую, как эйдосы связаны с физической реальностью. В течение 17 лет Сергей Чесноков построил такую теорию. Она конструктивно выводит представления о сознании, математике, логике из факта существования диалогов, объединяя в единую картину все полученные им ранее результаты с идеями и результатами Эдмунда Гуссерля, Макса Вертгеймера, В. И. Вернадского, М. М. Бахтина. Эта теория детально изложена в монографии Чеснокова «Феноменология диалогов в гештальт-теории, математике, логике» (2021. Филадельфия).

С начала 1990-х Чесноков известен как автор и исполнитель моноспектаклей «Из эмоциональной истории 1960–1980-х» (песни и стихи разных авторов, романсы, мелодии традиционного фламенко) в рамках программ «Состоявшийся диалог, которого не было».

Сергей Чесноков, 2006 год. Фотография Вадима Кантора

Хронология и некоторые факты биографии Сергея Чеснокова

1965. Окончил МИФИ по кафедре теоретической ядерной физики.

1965. Один из организаторов Московского клуба песни.

1967. Президент «Федерации клубов песни Москвы, Ленинграда, Новосибирска». Инициатор и организатор конференции в Петушках по проблемам бардовского движения. Инициатор и один из организаторов фестиваля бардов в Новосибирске в 1968 году, где первый и единственный раз в СССР состоялись публичные выступления Александра Галича.

1969. Защита диссертации в Институте электрохимии АН СССР, в теоротделе члена-корреспондента Вениамина Левича.

1969–1989. Математические исследования в научных коллективах профессора Бориса Грушина (Институт социологии) и академика Станислава Шаталина (Институт системных исследований), а также во время работы в НИИ автоматической аппаратуры. Автор двух научных монографий, многочисленных научных статей, текстов по искусству.

1960–1980-е. Активный участник событий андерграунда. Концертная деятельность: песни Галича, Окуджавы, Матвеевой, свои песни.

К **1980** году Чесноков завершил первый этап теории детерминаций, работая в Институте системного анализа (тогда ВНИИСИ ГКНТ и АН СССР) в научном коллективе С. С. Шаталина, ученика Л. В. Канторовича. Теория была изложена в монографии «Детерминационный анализ социально-экономических данных». При поддержке С. С. Шаталина, Л. В. Канторовича и Д. А. Поспелова в 1980 году монография

Чеснокова была принята к печати Главной редакцией физико-математической литературы издательства «Наука»

1981–1985. Осветитель и пожарник в Театре на Таганке. Там же участник спектакля «Старший сын» режиссера Юрия Погребничко.

1982. Фундаментальная работа «Детерминационный анализ социально-экономических данных» принята к печати Главной редакцией физико-математической литературы издательства «Наука» (1980 г.) и вышла в свет в 1982 году. В 2009-м она была переиздана издательством URSS.

1987–1997. Постоянный аккомпаниатор переводчицы, певицы, исполнительнице романсов Татьяны Ивановны Лещенко-Сухомлиной, участник ее концертов, записей на пластинки и диски.

1987–2003. Участник эпизодов в фильмах об Александре Галиче, Михаиле Булгакове и композиторе Александре Локшине режиссера Иосифа Пастернака.

1989–2010. Научный директор компании «Контекст» (разработка программного обеспечения «ДА-система» для обработки и анализа данных, создание медицинских регистров, муниципальных систем на базе «Детерминационного Анализа»).

С **2010** года живет в Израиле.

2018. Книга «Дмитрий Пригов: язык без границ»

2020. Сборник «Россия: Власть и мы. 2000—2007 гг.: избранные тексты»

2021. «Феноменология диалогов в гештальт-теории, математике, логике». Том 1/3

2024. Сборник «Мне интересен человек как человек. Интервью, воспоминания, персонажи. Избранные тексты 1997—2014 гг.»

Июнь 2024. Фото Марка Прависа.

Книги Сергея Чеснокова, опубликованные в 2018—2021 гг.

Сергей Чесноков, 2018. «Дмитрий Пригов: язык без границ» (Израиль, 2018 г.)

Дмитрий Пригов (1941—2007) получил признание как артист (someone who produces art), чье громадное творческое наследие охватывает почти все жанры современного искусства. Его работы в постоянной экспозиции и выставочных фондах ведущих музеев США, Европы, России, в частных коллекциях.

Внимание культурологов и теоретиков современного искусства к его наследию растет год от года. Творчество артиста направлялось тщательно выверенной личной картиной мира, центр которой — люди, их язык, нравы. Будучи не ленивым и любопытным, Пригов создал эту картину для себя сам во взаимодействии с близкими по духу друзьями-художниками и современниками, а также теми, кто жил до него в ближайшем и отдаленном (в том числе весьма отдаленном) прошлом.

Именно эта картина в центре внимания книги. Преимущественное право говорить о ней безоговорочно отдано артисту. Автор лишь комментирует сказанное им. Источники — интервью Пригова и опыт длительного дружеского общения с ним.

Выходные данные книги
Мягкая обложка, 200 страниц
Издатель: Павел Мостинский
(Филадельфия)
Редактор: Лина Чеснокова,
Кирилл Резник
Дизайн обложки: Жанна Сугира
Язык: Русский
ISBN-10: 0692107886
ISBN-13: 979-0692107880
Размеры книги: 15.2 x 1.1 x 22.9 см
Заказ: https://sergeichesnokov.wordpress.com/texts/

Сергей Чесноков, 2020: «Власть и мы. 2000—2007 гг.: избранные тексты»

Я не политик. Не исследователь КГБ

Свою жизнь я посвятил вещам, которые считаю более важными — и для себя, и для людей вообще. При всех ужасах и кошмарах, которые порождает власть, вести себя активно по отношению к ней, противостоять ей, значит заниматься другой профессией, тем, что делают политики.

Тем не менее, я всегда внимательно смотрел и смотрю, что делает власть. Потому что, не умея быть полезной для жизни, она очень хорошо умеет портить жизнь в этой стране.

А это напрямую касается меня и близких мне людей. Так родились эти тексты и этот сборник.

Осенью 1999 года Борис Ельцин, оставаясь формально президентом России, фактически передал управление страной в руки спецслужб. Это решение означало конец надежд на демократическое развитие России, а для нас с Линой неизбежную эмиграцию в Израиль, которая состоялась в 2010 году. В период с 2000 по 2007 годы, чтобы разобраться в происходящем, опираясь на общедоступные факты, я подготовил серию текстов и опубликовал их в России и за рубежом. Спустя годы наш сын Кирилл составил эту книгу, она вышла в свет благодаря Павлу Мостинскому, другу нашей семьи.

Выходные данные сборника
Мягкая обложка, 146 страниц
Издатель: Павел Мостинский
(Филадельфия)
Составитель и редактор: Кирилл Резник
Дизайн обложки: Жанна Сугира
Язык: Русский
ISBN-10: 1734786299
ISBN-13: 978-1734786293
Размеры книги: 15.24 x 0.79 x 22.86 см
Заказ: https://sergeichesnokov.wordpress.com/texts/

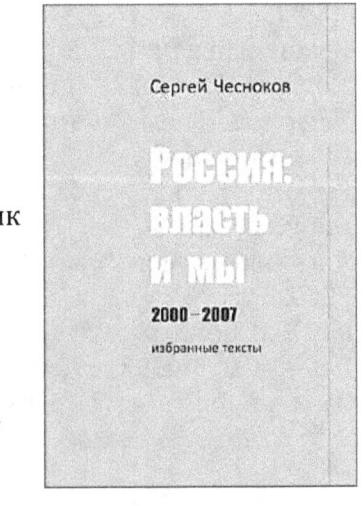

Сергей Чесноков, 2021:
«Феноменология диалогов в гештальт-теории, математике, логике»

Новое издание, переработанное и исправленное

Книга о том, как универсальные функции мозга, ответственные за восприятие образов и гуманитарный язык, порождают логику и язык математики. Речь идет о функциях, которыми в норме наделён мозг каждого человека. Ключевые идеи, на которые опирается книга, обнародовали в свое время Леонард Эйлер (1707—1783), Макс Вертгеймер (1780—1943) и Анри Пуанкаре (1854—1912).

Математика здесь предстаёт как явление, порождаемое свойствами человеческого мозга. Прежде всего это базисные свойства, их открыли Роджер Сперри (1913–1994), Дэвид Хьюбел (1926–2013) и Торстен Визель (род. 1924) (эти открытия удостоены Нобелевской премии 1981 года «по физиологии или медицине»).

В доступной широкому кругу читателей форме автор, не теряя математической строгости, подробно и обстоятельно обсуждает следствия представленного в книге подхода, принимая во внимание точки зрения ряда крупных ученых как далёкого, так и ближайшего прошлого.

Книга — первый том трехтомника.

Два других тома («Люди и математика» и «Полная гуманитарная картина мира») — в работе.

Выходные данные книги
Мягкая обложка, 254 страницы
Издатель: Павел Мостинский (Филадельфия)
Редактор: Кирилл Резник
Обложка: Жанна Сугира
Дизайн: Йонатан Хуторянский
Язык: Русский
Library of Congress Control Number: 2021922682
ISBN-10: 1734786280
ISBN-13: 978-1-7347862-8-6
Размеры книги: 15.24 x 1.35 x 22.86 см
Заказ: https://sergeichesnokov.wordpress.com/texts/

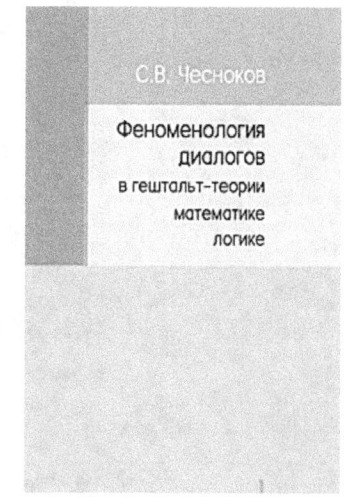

Тексты, видеозаписи выступлений, фотоматериалы и библиографию Сергея Чеснокова можно найти на сайте:

https://sergeichesnokov.wordpress.com/
Электронная почта: gavanj18@gmail.com

Лина и Сергей Чесноковы, 2012 г.